Mozarts Instrumentalmusik

Wolfgang Amadeus Mozart. Unvollendetes Gemälde von Joseph Lange (Au
schnitt). 1782/83 (?). Salzburg, Mozart-Museum in der Getreidegasse

Reclams Musikführer
Wolfgang Amadeus Mozart

Band 1: Instrumentalmusik

Von Arnold Werner-Jensen

Mit 135 Notenbeispielen und 15 Abbildungen

Philipp Reclam jun. Stuttgart

Für meine Eltern

Gesamtherstellung: Reclam, Ditzingen. Printed in Germany 1989
Umschlaggestaltung: Reichert Buchgestaltung Stuttgart
Noten: la mà de guido, Sabadell (Barcelona)

ISBN 3-15-010359-2

Inhalt

Mozarts Leben

Eine Einführung

Wolfgang Amadeus Mozart (geboren am 27. Januar 1756 in Salzburg, gestorben am 5. Dezember 1791 in Wien) ist unter allen klassischen Komponisten sicher eine der faszinierendsten und geheimnisvollsten Persönlichkeiten – geheimnisvoll, obwohl er zugleich einer der am besten dokumentierten Künstler ist. Seine Briefe und die seiner Familie füllen in der Neuen Mozart-Gesamtausgabe samt Kommentaren sieben dickleibige Bücher, die durch zwei weitere Bände mit zeitgenössischen Bild- und Textdokumenten ergänzt werden. Und seit seinem frühen Tod ist die Folge von Lebensdarstellungen und -deutungen bis heute nicht abgerissen, schwankend zwischen romantischer Verklärung und wissenschaftlicher Nüchternheit.

Dennoch blieb bis in unsere Tage ein genügend großer Spielraum zum Spekulieren und Phantasieren, sei es nun über die mehr oder weniger große Leichtigkeit oder auch Mühe des Kompositionsvorganges, über die (vermuteten) Licht- und Schattenseiten seines Charakters oder über die Umstände seines Todes, den mancher Deuter seiner Vita allzu gern Mord nennen würde, gäbe es denn Beweise dafur.

Wunderkinder gleichen in der Regel Meteoren, die für kurze Zeit hell aufleuchten und dann still und endgültig verlöschen. Vielleicht ist es das größte Wunder in Mozarts Leben, daß er – als Ausnahme und ohne erkennbare Gefährdung und größere Krisen – vom Wunderkind zum Meister heranreifen konnte. Ein nicht unwesentlicher Teil dieses Wunders hat allerdings eine ganz greifbare Erklärung: Es ist, trotz aller möglichen Einwände, das unbestreitbare und bleibende Verdienst Leopold Mozarts, des Vaters, den Keim des Genies so früh wie nur möglich erkannt und mit liebevoller Geduld gepflegt zu haben. Man kann den Anteil des Vaters am Werden und Wirken des Sohnes gar nicht hoch genug einschätzen, und es ist deshalb notwendig, sich bei allen seinen im einzelnen manchmal anfechtbaren erzieherischen Maßnahmen die Zeitumstände bewußt zu machen, die allesamt den Mozarts eher Widerstände entgegensetzten als Nutzen brachten.

Leopold Mozart (geboren am 14. November 1719 in Augsburg, gestorben am 28. Mai 1787 in Salzburg) stammte aus einer Familie von Hand-

Leopold Mozart. Stich von Jakob Andreas Fridrich, Frontispiz der 1756 in Augsburg erschienenen Violinschule von Leopold Mozart

werkern und Künstlern und erhielt eine gründliche humanistische Bildung. Nach Universitätsstudien in Salzburg wandte er sich ganz der Musik zu und erwarb sich einen respektablen Ruf als Geiger und Komponist, mit Anstellung als »Hof- und Kammer-Komponist« (1757) und als Vizekapellmeister der Salzburger Hofkapelle. Sein Hauptwerk aber wurde seine Violinschule, die er im Geburtsjahr seines Sohnes veröffentlichte und die – als erstes grundlegendes Werk seiner Art – in mehreren Sprachen über ganz Europa verbreitet wurde. Danach füllte ihn die

Betreuung und Erziehung seiner beiden Kinder Maria Anna (»Nannerl«) und Wolfgang weitgehend aus, obwohl er weiterhin in Salzburger Diensten stand.

Immer wieder ist Leopold postum der Vorwurf gemacht worden, er habe die Begabung des Sohnes in dessen frühester Jugend rücksichtslos ausgebeutet und ihm bei den vielen Reisen unzumutbare Strapazen auferlegt. Sie hätten schon damals die Gesundheit des Knaben so angegriffen, daß man in ihnen die Wurzeln für spätere Krankheit und frühen Tod sehen müsse, und der Vater trage die Schuld daran. Wahr mag sein, daß Leopold Mozart, der sich selber nicht zu schonen gewohnt war, seinen Sohn immer wieder bis an die Grenzen der Leistungsfähigkeit belastet hat. Bewunderungswürdig sind aber zugleich Umsicht und Weitblick, mit denen er die künstlerische Bildung des Wunderkindes lenkte, sorgsam Stein um Stein zum Mosaik einer wahrhaft universellen Ausbildung fügte und hierfür weder Zeit noch Kosten oder Widrigkeiten beruflicher Art scheute. Kaum ein anderer Musiker der Zeit dürfte so umfassend und sorgfältig ausgebildet worden sein wie Wolfgang Amadeus Mozart; seine nahezu lückenlose Kenntnis aller aktuellen europäischen Stilrichtungen und bedeutenden Musikerpersönlichkeiten bildeten die tragfähige Brücke vom glanzvollen Auftreten des umjubelten Wunderkindes zum staunenswerten Können des jungen Meisters.

Die ersten Spuren des Musikunterrichts durch den Vater haben sich in einigen Notenheften erhalten, die Leopold Mozart für seine Kinder anlegte. Die frühesten überlieferten Klavierstückchen des Knaben bedurften mit Sicherheit noch der lenkenden und glättenden Feder des Vaters (KV 1–5, 1761/62). Neben der Musik erlernte Wolfgang ebenfalls früh mehrere Sprachen, unerläßlich für die Reisen durch Europa. Außer lateinischen, englischen und französischen Grundkenntnissen wurde vor allem das Italienische gepflegt, das als musikalische Modesprache zum unentbehrlichen Rüstzeug des kommenden Opernkomponisten werden sollte. Eine erste dreiwöchige Reise, gleichsam als Generalprobe, unternahm der Vater mit seinen beiden Wunderkindern bereits im Januar 1762 nach München. Ihr folgte im Spätsommer des gleichen Jahres die zweite mit dem Hauptziel Wien und seiner kaiserlichen Residenz; die Auftritte vor der Kaiserin Maria Theresia haben manche ausschmückende Anekdote ausgelöst. Die Erfolge dieser beiden Unternehmungen, vor allem beim Adel, ermunterten die Mozarts, am 9. Juni 1763 zu einer ausgedehnten Reise aufzubrechen, die den Vater mit seinen beiden Kindern in mehr als drei Jahren kreuz und quer durch Europa führte. Die Reiseumstände dürften mehr als abenteuerlich gewesen sein: per Postkutsche über holprige und schlammige Wege, gehemmt durch zahllose Grenzen und Zollformalitäten, Wind und Wetter trotzend.

Wichtige Stationen waren zunächst im deutschsprachigen Raum München, Augsburg, Ludwigsburg und Schwetzingen. Von dort aus führten Abstecher nach Mainz, Heidelberg und Frankfurt, wo es zu jener denkwürdigen Begegnung zweier Knaben kam, die als Erwachsene ihr Jahrhundert prägen sollten: der 14jährige Goethe traf den 7jährigen Mozart. Weiter ging es über Köln und Brüssel nach Paris – neben London und den großen italienischen Städten eine der musikalischen Metropolen des damaligen Europa. Ein mehrwöchiger Aufenthalt am Hof von Versailles um die Jahreswende 1763/64 wurde zum prächtigen Höhepunkt.

Via Calais erreichte man im April 1764 dann London, und hier traf Wolfgang jenen Mann, der sicher neben Haydn den nachhaltigsten künstlerischen Einfluß auf seine Musik gewinnen sollte, auf Johann Christian Bach, den jüngsten der Bach-Söhne. Noch in England komponierte Mozart daraufhin seine ersten beiden kleinen Sinfonien (KV 16 und 19).

Am 24. Juli 1765 traten die Mozarts ohne Hast die Rückreise an. Über Den Haag, wo die Kinder ernsthaft erkrankten, Antwerpen und Amsterdam erreichten sie am 10. Mai 1766 zunächst wieder Paris und wandten sich dann am 9. Juli endgültig in Richtung Heimat, wo sie erst Ende November 1766 – über eine Reihe schweizerischer und deutscher Städte – eintrafen. Man darf annehmen, daß die Kinder das folgende dreiviertel Jahr in Salzburg mehr als nötig hatten, um die überquellende Fülle der Eindrücke, die im Laufe der drei Jahre auf sie eingestürmt waren, besonders der künstlerischen, zu bewältigen. Und es blieb nun Muße zum Studieren, Komponieren und Üben, sorgfältig organisiert und überwacht durch Vater Leopold.

Die nächste Reise, nach Wien (11. September 1767 bis 5. Januar 1769), stand zunächst programmwidrig unter dem Unstern einer großen Blatternepidemie, der die Kinder trotz der Flucht bis Olmütz nicht entgingen. Wieder genesen, traten sie erfolgreich vor dem Kaiserpaar in Wien auf, und Wolfgang komponierte seine beiden ersten Opern: »La finta semplice«, deren Uraufführung durch Intrigen jedoch nicht hier zustande kam, sondern erst 1769 in Salzburg, und außerdem »Bastien und Bastienne« für den Arzt Franz Anton Mesmer, der mit seinen Magnetismus-Behandlungen (»Mesmerismus«) zweifelhafte Berühmt-

Wolfgang Amadeus Mozart im Alter von sieben Jahren. Pietro Antonio Lorenzoni zugeschriebenes Gemälde. 1763. Salzburg, Mozart-Museum in der Getreidegasse

Sigismund Graf Schrattenbach, 1753–1771 Fürsterzbischof von Salzburg. Stich von Joseph und Johann Klauber

heit erlangte. (Einige Jahre später, 1790, parodierten Mozart und sein Textdichter da Ponte in einer Szene von »Così fan tutte« diese Modeerscheinung.)

Wieder bildete ein knappes Studienjahr in Salzburg die nötige Zäsur. Eine Vielzahl unterschiedlichster Kompositionen, vor allem auch erste Cassationen und Divertimenti, legen Zeugnis davon ab, daß das Wunderkind auf dem Weg zur eigenständigen schöpferischen Persönlichkeit war, im Laufe seiner Lehr- und Wanderjahre unbeirrt und wie ein

Schwamm Europas vielfältig gebrochene Musikstile in sich aufsaugend und selbstbewußt in den kommenden eigenen Stil einschmelzend.
Die folgenden Jahre sollten nun ganz unter dem Eindruck Italiens stehen, das Leopold Mozart pädagogisch konsequent zum Ziel der nächsten Reisen auswählte. Seine Absicht war, mehr als in den Jahren zuvor, eine doppelte: zwar auch und immer noch die Vorführung der gleichsam artistischen Fähigkeiten des Wunderkindes (Vater und Sohn reisten nun allein); zugleich und entschiedener noch jedoch die musikalische Aus- und Weiterbildung durch die Begegnung mit den führenden Stätten und Meistern der Musik im damals tonangebenden Italien. Der frisch ernannte (27. November 1769) jugendliche Konzertmeister des Salzburger Erzbischofs Sigismund Graf Schrattenbach gelangte im Dezember 1769 über Verona und Mantua zunächst nach Mailand, wo er den ehrenvollen Auftrag erhielt, zur Saison 1770/71 eine Opera seria für das »Teatro Regio Ducal« zu schreiben. Daraus wurde »Mitridate re di Ponto«, der am 26. Dezember 1770 unter der Leitung des Komponisten aufgeführt wurde und über zwanzig Folgevorstellungen erlebte. Zwischen dem Opernauftrag im Frühjahr und seiner Vollendung im Dezember 1770 bereisten Vater und Sohn eine illustre Kette italienischer Städte, darunter Bologna, Florenz, Rom und Neapel. Sie wurden von Adelshof zu Adelshof weitergereicht und nahmen die neue Musik jener Tage begierig in sich auf.
In Rom wurde Wolfgang durch die Verleihung des päpstlichen Ordens vom Goldenen Sporn zum »Cavaliere«. Hier trug sich auch jene wundersame Episode zu, die oft noch zusätzlich anekdotisch ausgeschmückt wird: Am 11. April 1770 hörte Mozart in der Sixtinischen Kapelle das berühmte vier- bis neunstimmige »Miserere« von Gregorio Allegri, das die päpstlichen Sänger zur Karwochenliturgie sangen, und schrieb anschließend die streng gehütete Komposition aus dem Gedächtnis nieder.
In Bologna erhielt Mozart traditionellen Kontrapunkt-Unterricht beim berühmten Padre Martini, und am 9. Oktober 1770 wurde er, vielleicht auch mit als Folge dieser Unterweisung, in die ehrwürdige »Accademia filarmonica« aufgenommen, nachdem er eine strenge kontrapunktische Prüfungsaufgabe gelöst hatte. Die Akademie ernannte satzungsgemäß sonst nur Mitglieder, die das 20. Lebensjahr vollendet hatten. Neapel dagegen erlebte Mozart als die Weltstadt der italienischen Buffa und Seria, dort gewann er die Freundschaft von Niccolò Jomelli. Und über aller Kunst kam 1771 in Venedig auch der Karneval zu seinem Recht.

Als Vater und Sohn schließlich Ende März 1771 wieder in Salzburg eintrafen, trugen sie in sich die Erinnerungen an zahlreiche bedeutende zeitgenössische Komponistenpersönlichkeiten (Paisiello, Sammartini, Piccini u. a.), an die faszinierende Vielfalt der lebendigen Personal- und Regionalstile, die in ihrer Gesamtheit in ganz Europa nachhaltigen Einfluß ausübten und alle Gattungen prägten. So wurde aus dem klavierspielenden Wunderkind ein bekannter und anerkannter, ja kosmopolitischer Komponist, der sich auf perfekte Weise den italienischen Tonfall angeeignet hatte und dessen Musik doch nie ihre Wurzeln im deutsch-österreichischen Kulturraum verleugnete. Eine beeindruckende Fülle von Werken belegt diese erste Stufe der Meisterschaft: Es entstanden das erste Streichquartett (KV 80/73 f, in Lodi), eine Reihe von Symphonien (KV 74, 81, 84, 95, 97 in Mailand und Bologna; KV 75 und 110 in Salzburg) und geistliche Musik.

Bereits fünf Monate später (13. August 1771) begann die zweite, kürzere Italienreise, denn von der ersten hatte Wolfgang einen ehrenvollen, noch höher dotierten Auftrag für eine weitere Mailänder Oper mit nach Hause gebracht: die Serenata teatrale »Ascanio in Alba«, bestellt von Kaiserin Maria Theresia zur Hochzeitsfeier ihres Sohnes, des Erzherzogs Ferdinand, mit Maria Beatrice d'Este im Oktober 1771 in Mailand. Dort bereitete Johann Adolf Hasse den Mozarts, Vater und Sohn, ein herzliches Willkommen; sie hatten bereits in Wien seine Bekanntschaft gemacht. Außer seiner erfolgreichen Oper brachte Mozart am 15. Dezember Symphonien (KV 96, 112) und das Divertimento KV 113 mit nach Hause; nach Salzburg riefen ihn ja vor allem seine Verpflichtungen als erzbischöflicher Konzertmeister zurück. Hier begannen sich die Arbeitsbedingungen für ihn aber zu verändern. Am Tag nach Mozarts Rückkehr starb Erzbischof Sigismund. Der dienstliche und künstlerische Spielraum, den er seinen Musikern offensichtlich gewährt hatte, wurde unter dem strengen Regiment des neuen, recht despotischen Erzbischofs Hieronymus Graf Colloredo allmählich eingeschränkt. Das führte nach vielem Auf und Ab schließlich zu Mozarts Entlassung aus dem Dienst im Jahre 1777. Zunächst jedoch lieferte ihm Mozart eine Reihe geistlicher Kompositionen und eine Serenata drammatica zur Huldigungsfeier im März 1772 (»Il sogno di Scipione«); auch Urlaub bekam er erneut gewährt, nämlich für seine dritte Italienfahrt nach Mailand, vom 24. Oktober 1772 bis zum 13. März 1773, gemeinsam mit Vater Leopold. Dort vollendete Wolfgang seine Seria »Lucio Silla«, die wieder mit großer Zustimmung über zwanzigmal aufgeführt wurde.

Das Fazit der drei Italien-Reisen war aus der Sicht Leopolds materiell zwar eher negativ, denn alle Hoffnungen auf eine feste Anstellung an einem der Adelshöfe hatten sich zerschlagen. Der künstlerische Gewinn jedoch war so beträchtlich und unüberhörbar, daß er auch den sensiblen und in allen musikalischen Dingen ungemein hellhörigen Vater mit tiefer Befriedigung erfüllt haben dürfte. Die neuen Werke seines Sohnes, etwa die drei zauberhaften italienisch singenden »Salzburger Sinfonien« (Divertimenti KV 136–138, 1772), das bedeutende Divertimento KV 113 oder auch die Motette »Exsultate, jubilate« (KV 165, 1773) legen nachdrücklich Zeugnis ab vom atemberaubenden Reifeprozeß des jungen Komponisten, dessen Ausbildungszeit sich im Grunde bereits dem Ende zuneigte.

Im Oktober des gleichen Jahres machten sich Vater und Sohn wieder einmal auf den Weg nach Wien, diesmal im Gefolge ihres geistlichen Arbeitgebers. Hier hat Mozart allem Anschein nach Haydns Musik kennengelernt, denn unmittelbar darauf begab er sich an die Komposition einer Sechserserie von Streichquartetten (KV 168–173), die unschwer als Antwort auf Haydns op. 17 und 20 zu erkennen sind.

Der Erzbischof sorgte im übrigen dafür, daß seine beiden unternehmungslustigen Musici jetzt eine Weile am Ort verblieben und ihre Dienstpflichten erfüllten. So entstanden bis gegen Ende 1774 kontinuierlich die unterschiedlichsten Kompositionen, und Mozart wandte sich – nicht zuletzt aufgrund seiner Salzburger Dienstverpflichtungen – besonders der Violine zu, für die in der Folge (bis 1777) seine fünf berühmten Violinkonzerte entstanden. Zugleich begann jedoch, ebenfalls noch vor Ende 1773, mit KV 175 die lange Reihe seiner großen Klavierkonzerte, ferner schrieb er Messen und Divertimenti.

Im November 1774 gewährte der Erzbischof Mozart dann Urlaub, damit er für München die Buffa »La finta giardiniera« vollenden konnte, die dort am 13. Januar 1775 unter starkem Beifall uraufgeführt wurde. Und im April des gleichen Jahres folgte eine weitere Oper in Salzburg: »Il re pastore«, mit dem Text von Pietro Metastasio.

In dieser Zeit häuften sich die Spannungen zwischen dem Erzbischof und seinen beiden untergebenen Musikern Mozart. Die Schwierigkeiten scheinen im gleichen Maße zugenommen zu haben, wie Wolfgang an menschlicher und künstlerischer Selbstsicherheit gewann: Er war in Salzburg prominent und beliebt geworden, erhielt Aufträge von angesehenen Familien, war als Lehrer anerkannt und begehrt und wirkte auch als Mensch anziehend, liebenswürdig. – In Wien kam es 1777 zum entscheidenden Zusammenprall, als den Mozarts zum ersten Mal ein

Hieronymus Graf Colloredo, 1772–1803 Fürsterzbischof von Salzburg. Gemälde von Franz Xaver König. Salzburg, Stift St. Peter

Urlaub verweigert wurde. Spontan reagierte Wolfgang mit Kündigung, und postwendend sahen sich Vater und Sohn vom Erzbischof auf die Straße gesetzt. (Allerdings nahm er Leopold Mozart bald wieder aus dieser »Sippenhaft«.)

Des Vaters weitsichtige Sorge um eine gesicherte Anstellung seines Sohnes hatte sich als wohlbegründet erwiesen. Vor allem deshalb plante er eine ausgedehnte Europa-Reise. Selber durch seine Salzburger Anstellung gebunden, schickte er diesmal den Sohn in Begleitung der Mutter am 23. September 1777 in die Welt.

Das wechselhafte Auf und Ab dieser großen Reise zwischen Glück und Tragik und die verwirrende Vielfalt der Stationen lassen sich im Rahmen dieser kurzen Darstellung nur skizzieren. Auf dem Weg von München nach Mannheim lernte Wolfgang in Augsburg seine Base Maria Anna Thekla Mozart (das »Bäsle«) kennen, mit der er dann den u. a. wegen seiner fröhlichen Derbheiten bekannten Briefwechsel führte. Ungleich schicksalhafter sollte sich der Aufenthalt in Mannheim auswirken, wo Kurfürst Karl Theodor von der Pfalz eine weit über die Grenzen hinaus bekannte Musik- und Theaterkultur pflegte, eines der besten europäischen Orchester unterhielt und die bedeutendsten Komponisten der Epoche um sich scharte. Zwar bereitete die plötzliche Übersiedlung des Hofes nach München (1778, Karl Theodor hatte die bayerische Krone geerbt) Mozarts Mannheimer Ambitionen ein abruptes Ende, doch kam es in dieser Zeit zu anregenden Begegnungen, so mit dem Abbé Vogler, dem er sehr kritisch gegenüberstand, und mit Christian Cannabich, und vor allem: Wolfgang verliebte sich in die 15jährige Sängerin Aloysia, Tochter des Sängers Fridolin Weber. Vom fernen Salzburg aus beobachtete Vater Leopold argwöhnisch und zunehmend beunruhigt, wie private Bindungen die Abreise aus dem unergiebig gewordenen Mannheim verzögerten; er ließ sich auch durch die zahllosen neuen Kompositionen seines Sohnes nicht besänftigen, darunter die Flötenwerke für den Holländer De Jean und meisterhafte Klavier- und Violinsonaten.

Vom Vater nach Paris gewiesen und zur Eile angetrieben, reisten Mutter und Sohn schließlich am 14. März 1778 ab. Nun folgten in mehrfacher Hinsicht unglückliche sechs Monate. Die Zeitströmung hatte sich seit den früheren Aufenthalten 1764 und 1766 gewandelt: In Paris befehdeten sich die Anhänger der französischen und der italienischen Oper, angeführt von Christoph Willibald Gluck auf der einen und von Niccolò Piccini auf der anderen Seite. Mozart mußte auf der Hut sein, um in diesen Streit nicht hineingezogen und daneben überhaupt beachtet zu werden. Immerhin kam es zu Wiederbegegnungen mit dem verehrten

Johann Christian Bach. Im Sommer erkrankte die Mutter schwer und starb am 3. Juli 1778 – wir kennen diesen Schicksalsschlag aus Mozarts anrührenden und behutsamen Briefen, in denen er dem Vater den Verlust seiner Frau so zögernd und schonend wie möglich beizubringen versuchte. Die Pariser Korrespondenz zwischen Vater und Sohn bildet das Zentrum dieses einzigartigen und nicht nur biographisch, sondern darüber hinaus kulturgeschichtlich eminent bedeutsamen Briefwechsels.

In Paris hielt es Wolfgang nicht mehr aus, doch zog es ihn viel eher nach Mannheim zu Aloysia Weber als ins ungeliebte Salzburg, von wo aus Leopold mit erneuten Anstellungsaussichten lockte. So unterbrach Wolfgang die Rückreise noch einmal für zwei Monate in Mannheim, bevor er enttäuscht via München am 16. Januar 1779 daheim wieder eintraf. Aloysia hatte inzwischen ganz andere Absichten, zeigte Mozart die kalte Schulter und ging nach Wien, wo sie ein Jahr darauf den Schauspieler Joseph Lange heiratete. Von Lange, der auch ein geübter Maler war, stammt übrigens das berühmte unvollendete Bildnis des Komponisten von 1782/83 (heute im Mozartmuseum Salzburg).

Immerhin erwartete Mozart in Salzburg die Anstellung als Hoforganist. Voller Unlust begab er sich an die höfische Routinearbeit, aus der Meisterwerke wie die »Krönungsmesse« und das Singspiel »Zaïde« hervorgingen. Die Stimmung änderte sich jedoch, als aus München der Auftrag zur Komposition des »Idomeneo« eintraf. Der Erzbischof gewährte Urlaub, die Aufführung am 29. Januar 1781 wurde ein persönlicher Triumph Mozarts, doch Konsequenzen in Form einer Stellung blieben aus. Der Salzburger Alltag packte mit doppelter Lästigkeit zu, und die Spannungen mit dem geistlich-weltlichen Dienstherrn steuerten erneut auf einen Zusammenprall zu, der diesmal endgültig werden sollte. Mozart nämlich, von seinem despotischen Herrn kurzfristig nach Wien gerufen, knüpfte dort aussichtsreiche Kontakte an und weigerte sich, dem Befehl zur Heimreise mit der Kapelle Folge zu leisten. Wieder fand er bei der Familie Weber, die inzwischen in Wien lebte und durch den Tod des Vaters verwaist war, Unterkunft. Es gab immer neuen Streit mit dem Erzbischof, der einige Entlassungsgesuche Mozarts zunächst einfach unbeantwortet ließ. Schließlich konnten auch Leopolds Vermittlungsversuche die definitive Entlassung nicht mehr verhindern.

Mit diesem Datum, dem 8. Juni 1781, begann für Mozart eine neue, ebenso ungewisse wie hoffnungsvolle Lebensphase: die des freischaffenden Künstlers. Man hat diesen Tag oft zu einem Wendepunkt in der

Nannerl, Wolfgang und der Vater Leopold Mozart unter dem Bild der Mutter Anna Maria Mozart geb. Pertl. Gemälde von Johann Nepomuk della Croce. 1780/81. Salzburg, Mozart-Museum in der Getreidegasse

Musikgeschichte verklärt, ihn als den Beginn des freien, unabhängigen Künstlertums an sich überhöht. Dabei wurde übersehen, daß Mozart diesen Schritt nicht aus grundsätzlichen oder künstlerisch-ideologischen Gründen tat, sondern allein deshalb, weil er das lästige, ihn ständig behindernde Dienstverhältnis beenden wollte. Er nährte ja weiterhin die Hoffnung, eine ihm gemäße, einträgliche und sichere Anstellung, etwa als Hofkomponist des Kaisers, zu erlangen.
So begannen Mozarts Wiener Jahre im Zwielicht von Hoffnung und Ungewißheit, zunächst aber recht verheißungsvoll mit dem Aufstieg zum gefeierten und allseits angesehenen Komponisten und Instrumentalisten. Es gab viele Gelegenheiten zum Unterrichten, Konzertieren und zum Wettspielen mit prominenten Mitstreitern (z. B. Muzio Clementi). Doch steuerte sein Schicksal unaufhaltsam dem Ende in relativer Armut und künstlerischer Vereinsamung entgegen.
Zum ersten glanzvollen Höhepunkt wurde die Uraufführung der »Entführung aus dem Serail« am 15. Juli 1782. Das Singspiel war auf Geheiß

des Kaisers Joseph II. entstanden; es trat alsbald seinen Siegeszug über die deutschen Bühnen an und verbreitete Mozarts Ruhm nachhaltig. Am 4. August des gleichen Jahres fand auch die Hochzeit mit Konstanze Weber, Aloysias Schwester, statt, gegen den heftigen und dauerhaften Widerstand Leopolds. Das Verhältnis zwischen Vater und Sohn renkte sich bis zum Tode des Vaters am 28. Mai 1787 nicht wieder ganz ein, trotz mehrerer Annäherungsversuche von beiden Seiten. Zu tief hatte es den alternden Mann getroffen, daß sich sein Sohn in zwei so wichtigen Lebensfragen, Beruf und Ehe, gegen seinen Rat entschieden hatte. Hinter den Anlässen ist indessen der unlösbare Generationenkonflikt erkennbar; es schmälert Leopolds Verdienst um die künstlerische Entfaltung Wolfgangs nicht, wenn man feststellen muß, daß er den Prozeß der inneren und äußeren Loslösung seiner Kinder nicht begreifen und akzeptieren konnte.

Konstanze und Wolfgang führten keineswegs eine unglückliche Ehe, und Konstanze war auch gewiß nicht jenes liederliche, untreue Weib, als das sie allzu oft dargestellt worden ist. Die Charaktere beider Eheleute waren sich in manchem durchaus ähnlich, vielleicht zu ähnlich. So

Kaiser Joseph II. Stich von Heinrich Coentgen

Konstanze Mozart geb. Weber. Lithographie

hatte Mozart keinen Sinn für Besitz und Reichtum, er gab das Geld gern und leicht aus, wenn er welches hatte. Und Konstanze hatte die gleiche unbekümmerte und vertrauensselige, vielleicht auch gar leichtsinnige Art, mit den materiellen Dingen dieser Welt umzugehen. Andererseits hat Konstanze nach Wolfgangs Tod und in ihrer späteren Ehe mit dem dänischen Diplomaten Georg Nikolaus Nissen manches für seinen Nachruhm getan, u. a. durch die Veröffentlichung einer Lebensbeschreibung Mozarts (1828). Wolfgang und Konstanze hatten sechs Kinder, von denen zwei Söhne, Carl Thomas (1784–1858) und Wolfgang Amadeus, eigentlich Franz Xaver (1791–1844), beide Musiker, überlebten und das Andenken ihres berühmten Vaters pflegten, ohne ihm an künstlerischer Bedeutung auch nur nahezukommen.

In Wien hatte Mozart Umgang mit bedeutenden Künstlern und anregenden Menschen aus Adel und Bürgertum. Der Hofbibliothekspräfekt und gelehrte Musikmäzen Gottfried van Swieten, Förderer Beethovens und Verfasser der Texte zu Haydns Oratorien, führte ihn in die historische Welt Bachs und Händels ein und veranlaßte Mozarts intensive Kontrapunktstudien. Neben den mehr oder weniger losen Kontakten mit Dittersdorf, Gluck und Salieri kommt vor allem der Freundschaft mit Joseph Haydn musikgeschichtliche Bedeutung zu, obwohl beide sich offenbar gar nicht oft getroffen haben. Ihre aufrichtige gegenseitige Hochachtung und Bewunderung stellt ein würdiges Gegenstück zum

Verhältnis des großen Weimarer Paares Goethe und Schiller dar; sie war völlig frei von Neid und Mißgunst, allein auf künstlerische Befruchtung angelegt. Die Spuren gegenseitigen Lernens und Anregens lassen sich allenthalben in ihren Werken aufspüren; von den sechs Haydn gewidmeten Streichquartetten zwischen 1782 und 1785 über die großen Symphonien Mozarts bis zu den letzten Londoner Symphonien Haydns, lange nach dem Tod des Jüngeren.

Eine weitere schicksalhafte Begegnung führte Mozart Anfang des Jahres 1783 mit dem renommierten italienischen Librettisten Lorenzo da Ponte zusammen, der ihm nacheinander die Textbücher zu »Le nozze di Figaro« (Uraufführung am 1. Mai 1786), »Don Giovanni« (29. Oktober 1787) und »Così fan tutte« (26. Januar 1790) schrieb, jeweils unter tatkräftiger dramaturgischer Mitwirkung des Komponisten. 1787 war Beethoven kurze Zeit Mozarts Schüler.

»Figaro« wurde in Wien am Burgtheater uraufgeführt, nachdem es anfänglich wegen des freizügigen und gesellschaftskritischen Themas der Oper Probleme mit der Zensur gegeben hatte (Aufführungen des Schauspiels von Beaumarchais, der literarischen Vorlage von 1785, waren bereits vom Kaiser verboten worden). Eine viel erfolgreichere Aufführung sah Mozart jedoch ein Jahr später in Prag, wo auch die »Prager Symphonie« (KV 504) erstmals erklang. Dort bekam Mozart den Auftrag zu einer neuen Buffa, die er im Herbst 1787 wiederum in Prag in kürzester Zeit komponierte: »Don Giovanni« wurde hier zu einem seiner größten Erfolge; die denkwürdige Uraufführung erlebte, das ist ziemlich sicher, auch Giacomo Casanova – eine pikante Laune der Geschichte!

In Wien veranstaltete Mozart über die Jahre Konzert-Akademien, für die er die bedeutende Serie seiner Klavierkonzerte komponierte und in denen er sich als Solist und Improvisator feiern ließ. Doch wandte sich allmählich das verwöhnte Wiener Publikum von ihm ab und anderen Tagesgrößen zu, von denen die meisten heute mehr oder weniger vergessen sind und deren Namen lediglich als Elemente der Biographie Mozarts einen gewissen Klang behielten – einer von ihnen ist Antonio Salieri, in dem man seinen Mörder aus Neid sehen wollte, obwohl allein schon Salieris eigene große Erfolge gegen derlei Spekulationen sprechen müßten.

Weil der Kaiser eine Vorliebe für italienische Musik und Musiker hegte, besonders aber, weil alle in Frage kommenden Stellen bis auf weiteres besetzt waren, zerschlugen sich dann die Hoffnungen Mozarts auf eine angemessene, gut dotierte Anstellung bei Hof. Es kam lediglich zur

Aufnahme eines Kandidaten zum Freimaurerlehrling. Kolorierter Stich. 1809

ehrenvollen, aber wenig lukrativen Ernennung zum kaiserlichen Kammerkomponisten mit äußerst mäßigem Gehalt (7. Dezember 1787). Im letzten Lebensjahr 1791 versetzte die Stadt Wien Mozart immerhin in eine Art offizieller »Warteposition« auf die Organistenstelle am Stephansdom, denn man rechnete mit dem Ableben des betagten Kapellmeisters Leopold Hoffmann.

Zum facettenreichen Bild der letzten Wiener Jahre gehört auch Mozarts Beitritt zu einer Freimaurerloge (1784 oder 1785), für die er eine Reihe eigentümlich gefärbter tiefsinniger Werke, wie die Kantaten KV 471, 619 und 623 sowie die »Maurerische Trauermusik« KV 477, schuf und deren Weltanschauung ihn sehr beschäftigte und überzeugte. Auch seinen Vater hat er noch zum Freimaurertum überredet; Joseph Haydn gehörte ebenfalls der Bruderschaft an.

1787 endete ziemlich abrupt und ohne erkennbaren äußeren Anlaß die rege Konzerttätigkeit in Wien. Eine geplante Reise nach London kam nicht zustande; Einnahmen flossen nur noch und zusehends spärlicher aus der Unterrichtstätigkeit, denn Honorare aus Opernaufträgen und gedruckten Werken kamen Mozart nur sporadisch zu. Dennoch ist anzunehmen, daß die Familie Mozart auch in den folgenden eher krisenhaften Jahren nicht gerade verarmte. Allerdings zwangen hohe Arzt- und Kurrechnungen und möglicherweise auch Spielschulden oder eine uns nicht bekannte Spekulation Mozart zur Aufnahme mehrerer Kredite bei seinem Freund Johann Michael Puchberg – zahlreiche Bittbriefe zeugen von dieser angespannten Lage. Mit einem seiner Förderer, seinem Logenbruder Fürst Karl von Lichnowsky, trat Mozart am 8. April 1789 seine letzte große Reise an. Sie führte ihn über Prag, Dresden, Erfurt und Leipzig an den preußischen Königshof nach Potsdam. Auch hier kam es jedoch nicht zur erhofften Anstellung. Statt dessen beschenkte ihn der cellospielende König Friedrich Wilhelm II. reich und ließ ihm einen Auftrag für sechs Streichquartette sowie für sechs leichte Klaviersonaten für eine Prinzessin zukommen. Hiervon wurden dann lediglich drei (»preußische«) Quartette und eine durchaus nicht leichte Sonate (KV 576) ausgeführt. Alles in allem war diese Reise ein entmutigender Fehlschlag; am 4. Juni 1789 kehrte Mozart nach Wien zurück.

Auch der Tod Kaiser Josephs II. und der Amtsantritt Leopolds II. 1790 brachten keinerlei Änderung der Lage. Zur Krönungsfeier am 9. Oktober 1790 in Frankfurt reiste Mozart auf eigene Faust und veranstaltete auch eine eigene Akademie mit den beiden sogenannten Krönungskonzerten für Klavier und Orchester (KV 459 und 537). Über Mainz, Mannheim und Schwetzingen kehrte er nach Wien zurück. Auch weiterreichende Pläne für eine Übersiedlung nach London sollten sich zerschlagen.

Einen Lichtblick brachte im März 1791 die Wiederbegegnung mit dem Direktor des Theaters auf der Wieden, Emanuel Schikaneder, ebenfalls einem Freimaurer. So kam es zur gemeinsamen Arbeit an der »Zauberflöte«, die Mozart zunächst intensiv beschäftigte, bis er im Juli 1791 vom Auftrag zu einer Festoper für die Krönung Leopolds II. zum böhmischen König überrascht wurde. Das zwang ihn, Hals über Kopf nach Prag zu reisen und dort in nur 18 Tagen seinen »Titus« fertigzustellen. Sein Schüler Franz Süßmayer übernahm die Routinearbeit des Rezitativkomponierens; am 6. September 1791 fand die Festaufführung statt. Im Juli dieses Jahres hatte auch ein Graf Walsegg zu Stuppach durch einen anonymen Mittelsmann ein Requiem für seine verstorbene Gattin bestellen lassen. Das Auftauchen dieses geheimnisvollen »grauen Boten« beunruhigte Mozart und löste wohl die zwanghafte Vorstellung in ihm aus, er schreibe dieses Requiem für sich selbst. Die Nachwelt hat bekanntlich diese Episode legendenhaft auszuschmücken versucht.

Zuvor vollendete Mozart die Komposition der »Zauberflöte«, die vom Tage ihrer ersten Aufführung an (30. September 1791, mit Schikaneder als Papageno) vom Publikum umjubelt wurde. Ihr Erfolg nahm geradezu volkstümliche Ausmaße an. Von Wien aus, wo sie bis 1795 bereits

Leopold II. Allegorie auf die Übergabe der Kaiserinsignien. Stich von Josef Abel. 1790

200mal gegeben wurde, eroberte sie die deutschen Theater und blieb bis heute eine der meistgespielten Opern überhaupt.

Die letzten Jahre bedeuteten für Mozart ein Übermaß an Arbeit: Neben »Zauberflöte«, »Titus« und »Requiem« entstanden viele Gelegenheits- und Auftragswerke, unter ihnen auffällig viele Tänze und manche Konzerte. Seit 1790 machten sich Anzeichen zunehmender körperlicher Schwäche bemerkbar. Mozarts Lebensumstände waren wahrhaftig nicht dazu angetan, die nötige Ruhe und psychische Stabilität zur Ausheilung von Krankheiten zu ermöglichen. Auch Konstanze kränkelte und unterzog sich in Baden bei Wien mehreren Kuren. Ende 1791 beschleunigte sich der Verfall von Mozarts Gesundheit; heute glaubt man aufgrund von zeitgenössischen Überlieferungen und medizinischen Indizien, daß Mozart an Niereninsuffizienz und Urämie starb. Noch auf dem letzten Krankenlager komponierte er am Requiem und sang angeblich mit den Anwesenden einige fertige Abschnitte daraus. Am 5. Dezember endete sein Leben im Fieber. Wolfgang Amadeus Mozart wurde auf dem Wiener Friedhof St. Marx in einem der josephinischen Reihengräber beigesetzt. Niemand kennt seine letzte Ruhestätte. – Graf Walsegg führte das Requiem, von Mozarts Schüler Franz Süßmayr komplettiert, 1793 als sein eigenes Werk auf.

Vieles am einzigartigen Phänomen der Künstlerpersönlichkeit Mozarts ist zwar historisch und geistesgeschichtlich erklärbar. Dennoch bleibt genügend Spielraum für das Wunder, das sich aller Erklärung entzieht. So sind alle Einflüsse und Begegnungen dokumentiert, die gemeinsam das solide und breite künstlerische Fundament ergeben. Mit unbezähmbarer Neugierde und großem Wissens- und Lerndrang eignete sich Mozart alle die vielfältigen europäischen Zeit- und Personalstile an, ohne jemals in bloße Imitation zu verfallen, sie vielmehr als Trittstufen zur eigenen Reife und Meisterschaft benutzend. Zwar war er kein ungestümer Neuerer oder gar Revolutionär, doch maßgeblich und vielfach endgültig an der Ausformulierung wichtiger instrumentaler und vokaler Gattungen beteiligt, und er behielt in einigen von ihnen das letzte und gewichtigste Wort. Auf dem Gebiet der Oper wurde er im Vergleich zu seinen Vorgängern und Zeitgenossen die alles überragende Gestalt. In der Opera seria gelang ihm mit »Idomeneo« der Schritt über die in Routine und Mode erstarrte historische Formel hinaus zu zeitloser menschlicher Aussage; für die Opera buffa bedeuten »Figaro«, »Don Giovanni« und »Così fan tutte« die letzten verbindlichen und Maßstäbe setzenden Höhepunkte, deren Nachwirkungen noch ein Jahrhundert später in Verdis »Falstaff« zu spüren sind. Zugleich stammen die ersten bedeutenden deutschen Singspiele (»Entführung« und »Zauberflöte«) aus Mozarts Feder. Pionierarbeit erbrachte er darüber hinaus in mehreren instrumentalen Gattungen: Das Streichquartett ist seine gemeinsame Leistung mit dem kühnen Experimentator Haydn, ein Gleiches gilt für die Symphonie; mehr noch sein eigen sind Streichtrio und Streichquintett. Für die Entwicklung des Klavierkonzertes dagegen gebührt ihm das Verdienst, ausgehend von zahlreichen zeitgenössischen Vorstufen die Gattung selbständig und allein ausformuliert zu haben – wohl seine musikhistorisch bedeutendste Leistung.

Die ganze weitgespannte Palette von Mozarts Künstlertum zeigt sich

W. A. Mozarts Sterbehaus (links) in der Wiener Rauhensteingasse. Aquarell von Josef Wohlmuth. Salzburg, Internationale Stiftung Mozarteum

auch in den Reaktionen der Nachwelt auf seine Musik. Der Ruhm, der ihm in den letzten Lebensjahren so schmerzlich verwehrt geblieben war, setzte recht bald und vehement ein. Auch die Mozart-Exegese vor allem des 19., aber auch des 20. Jahrhunderts zeigt alle Abstufungen zwischen den möglichen Extremen: man deutete seine Musik als apollinisch klar, heiter und ausgewogen, überindividuell, makellos und unnahbar, wie auf der anderen Seite als bizarr, zerklüftet, voll unvereinbarer Gegensätze und dämonischer Züge. Je nach Standpunkt rückte man entweder die unterhaltende Seite der Buffowelt und der Serenaden oder die schattenbeschwörenden, düster-verhangenen instrumentalen Moll-Werke (d-Moll- und c-Moll-Klavierkonzerte, g-Moll-Symphonien) ins Zentrum der Deutung. Bis in jüngste Zeit steht sein Werk ungebrochen lebendig im polarisierten Streit der Meinungen. Der Tradition aus der ersten Hälfte unseres Jahrhunderts, die sich im Gefolge der Ästhetik des 19. Jahrhunderts seiner Musik vornehmlich aus der Sicht des makellosen Schönklanges und instrumentalen Belcantos angenommen hatte, steht jetzt eine historisch orientierte, Gegensätze freilegende und emotionale Hochspannung vermittelnde Auffassung gegenüber, personifiziert in so extrem gegensätzlichen Interpreten wie Herbert von Karajan und Nikolaus Harnoncourt. Es spricht für Mozarts Universalität, daß beide Tendenzen zu großen Teilen überzeugend wirken und jeweils andere, einander ergänzende Aspekte in seinem Werk freizulegen vermögen.

Kammerkonzert. Lavierte Federzeichnung von Giuseppe Zocchi. Mitte des 18. Jahrhunderts. Salzburg, Internationale Stiftung Mozarteum

Mozarts Instrumentalmusik

Klaviermusik

Werke für Klavier zu zwei Händen

Sonaten

Mozarts 18 Klaviersonaten haben, im Gegensatz zu den Klavierkonzerten, meist den Charakter von Gelegenheitskompositionen; sie sind aus eher beiläufigem Anlaß entstanden und ins Tagesgeschehen eingebettet. Daher rührt der intimere, weniger aufwendige Charakter, der den meisten von ihnen eignet. Das konzertante Element, der Zug zum Virtuosentum ist meist zurückgedrängt, was jedoch nicht bedeutet, daß es sich in allen Fällen um leichter ausführbare Musik handelt. Mozart selber war bekanntlich ein brillanter Klavierspieler, und das ist selbstverständlich immer auch dann zu spüren, wenn er für einen privaten Personenkreis oder für den Unterricht komponierte.
Anders als bei Haydn und Beethoven weisen seine Klaviersonaten kaum experimentelle Züge auf; Mozart entwickelte vielmehr überkommene Muster behutsam weiter und fand seinen individuellen Weg zwischen den beiden genannten Polen. Auch andere stilistische Vorbilder sind auszumachen, bei den frühen Sonaten neben Joseph Haydn etwa Johann Christian Bach und Carl Philipp Emanuel Bach. Mozarts Sonate ist immer dreisätzig; in aller Regel umschließen zwei schnelle Ecksätze einen langsamen Mittelteil. Der formale Spielraum der einzelnen Sätze bewegt sich ebenfalls im Rahmen des Üblichen: ein Sonatenhauptsatz zu Beginn, Sonatensatz oder -rondo am Ende, als langsamer Satz entweder eine Liedform oder ebenfalls ein Sonatensatz oder eine unauffällige Verknüpfung beider; hinzu kommen vereinzelt Variationenzyklen. Im Sonatensatz selber liegen die Akzente weniger auf der motivisch-thematischen Durchführung und auf einer dramatischen Entwicklung als auf einer natürlich fließenden melodischen Erfindungskraft. Mozarts Expositionen sind deshalb auch nicht monothematisch; viel eher haben sie mehr als die zwei üblichen Themen. Haupt- und Seitensatz sind häufig in sich noch melodisch mehrfach gegliedert, auch Überleitungs- und Schlußgruppe verfügen oft über eigene charakteristische melodische Einfälle. Gleichzeitig ist die Art der Themenerfindung eine

andere als bei Haydn oder später bei Beethoven: Ihr Kennzeichen ist überwiegend melodische liedförmige Geschlossenheit, nicht motivisch-konstruktive Kleingliedrigkeit. Aus diesem Grunde ergeben sich auch in den Durchführungen selten dramatische Konflikte und motivisch-thematische Auseinandersetzungen, statt dessen kommt es eher zu einer harmonisch orientierten Weiterführung des vorhandenen Materials oder zur Einführung neuer Gedanken. Selten werden Mozarts Durchführungen zum Schwerpunkt eines Satzes, was sich auch an den Längenproportionen der Teile ablesen läßt. Kennzeichen aller Sonaten ist darüber hinaus ihre gleichsam klassisch gebändigte edle Ausdruckskraft, nur in wenigen Stellen – hier aber dann um so nachdrücklicher und manchmal fast erschreckend – seelische Abgründe öffnend. Im ganzen Sonatenschaffen Mozarts gibt es lediglich zwei Moll-Sonaten; und genau wie bei den beiden Moll-Klavierkonzerten werden gerade sie zu den persönlichsten und aussagestärksten Dokumenten der Gattung, die zugleich am weitesten in die musikalische Zukunft weisen.

Mozarts erste Sechser-Gruppe für Klavier solo (KV 279–284) entstand Ende 1774 und Anfang 1775. Alle Sonaten folgen dem dreisätzigen Muster, jedoch jeweils mit mehr oder weniger dezenten und zugleich phantasievollen Varianten des Gewohnten. Den beiden Ecksätzen des Erstlings, der **Sonate C-Dur (KV 279)**, ist ein Zug zum Spielerisch-Virtuosen gemeinsam, der sich sogleich im Hauptthema des Kopfsatzes (*Allegro*, 4/4) mit seinen dominierenden Sechzehntelgängen und -arpeggien niederschlägt. Hier knüpft auch die Durchführung an, in der jedoch noch Muße genug für ein kleines neues Themenintermezzo bleibt. Das *Andante* in der Subdominante, ebenfalls in Sonatensatzform, wiegt sich in sanfter Triolenbewegung. Und die kurze Durchführung des Finales (*Allegro,* 2/4) gibt sich überraschend konstruktiv und ernsthaft, in behutsamer imitatorischer Auseinandersetzung erst mit dem Seiten-, dann mit dem Hauptthema.
In der zweiten **Sonate F-Dur (KV 280)** wird das virtuose Element etwas zurückgenommen zugunsten größerer Intimität und Ausdrucksintensität. So ist das Hauptthema des Kopfsatzes (*Allegro assai,* 3/4) in sich dualistisch angelegt: Nach kraftvoll die Tonika markierendem Beginn folgen sogleich Chromatik, ins Piano zurückweichende Seufzermotive und Synkopen. Die Überleitung wandelt die Sechzehntelbewegung in weichere Triolenpassagen ab und führt zu einem Seitensatz, der wiederum in sich selber kontrastartig angelegt ist. Die Durchführung mischt zahlreiche dieser Elemente zu einem farbigen Kaleidoskop,

endend mit dem Seufzermotiv aus dem Hauptthema. – Emotionales Zentrum ist danach das Siciliano (*Adagio*, 6/8), das ungewöhnlicherweise in der gleichnamigen Moll-Tonart (in f) steht. Nach dem vierstimmig dicht gesetzten ersten Thema

schließt sich, von einer Fermatenpause nachdrücklich abgehoben, der über fließenden Sechzehnteln deklamierende As-Dur-Seitensatz an, bevor in der Schlußgruppe der wiegende Rhythmus des Anfangs wiederkehrt. Wenige emphatische Takte voll harmonisch-chromatischer Spannungen deuten einen Durchführungsansatz an, bevor sich die Reprise in vier vorweggenommenen Molldominant-Takten ankündigt. – Das virtuose Schluß-*Presto* (3/8) ist durch den schnellen Siciliano-Rhythmus seines Seitenthemas unauffällig mit dem Mittelsatz verbunden.

Auch im facettenreichen ersten *Allegro* (2/4) der **B-Dur-Sonate (KV 281)** nutzt Mozart die Mehrschichtigkeit verschiedener metrischer Abläufe aus: Bereits das trillergeprägte Hauptthema pendelt zwischen Dreier- und Viererbewegung, und dieses kontrastierende Nebeneinander wird in der immerhin 28 Takte umfassenden Durchführung sehr bewußt und zugleich spielerisch vertieft. – Es folgt ein *Andante* (3/8) auf der Subdominante Es-Dur, dessen ungewöhnlicher Titelzusatz *»amoroso«* unmißverständlich die persönlich gefärbte Ausdruckswelt dieses zauberhaften Satzes umreißt. Verschwenderisch ist die Fülle der Einfälle, die Mozart aneinanderreiht. Auch die Überleitung erhält ihre eigene melodische Gebärde, der Seitensatz wird gar zum dramatischen Dialog auf allerengstem Raum, zwischen unwirschen Oktavgängen und flehender Terzenantwort.

Die zart variierte Reprise ist ein dezentes Dokument von Mozarts Improvisationskunst – so ähnlich darf man sich den Komponisten bei der Interpretation eigener, gelegentlich nur skizzenhaft notierter Werke vorstellen. – Ein schulmäßiges *Rondo* voll thematischer Kontraste und kadenzierender Überleitungen umschließt einen g-Moll-Mittelteil.

Die folgende **Es-Dur-Sonate (KV 282)** ist die erste der drei markanten Abweichungen von der gewohnten thematischen Satzfolge schnell – langsam – schnell. An erster Stelle steht ein ungemein ausdrucksvolles, jedoch emotional immer beherrschtes *Adagio* (4/4) in zweiteiliger Liedform. Sein zweiter Abschnitt beginnt mit angedeuteten Durchführungselementen und greift in einer Coda noch einmal das Hauptthema auf. – Es folgt ein *Menuett*, das durch seinen punktierten Themenkopf geprägt wird und das durch dieses rhythmisch einprägsame Motiv unauffällig mit dem ersten Satz verbunden scheint.

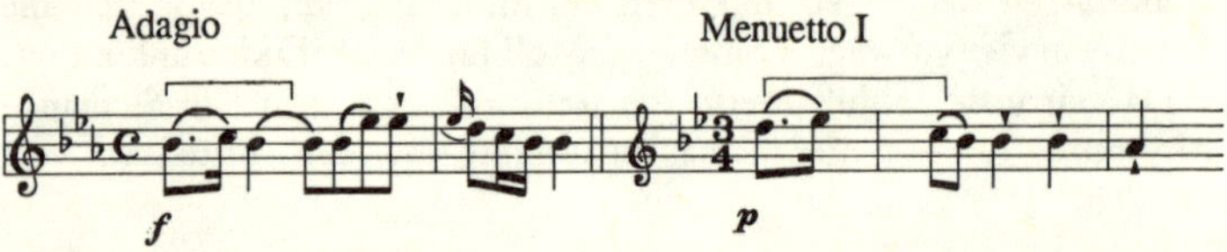

Sein Trio (Menuetto II) ist dagegen vielschichtiger und ausgedehnter. – Das Finale (*Allegro*, 2/4) bringt endlich den bisher ausgesparten Sonatensatz; sein charakteristisches motivisches Element ist der energisch rhythmisierte Oktavsprung zu Beginn, der dann auch die Durchführung bestreitet.

Die **Sonate G-Dur (KV 283)** ist ein lichtes, in allen Elementen wohlausbalanciertes Werk der frühen Klassik. Sein erstes *Allegro* mischt im Hauptthema mit großer Eleganz tänzerische Kantabilität,

dezente Virtuosität in den Überleitungs- und Schlußgruppenteilen und kapriziöse Synkopen- und Vorhaltsgesten im Seitensatz. Die kurze Durchführung bringt, statt ambitionierter motivisch-thematischer Arbeit, eine spielerische melodische Weiterführung. – Das *Andante* (C-Dur, 3/4) ist ebenfalls ein Sonatensatz, der in seiner Durchführung

Töne verhaltener Leidenschaft anklingen läßt, nach Moll ausweicht und in einigen ernsthaft kontrapunktischen Takten endet. – Auch das *Presto*-Finale (3/8) ist hier ein Sonatensatz, dessen wirkungsvolle virtuose Fassade seine motivisch-thematische Vielgliedrigkeit fast zu verschleiern scheint.

Die **D-Dur-Sonate (KV 284, »Dürnitz-Sonate«)**, entstanden als Auftragswerk für den Münchener Freiherrn von Dürnitz, ist der effektvolle Höhepunkt der ganzen Reihe. Bewunderungswürdig ist in ihr die ausgewogene Mischung von dankbarer pianistischer Virtuosität und ambitionierter kompositorischer Durchgestaltung. Gegenüber ihren Schwesterwerken sind die Ansprüche und auch die Dimensionen gewachsen. Das *Allegro* beginnt mit einem vielgliedrigen Hauptsatz, dessen einzelne motivische Bestandteile sich organisch auseinander entwickeln und dem sich nahtlos der dynamische Überleitungsteil anfügt. Der Seitensatz wird zum zurückgenommenen Piano-Intermezzo, während die ausgedehnte Schlußgruppe erkennbar am Hauptsatz anknüpft und ihn phantasievoll weiterführt. Die modulatorische Durchführung spielt mit dem seinerzeit so beliebten Händekreuzen.
Der langsame Satz (*Andante*, 3/4) wird mit aller Variationskunst zu einem »Rondeau en Polonaise« ausgebaut, in dem Mozart vollendet die Balance zwischen stilisierter höfischer Tanzgebärde und zart angedeuteter Ausdrucksvielfalt wahrt. – Auch das *Finale* bringt eine Überraschung in Gestalt einer zwölfteiligen, ungemein farbigen Variationenkette über ein innig singendes Andante-Thema,

dem man kaum anmerkt, welche Ausdrucksvielfalt es auszulösen vermag. Mozart verknüpfte auf raffinierte Weise das gewohnte Prinzip der Figuralvariation mit ständig neuen motivischen und spieltechnischen Einfällen. So kontrastieren in Variation 2 auf engstem Raum Triolen- und Sechzehntelbewegung, Variation 5 verknüpft graziös Tonrepetitionen und Terzengänge, Variation 6 wird zur virtuosen Studie im Händeüberschlagen, Variation 7 wendet sich leise klagend nach d-Moll, Variation 8 ist eine kleine Oktavenetüde, Variation 9 gibt sich kontrapunktisch ernsthaft mit Imitationen und sogar gleichzeitiger Umkehrung, Variation 10 befaßt sich auf eine (für den Pianisten) recht unangenehme Weise mit dem Oktaventremolo, Variation 11 wird als ausgeziertes

Adagio cantabile zum eigentlichen langsamen Satz der Sonate, bevor Variation 12 als Schlußstretta noch einmal alle Virtuosität aufbietet.

Die nächste Gruppe von Klaviersonaten umfaßt drei Werke (KV 309, 311, 310) und entstand zwischen 1777 und 1778. Viele Indizien aus der Familienkorrespondenz deuten darauf hin, daß Mozart die **C-Dur-Sonate (KV 309)** für die Tochter des Mannheimer Hofkomponisten Christian Cannabich (»Die ganz artig clavier spielt«) geschrieben hat. Daß er im empfindsamen *Andante un poco adagio* allerdings ein musikalisches Porträt des jungen Mädchens gezeichnet haben soll, gehört wohl in den Bereich der Anekdote, wenngleich auch heutigen Hörern eine solche außermusikalisch-assoziative Gedankenverbindung einleuchten könnte. Im Unisono hebt das erste *Allegro con spirito* an, um dann sogleich leisere Zwischentöne anzuschlagen.

Auch in der energischen und kontrastreichen Durchführung dominiert in modulatorischer Fortführung das Unisono-Kopfmotiv, und in der kurzen Coda behält es nachdrücklich das letzte Wort. Das Final-*Rondo* (2/4) ist ein Gebilde voll unaufdringlicher Spielfreude, ohne ostentativ zur Schau gestellte Virtuosität und von perfekter Ausgewogenheit seiner melodischen, rhythmischen und dynamischen Impulse.

Die folgende **Sonate D-Dur (KV 311)** dürfte im Spätjahr 1777 in Mannheim entstanden sein, also wie die beiden benachbarten Werke im Umkreis der großen Reise nach Paris. Sie ist von Anfang bis Ende eine typische optimistische D-Dur-Komposition, deren *Kopfsatz* einige kleine, aber gravierende Besonderheiten aufweist. Die melodischen Einfälle verteilen sich gleichmäßig über die Exposition: zunächst das Hauptthema mit einem auffälligen Doppelschlagmotiv,

dann auf der Dominantebene des Seitensatzes zwei weitere Themen, die durch eine kleine charakteristische Staccato-Achtelgruppe im Spiel der übergreifenden rechten Hand verbunden werden. Der Abschluß mit seinen Vorhaltseufzern in Sextenparallelen ist zugleich Anstoß zur Durchführung, die sich zunächst ausschließlich, in Diskant und Baß, mit diesem motivischen Element befaßt. In Takt 58 erscheint unvermutet, wie durch die Hintertür, auf der Subdominante das zweite Seitensatzthema. Nach einer längeren, spielerisch kadenzierenden Überleitung setzt dann überraschend auf der Tonika als Reprise der vollständige Seitensatz ein, und erst danach erklingt als krönender Höhepunkt das erste Thema. Das abschließende Seufzermotiv wird diesmal über einen aparten Trugschluß erreicht. – Der langsame Mittelsatz, ein *Andante con espressione* (G-Dur, 2/4) meidet trotz seines Titelzusatzes emotionale Extreme und ist vor allem durch sein rondoähnlich häufig und variiert auftauchendes Hauptthema geprägt. – Das ausgedehnte Final-*Rondo* (*Allegro*, 6/8) knüpft an die spielerische Virtuosität des Kopfsatzes an und leitet mit einer kleinen konzertmäßigen Kadenz die letzte Wiederkehr des A-Teils ein.

Die folgende **a-Moll-Sonate (KV 310)** ist nach ihrer verbindlichen D-Dur-Schwester nun der schroffe, unverhüllt individuelle Gegenentwurf: die einzige Moll-Sonate neben dem späteren c-Moll-Werk (KV 457) und mit ihm gemeinsam Mozarts persönlichste Äußerung für Soloklavier. Es liegt nahe, die emotionalen Schatten dieses Nachtstückes im Zusammenhang mit Mozarts Pariser Erlebnissen, vor allem mit dem Tod der Mutter am 3. Juli 1778, zu deuten. Es gibt jedoch keinen überlieferten Hinweis auf Entstehungsanlaß oder Beweggründe; bekannt ist lediglich das (ungefähre) Datum: Sommer 1778.
Für den Kopfsatz ist der Zusatz *maestoso* zum *Allegro* ungemein wichtig, denn er verleiht der Interpretation das nötige Gewicht und sollte äußerlich-unverbindliche Geläufigkeit aus der Musik verbannen. Das ist vor allem angesichts der pausenlosen Sechzehntel-Motorik wichtig, die sich bereits am Ende des Hauptsatzes ankündigt und dann bis zum Ende der Exposition nicht abreißt. Das Hauptthema aber setzt im absteigenden punktierten Dreiklang und vorhaltsgezeichnet über schwer pochenden Achtelakkorden ein.

Sein charakteristischer Rhythmus (a) kehrt in der Schlußgruppe über den Sechzehntelketten wieder und prägt sodann die leidenschaftliche Durchführung. Sie setzt mit einem kurzen C-Dur-Lichtblick ein und beginnt sogleich weiträumig zu modulieren, setzt große dynamische Kontraste schroff gegeneinander (*ff* und *pp*) und schürt die Emotionen immer wieder durch harte Vorhaltsdissonanzen. Die Reprise verlegt das Hauptthema überraschend auch in die Baßlage und wendet den gesamten leicht variierten Seitensatz konsequent und unerbittlich nach Moll.
In der unerwarteten großen Unterterz F-Dur steht dann das *Andante cantabile*, dessen Zusatz *con espressione* hier nun ganz anderes Gewicht besitzt als in der vorangehenden D-Dur-Sonate. Wieder breitet sich ein großangelegter Sonatensatz vor uns aus: in der Exposition noch harmonisch ungetrübt in Dur, doch mit emphatischem Nachdruck in seinen weitgespannten Melodiebögen. Die Durchführung wendet sich zunächst fast abgeklärt nach C-Dur, verdunkelt sich jedoch unversehens nach c-Moll und steigert sich alsbald in eine geradezu schmerzliche Hochspannung. Dabei tauschen linke und rechte Hand mehrfach ihre Rollen zwischen aufgeregter Triolenbewegung und deklamierender, trillerdurchsetzter Motivik. Wiederum scheut Mozart nicht vor akzentuiert eingesetzten Dissonanzen und hart aufeinanderprallenden Dynamikkontrasten zurück. Über einem langen pochenden Dominant-Orgelpunkt ebbt die Spannung bis zum *pp*-Verklingen ab. Auffällig sind im ganzen Satz auch die häufigen Ausdrucksakzente und Crescendi.
Vollends zum finsteren Nachtstück gerät schließlich das Rondo-Finale (*Presto*, 2/4), das in fast monotoner Gleichförmigkeit dahinhastet. Sein Mittelteil behält den gleichen rhythmischen Bewegungsablauf bei und wendet ihn als unwirklichen Kontrast in ein wehmütig verklärendes A-Dur. Kompromißlos endet der Satz in a-Moll, kein verbindlicher Dur-Schluß versöhnt mit gesellschaftlichen Konventionen – wie mag das zeitgenössische Publikum auf diesen so subjektiv-pessimistischen und zugleich formal so meisterhaft gebändigten Ausbruch reagiert haben?

Erst 1783 schrieb Mozart (in Wien oder Salzburg) wieder eine Klaviersonate nieder, und nichts erinnert in dieser optimistischen **C-Dur-Sonate (KV 330)** an die Schatten des a-Moll-Werks. Ihrem *ersten Satz* liegt zwar das Sonatensatzmodell zugrunde, doch erfüllt er nur im äußeren harmonischen Ablauf dessen Erwartungen. Geradezu verschwenderisch und sehr einheitlich im spielerisch unterhaltenden Tonfall reihen Exposition und Reprise Einfall auf Einfall aneinander. Die Durchführung bringt nicht einmal ansatzweise motivisch-thematische Verarbeitung, sondern erweist sich als organische melodische Weiterentwicklung und wirkt fast wie ein lyrisches Intermezzo. – Das *Andante cantabile* (F-Dur, 3/4) ist ein inniges und zugleich schlichtes Musikstück in dreiteiliger Liedform, mit einem verhalten melancholischen f-Moll-Mittelteil.

Motivische Klammer aller Teile ist der Achtel-Auftakt. In einer anrührenden kleinen Coda wird noch einmal, nun jedoch in Dur, an den Mittelteil erinnert. – Das *Allegretto*-Finale (2/4) knüpft in seiner dezenten, nie vordergründig den pianistischen Effekt suchenden Spielfreude an den Tonfall des ersten Satzes an. Auch hier benutzt Mozart den Mittelteil des Sonatensatzes nicht als Ort wie auch immer gearteter musikalischer Auseinandersetzungen, sondern spinnt statt dessen das Geschehen intermezzoartig melodisch fort. Ein Trugschluß-Effekt verleiht den drei kadenzierenden Schlußakkorden den nötigen Nachdruck.

Mit der **A-Dur-Sonate (KV 331)** aus dem Jahr 1783 beginnt die Reihe der letzten meisterhaften Klaviersonaten, die alle künstlerisch auf gleicher Höhe stehen und doch, jede für sich, unverwechselbare Individuen sind. Zugleich haben wir hier die zweite Sonate vor uns, die trotz Dreisätzigkeit deutlich von der gewohnten Satzreihenfolge abweicht. An der Spitze stehen *Variationen*, und wieder schrieb Mozart, wie in der D-Dur-Sonate KV 284, musikalisch ungemein anspruchsvolle und bedeutende Veränderungen. Sie stehen deutlich über seinen einzeln veröffentlichten Variationszyklen, die allesamt Gelegenheitswerke sind. Das berühmte Thema in verkürzter dreiteiliger Form ist ein Muster an melodischer Ausgewogenheit und klassischer Schönheit.

Ihm folgen nur sechs Veränderungen, doch sind sie überwiegend als Doppelvariationen angelegt: Die Wiederholungen der einzelnen The-

menabschnitte werden häufig separat und mehr oder weniger neu verändert, wobei die anders variierte Wiederkehr auch noch einen dynamischen Kontrast (*f* gegenüber *p*) bringt. So ergibt sich ein ungemein farbiger musikalischer Ablauf, der kunstvoll alle eventuelle Monotonie der immer gleichen Form vermeidet. Variation 1 spielt mit einem kleinen Vorhaltmotiv, Variation 2 fügt dem immer erkennbaren Themenumriß einen charakteristischen Triller ein und wird triolisch begleitet. Die a-Moll-Variation 3 mildert die rhythmische Vielfalt zu fast monotoner Sechzehntelbewegung und verlangt dem Interpreten in der Wiederholung strenge Legato-Oktaven ab. Variation 4 ist eine wohlklingende Studie für parallele Terzen und überschlagende linke Hand; hier bildet der kurze Mittelabschnitt den andersartigen melodischen Kontrast. Variation 5 ist die retardierende, fein ausgezierte Adagio-Veränderung; Variation 6 steigert das Tempo zum Allegro, strafft die $^6/_8$-Bewegung zum forschen $^4/_4$-Takt und verlängert ihren Sechzehntel-Ausklang noch in eine spielerische kleine Coda.
Ein *»Menuetto«* steht in der Mitte, unerwartet in der Grundtonart und mit einem zart in Terzen und Sexten singenden Trio, das wiederum die linke Hand übergreifen läßt. Mozart vergibt sich nichts mit solchen kleinen Konzessionen an den Publikumsgeschmack, wie ja auch das abschließende *»alla turca«-Allegretto* mehr ist als eine gefällige Referenz an eine damalige Modevorliebe. Es spielt vielmehr augenzwinkernd und raffiniert in mosaikartig variierter Reihung mit den Ingredienzien sogenannter türkischer Musik: mit kurzen Vorhalten und angerissenen Arpeggien, exotisch anmutendem a-Moll-Timbre und einer auftrumpfenden langen Coda, in der man im Klavier das ganze türkische Schlagzeug zu hören glaubt. Im übrigen ist es denkbar, daß Mozart hier auch ganz real an die modische Ausstattung vereinzelter Tasteninstrumente mit zuschaltbaren Geräuscheffekten (Schellenzug usw.) dachte, die man in einer derartigen Komposition einsetzen könnte.

Die **Sonate F-Dur (KV 332)** komponierte Mozart ebenfalls 1783. Er ließ sie gemeinsam mit den beiden vorangehenden Schwesterwerken C-Dur und A-Dur 1784 bei Artaria in Wien als »Opus VI« stechen und veröffentlichen. Die F-Dur-Sonate, als dritte im Bunde, hat wiederum einen völlig anderen Charakter; sie folgt dem bewährten dreisätzigen Schema. Ihr erstes *Allegro* ist einer der besonders typischen Mozart-Sonatensätze und damit zugleich eine Art Gegenentwurf zu Haydns Beispielen: Tendiert jener eher zur Monothematik und pflegt intensiv die motivisch-thematische Arbeit, so stattet Mozart den musikalischen Ablauf mit einer geradezu verschwenderischen Fülle an melodischen Einfällen aus, die alle organisch auseinander hervorzuwachsen scheinen. Allein im Hauptsatz reihen sich zwei unabhängige Gedanken, ein singender, der sogleich imitatorisch weitergeführt wird, und ein rhythmischer, der einem Bläsersatz ähnelt.

Die dynamische Überleitung ist harmonisch kühn, weicht sogleich nach Moll aus und steckt voller verminderter Septakkorde. Und auch der Seitensatz bringt, durch eine synkopische Überleitung getrennt, zwei eigenständige Themen. Dagegen ist die Durchführung wieder einmal kurz und eher episodenhaft beiläufig. Sie beginnt mit einem völlig neuen melodischen Einfall und spielt dann mit der eher unscheinbaren Synkopenpassage aus dem Seitensatz. Durchführungsansätze stecken statt dessen wieder in den Überleitungsteilen der Reprise.
Das *Adagio* (B-Dur, 4/4) ist zweiteilig gebaut, wie ein Sonatensatz ohne Durchführung. Für den Erstdruck überarbeitete Mozart die Reprise im Sinne einer reichen und doch harmonisch ausbalancierten Auszierung der Melodielinien – Kostprobe seiner Improvisationskunst! Das folgende *Allegro assai* (6/8) ist ein Meisterstück dankbarer konzertanter Virtuosität, die jedoch nie zum äußerlichen Selbstzweck wird. Am Ende des Satzes riskiert Mozart ein neckisches Augenzwinkern hinüber zum Freund Haydn: In der Reprise »vergißt« er zunächst die Takte 22–35, um sie später, nach einer gleichsam ratlos fragenden, pausendurchsetzten Abschlußkadenz (Takte 226–230), doch noch nachzureichen.

Um die Entstehungszeit der **B-Dur-Sonate (KV 333)** zu sichern, bemühten Musikwissenschaftler einen aufwendigen Indizienbeweis mit Schriftanalysen und Stilvergleichen. Das Ergebnis besagt recht eindeutig: Ende 1783 / Anfang 1784, und es korrigiert damit die frühere Annahme (Paris 1778) um ganze fünf Jahre. Vor allem im Zusammenhang mit der verbindlichen, vorhaltgesegneten kantablen Melodik des Kopfsatzes (*Allegro*) ist mit Recht immer wieder auf das Vorbild Johann Christian Bachs hingewiesen worden. Und doch zeigt gerade diese Mei-

stersonate, Mozarts wohl ausgewogenste und gleichsam »klassischste«, wie weit der Schüler das Vorbild hinter sich gelassen hat.
Die Proportionen des Allegros sind perfekt ausbalanciert, und auch die Emotionen bleiben, bei aller persönlichen Färbung der Tonsprache, immer kontrolliert, streifen nie Extreme. Das Hauptthema mit seinen innigen Vorhalten

leitet alsbald auch die Überleitung ein und später ebenfalls die relativ ausgedehnte Durchführung, die ihrerseits eher eine Fortspinnung und logische melodisch-harmonische Weiterführung des Geschehens ist als eine konflikthafte Verarbeitung. Die innere künstlerische Logik des Sonatensatzes führt dazu, daß nach dem eher lyrischen Hauptthema der Seitensatz dann zumindest etwas energischer einsetzt, sich jedoch allmählich, ebenfalls vorhaltreich, auf die weichere, emotionalere Ebene des Hauptsatzes zurückbesinnt.
Das empfindsame *Andante cantabile* (Es-Dur, 3/4) ist ein voll ausformulierter Sonatensatz mit einer spannungsvoll modulierenden Durchführung, in der auf einmal verhaltene Erregung aufkommt. Die Reprise ist behutsam und zugleich kunstvoll ausgeziert. – Das Finale (*Allegretto grazioso*, ¢) erscheint als ein groß angelegtes konzertantes Rondo in seltener Vollständigkeit der formalen Reihung (A–B–A–C–A–B–A), vielleicht Mozarts Meisterstück in dieser Gattung. Im Mittelteil (C) gibt es durchführungsähnliche Ansätze, und vor die letzte Wiederkehr des Ritornells (A) schiebt sich, wie in einem Klavierkonzert, eine kunstvoll ausformulierte »Cadenza in tempo«.

Fantasie und Sonate c-Moll (KV 475 und 457) sind zwar im Dezember 1785 gemeinsam von Artaria herausgegeben worden; doch während die Sonate bereits seit 14. Oktober 1784 fertig war, hatte Mozart, allem Anschein nach, erst für deren Drucklegung die Fantasie im Mai 1785 nachkomponiert.
Die **Fantasie c-Moll (KV 475)** ist das großartigste Dokument der Mozartschen Improvisationskunst, frei und auf den ersten Blick fast ungebändigt im kaleidoskopartigen Nacheinander der Einfälle und doch organisch gewachsen und von zwingender Logik des großen formalen Ablaufs. Das Werk hat sechs unterschiedliche Abschnitte, wobei der Schluß die variierte und mit einer Coda versehene Wiederkehr des

Anfangs darstellt, der harmonisch von c-Moll aus kühn moduliert und seltsamerweise ohne c-Moll-Vorzeichen, quasi C-Dur, notiert ist.

Daran schließt sich ohne Tempoänderung in verkürzter Dreiteiligkeit der zweite Abschnitt an, der nun in sich geschlossen ist und harmonisch in D-Dur verharrt. Der nächste Teil (Allegro) beginnt auf der Dominante von a-Moll und wirkt, pausendurchsetzt, modulierend und auch dynamisch kontrastreich, eher fragmentarisch, improvisiert. Eine kleine Kadenz mündet in ein B-Dur-Andantino (3/4), das sich zunächst wieder harmonisch stabil und formal abgeschlossen darstellt, bevor es sich am Ende motivisch aufsplittert und zum Più allegro öffnet. Dieses stürmische, virtuose und zugleich zunehmend improvisatorisch kadenzierende Allegro moduliert von g-Moll aus auf allerlei kühnen Umwegen und sich ganz allmählich beruhigend zurück zur Ausgangstonart c-Moll; am Ende scheint die Musik sich in ihre Bestandteile aufzulösen. Insgesamt alternieren also formal und harmonisch in sich ruhende, weitgehend abgeschlossene Formabschnitte mit improvisatorisch-chromatischen Überleitungsphasen und runden sich am Ende doch zu einem geschlossenen Ganzen.

Die **Sonate c-Moll (KV 457)** hält das künstlerische Niveau der Fantasie in allen Belangen und versucht die überbordenden Emotionen nun durch die geschlossene Form zu bändigen. Die finstere und trotzige Grundhaltung dieser musikalischen Aussage ist einzigartig unter Mozarts Werken und hat in manchen radikalen Einzelheiten etwas geradezu Befremdendes, Erschreckendes. Die Vermutung, daß es sich hier um ein völlig subjektives Bekenntnis handeln muß, um einen leidenschaftlichen, wenngleich formal bewunderungswürdig kontrollierten Gefühlsausbruch, ist nicht von der Hand zu weisen, wenngleich es keinerlei biographische Überlieferungen zu möglichen Entstehungsanlässen gibt.

»Molto allegro« ist der Kopfsatz überschrieben, die 4/4-Vorschrift allerdings sollte vor überzogenem ¢-Tempo warnen: Das harmonische Gefälle unterstreicht denn auch eindeutig und bremsend den Vierertakt. Das Hauptthema ist extrem dualistisch, dialogisierend angelegt. Es ist zugleich der Auftakt zu einer Fülle motivischer Bausteine und

markiert immer wieder formale Zäsuren: Es kehrt zu Beginn der Überleitung wieder, beendet die Exposition und bestreitet dann, im doppelten Kontrapunkt mit seiner triolischen Gegenstimme, die kurze Durchführung.

An ihrem Ende spaltet es sich gar in seine motivischen Bestandteile auf. Die Reprise wendet dann auch konsequent den Seitensatz nach c-Moll und steuert in unerbittlicher Entschlossenheit auf die ungewöhnlich lange Coda zu. Hier ist der explosive Satzhöhepunkt erreicht, mit oktavierten Imitationen des Themenkopfes (a), die sich bis zum gebrochenen verminderten Septakkord steigern. Diese Hochspannung bedarf zur allmählichen Beruhigung noch eines im *pp* verdämmernden, zehn Takte langen Epiloges.

Das *Adagio* (Es-Dur, 4/4) bringt danach auf seine Weise eine emotionale Entspannung, indem es bei aller Ausdruckstiefe sorgsam dunkle Regionen meidet und Moll-Modulationen fast ganz ausspart. Es ist rondoähnlich frei aufgebaut, mit dreimaliger ausgezierter Wiederkehr seines Anfanges und kleinen kadenzierenden Überleitungen. – Um so schärfer ist danach der Kontrast des »agitato« hereinbrechenden Finalsatzes (*Allegro assai*, 3/4), der ebenfalls rondohafte Züge aufweist, die Formumrisse jedoch durch unerwartete Wiederholungen, Generalpausen, Fermaten und rezitativisch deklamierende Einschübe vernebelt. Sein im Piano vorgetragenes Hauptthema bezieht seine fast hektische Unruhe von ständigen synkopischen Verschiebungen in der Oberstimmenmelodik. Die extreme Düsternis und emotionale Hoffnungslosigkeit dieser Musik wird noch dadurch unterstrichen, daß Mozart in ganz ungewöhnlicher Weise die extremen Randlagen des Klaviers ausnützt, oft in abruptem Wechsel und manchmal nur durch Überschlagen der Hände erreichbar. Die ganze letzte Seite der Sonate belegt diese Beobachtung: In den letzten Takten wandert ein Achtelmotiv vom Diskant bis in den tiefsten Abgrund des damaligen Hammerklaviers. Zwei Moll-Tonika-Schläge zerstören jede Hoffnung auf ein versöhnliches Ende im Sinne der Konvention.

Die nächste, **Klaviersonate F-Dur (KV 533/494)**, ist ein Unikum, denn Mozart hat sie nachträglich aus zwei separat existierenden Hälften zusammengefügt: Das **Rondo KV 494** stand ursprünglich allein und sollte offenbar gemeinsam mit den beiden anderen Rondos D-Dur (KV 485) und a-Moll (KV 511) herausgegeben werden. Für seine Funktion als Sonatenfinale fügte Mozart ihm dann noch die Takte 143–169 ein, die oft irreführend als »Cadenza« bezeichnet werden. Über den stilistischen Bruch zwischen diesem Finale und den beiden anderen Sätzen ist viel diskutiert worden, denn er ist sehr offensichtlich, aber ebenso eindeutig von Mozart gewollt, zumindest: geduldet. Kopfsatz (*Allegro*, ¢) und Andante bringen nämlich den für seine Klaviersonaten neuen Aspekt der kontrapunktischen Arbeit in unbeirrbarer Konsequenz und Meisterschaft, so daß in der Tat von einem ganz neuen Stil zu sprechen ist. Das Hauptthema des Allegros wird zunächst – auch ungewöhnlich! – einstimmig vorgestellt

und sogleich ununterbrochenen polyphonen Metamorphosen unterworfen, bis hin zur mehrfachen Imitation vor Eintritt des triolischen Seitensatzes. Auch dieser erfährt zunächst polyphone Komplikationen, bevor ein zweiter selbständiger Gedanke allmählich in homophonere Bahnen lenkt und die lange Exposition beendet. Nahtlos schließt sich die Durchführung an, von c-Moll ausgehend, polyphone und homophone Passagen organisch mischend.

Im *Andante* (B-Dur, 3/4) wird kontrapunktische Kunstfertigkeit zwar sparsamer und wohldosiert eingesetzt, dafür aber, vor allem in der harmonisch kühnen Durchführung, noch kompromißloser und in ihren letzten Takten in geradezu schneidender Abstraktheit der Stimmführung. – Das *Rondo* (*Allegretto*, ¢) setzt dem nun in wundersamer Entspannung, gleichsam schwerelos in baßloser Sopranlage, sein lyrisch weiches Thema entgegen, streift melancholische Moll-Bezirke und spielt im As-Dur-Mittelteil nur ganz dezent mit polyphoner Schichtung. Erst die nachträglich eingefügten Takte bringen, aus Baß-Regionen allmählich aufsteigend, eine kurze und sehr konzentrierte Engführungsepisode, wie eine bewußte nachträgliche Verklammerung der drei Sätze. Sie führt jedoch völlig selbstverständlich vom höchsten Ton aus abwärts in homophone Leichtigkeit zurück und mündet in einen zarten Epilog. Der Satz endet in tiefer Lage ebenso einseitig, wie er baßlos begann.

»Eine kleine Klavier Sonate für anfänger« nannte Mozart seine »Sonate facile« **C-Dur (KV 545)** im Jahre 1788. Sie ist zum Meilenstein aller Klavierpädagogik seit Mozarts Zeit geworden, als Exempel vollkommener pädagogischer Musik, die (relative) manuelle Leichtigkeit nicht mit geistiger Anspruchslosigkeit gleichsetzt. Ihre schlichte Sprache bedarf kaum der Erläuterung: Schulmäßig steht zu Beginn ein überschaubarer *Sonatensatz* mit klarer diatonischer Dreiklangs- und Tonleiterthematik, durchsetzt mit akkordischem Passagenwerk und typischen »Alberti«-Baßbegleitungen (gebrochenen Akkorden als durchlaufenden Begleitfiguren für die linke Hand). Als kleine Besonderheit setzt die Reprise auf der Subdominante ein, so daß Mozart eigentlich die Überleitung wörtlich aus der Exposition hätte übernehmen können. Er weitete sie jedoch im Gegenteil noch aus, indem er nun am Tonleiterspiel auch die linke Hand beteiligte. Das zarte *Andante* (G-Dur, 3/4) lebt ganz von seiner perlend fließenden Melodik über fast stereotypen Begleitformeln; es folgt dem Sonatensatzmuster, mit kleinen melancholischen Moll-Abdunklungen und verminderten Septakkorden in der Mitte. Das Finale (*Allegretto*, 2/4) ist ein verkürztes Rondo über ein leichtfüßiges Staccato Thema, das in linker und rechter Hand spielerisch versetzt und variiert wird.

Die letzten beiden Klaviersonaten (KV 570 und 576), entstanden im Februar und Juli 1789 in Wien, bedeuten nach der bisweilen kompromißlos und fast spröde kontrapunktisch durchgearbeiteten F-Dur-Sonate, oder besser: ihren beiden ersten Sätzen, die Synthese auf höchster Ebene, die Mischung zwischen der zuvor (in KV 332 und 333) erreichten klassischen Ausgewogenheit und allen kontrapunktischen Künsten. Das Ergebnis ist ein höherer Grad an Gelassenheit, trotz aller offensichtlichen und versteckten Satzkünste.
Die **B-Dur-Sonate (KV 570)** ist die kürzere und schlichtere, zugleich intimere von beiden. Ihr erstes *Allegro* beginnt unisono,

ein charakteristisches Doppelschlagmotiv leitet die Überleitung ein und führt zu einem neuen Einfall auf der Subdominante, einer Art zweitem Thema noch innerhalb des Hauptsatzes. Der Seitensatz setzt

in der linken Hand überraschend mit dem Dreiklangmotiv vom Anfang ein (a) und fügt ihm in der Oberstimme lediglich eine kontrastierende Gegenstimme bei, von der sich alsbald eine auftaktige Achteltonfolge abspaltet, die motivisch weiterverfolgt wird. Ein selbständiges Seitenthema sucht man vergeblich, lediglich in der Schlußgruppe wird noch ein kleiner melodischer Epilog nachgereicht. Zwei modulierende Akkorde rücken den Beginn der recht ausgedehnten Durchführung sofort nach Des-Dur. Sie befaßt sich zunächst mit dem Doppelschlagthema und bringt in ihrem deutlich abgesetzten zweiten Teil eine polyphone Auseinandersetzung mit dem Material des Seitensatzes: Hauptthema und Gegenstimme werden im Sinne des doppelten Kontrapunktes vertauscht und harmonisch weitergeführt.
Das *Adagio* (Es-Dur, ¾) ist in übersichtlicher Reihung als verkürztes Rondo angelegt. Seinem dreiteiligen Liedthema folgt zuerst eine zarte, ebenfalls dreiteilige c-Moll-Episode. Dann, nach einem eher angedeuteten Zitat des Hauptthemas, schließt sich ein selbständiger As-Dur-Teil an, bevor ein letztes Mal die Melodie des Beginns anklingt und nun bereits nach der ersten Phase in eine still verklingende Coda mündet.
Auch das Finale (*Allegretto*, ¢) ist ganz übersichtlich gegliedert und hat variierte Rondozüge: Sein spielerisches Hauptthema rahmt zwei weitere in sich geschlossene Ritornelle ein, beide in natürlich anmutender Dreiteiligkeit, das erste in der Tonika, das zweite mit seinen repetierenden Achteln auf der Subdominante. Kleine Überleitungen, die motivisch aus den Episoden hervorwachsen, vermitteln zwischen den Formabschnitten. Eine unauffällig kunstvolle Coda zitiert noch einmal, polyphon verwoben, den Es-Dur-Teil und beendet das Geschehen mit einem kleinen Motivspiel, das entfernt an das auftaktige Achtelgebilde aus dem Kopfsatz erinnert.

Ausgedehnter, konzertanter und insgesamt ambitionierter ist Mozarts letzte **Sonate in D-Dur (KV 576)**; sie ist zugleich auch pianistisch die anspruchsvollste. In ihr gelang Mozart die perfekte Synthese von galant-unterhaltendem und kontrapunktisch-gelehrtem Stil. Wieder beginnt, wie in KV 570, das erste *Allegro* mit einem Unisono, einem fanfarenartig aufstrebenden Jagdsignal,

dem sogleich dialogisierend eine verspielt trillernde Antwort folgt. Bereits nach acht Takten, nach Abschluß der ersten Periode, beginnt das imitatorische Spiel mit dem Jagdmotiv, das anstelle des erwarteten zweiten Themas auch den Seitensatz eröffnet, wo sich beide Stimmen im Abstand einer Achtelnote nachjagen. Erst dann, nach eingeschobener kadenzierender Figuration, kommt es zu einem nachgereichten episodenhaften neuen Thema (»dolce«). Die Durchführung lebt überwiegend von harmonischer und polyphoner Verarbeitung, anknüpfend an den Beginn des Seitensatzes und am Ende chromatisch mit den drei ersten Tönen des Jagdsignales spielend. Auch in der Reprise wird munter weiter kontrapunktisch gearbeitet, jetzt sogar mit motivischen Abspaltungen aus dem Hauptsatz (Sechzehntelfigur aus Takt 12). Im Seitensatz kehrt sich die Reihenfolge um: als entspannende Atempause erscheint jetzt zuerst, sozusagen an der »richtigen« Stelle, das kleine lyrische Thema, dann kommt der ganze verbliebene Rest.

Im *Adagio* (A-Dur, ¾) schließt ein ausdrucksvoller, in sich ruhender Gesangsteil einen ausgedehnten abwechslungsreichen Mittelabschnitt, der von fis-Moll über Tonleiterfigurationen in D-Dur nach fis-Moll zurückführt, ein. Eine Coda wendet die unruhige fis-Moll-Episode versöhnlich nach A-Dur und schließt mit zierlichem Auf- und Abstieg von Tonleitern in getupftem Staccato.

Das Finale (*Allegretto*, ²⁄₄) beginnt in trügerischer homophon-liedhafter Schlichtheit und läßt doch bereits nach acht Takten allen Satzkünsten und virtuosen Ambitionen freien Lauf. Es ist in großen Zügen als Rondo geformt, jedoch ohne deutlich kontrastierende und eigenständige Zwischenteile. Statt dessen wird das vorhandene Material – Hauptthema, Triolenkaskaden, Akkordbrechungen – immer neuen kontrapunktischen Komplikationen unterworfen, in Engführungen, Stimmvertauschungen, mit neuen Kontrapunkten und immer wieder launisch durch kadenzierendes Laufwerk unterbrochen. Das Ganze ist für den Interpreten eine fast unüberwindliche Hürde, denn der spielerische, schwerelose Charakter dieses Musizierstückes steht im schroffen Gegensatz zu seiner meisterhaften detaillierten Durchgestaltung und seinen pianistischen Ansprüchen: man muß sie bewältigen, aber man darf die Mühe nicht ahnen!

Zur **Klaviersonate F-Dur (KV 547 a)**, die aus Mozarts eigener Bearbeitung je eines Satzes aus der Violinsonate KV 547 und der Klaviersonate KV 545 besteht, siehe S. 63, 46 und 54.

Einzelne Stücke, Rondos und Fantasien

Unter den einzeln veröffentlichten Klavierstücken von Mozart finden sich auch mehrere Sonatensätze. Da ist zunächst ein **Sonatensatz in g-Moll (KV 312)**, der bisher nicht genau datierbar ist und dessen Entstehung man zwischen 1774 und 1790 ansiedelt. Es ist ein ernsthafter und sehr übersichtlich gegliederter Sonatensatz mit einem Unisono-Thema zu Beginn, das alsbald andeutungsweise imitiert wird, triolischem Spielwerk in der Überleitung, einem freundlichen Dur-Seitensatz und einer modulatorischen Durchführung. Mozartsche g-Moll-Tiefe tritt hier nicht so offensichtlich zutage wie in den großen Werken gleicher Tonart. – Ein **B-Dur-Sonatensatz (KV 400)**, vermutlich von 1781, ist Fragment geblieben, doch da Exposition und Durchführung vorlagen, konnte ihn Maximilian Stadler recht einfühlsam ergänzen. In der Durchführung gibt es eine scherzhaft tiefsinnige g-Moll-Anspielung auf Mozarts Frau Konstanze und ihre Schwester Sophie, namentlich vom Komponisten in die Noten eingetragen.
Das einzelne **Adagio h-Moll (KV 540)** (Wien, 19. März 1788) ist einer der bedeutendsten langsamen Klaviersätze des Komponisten, in Stil und sorgsamer Durchgestaltung den letzten großen Sonaten eng verwandt. Sein Hauptthema

schlägt umweglos, mit seiner unvorbereitet eintretenden Dissonanz auf dem dritten Taktteil, den schmerzlichen Grundton an, den der D-Dur-Seitensatz nur mildern, nicht aber bannen kann. Die Durchführung vertieft diese Stimmung noch durch labyrinthische harmonische Gänge voller Chromatik und durch direkte Konfrontation von Diskant- und Baßlage. Erst in der Coda ringt sich die Musik, nach zweimaligem resigniertem chromatischem Abstieg, zu drei letzten H-Dur-Takten durch – ein ungemein rührender, wenngleich nicht wirklich spannungslösender Zug.

Ein einzelnes **Menuett D-Dur (KV 355)** von 1790 (?) wirkt in seiner sehnsüchtigen Chromatik, seiner kontrapunktischen Durchwirkung und mit seinem fast schneidend dissonanten Mittelteil wie ein Dur-Verwandter des h-Moll-Adagios. Es ist wohl Mozarts radikalstes

Menuett, in seiner Entfernung von höfischer Herkunft dem Menuett der g-Moll-Symphonie (KV 550) vergleichbar.

Die beiden Rondos D-Dur und a-Moll sind völlig gegensätzlicher Natur. Das populäre **Rondo D-Dur (KV 485)** (Wien, 10. Januar 1786) ist in Wirklichkeit ein monothematischer Sonatensatz, in dem sich Haupt- und Seitensatz, Überleitung und Schlußgruppe und auch die kurze Durchführung ständig und doch völlig ermüdungsfrei mit dem einprägsamen Haupteinfall

befassen. Die Reprise wird sogar trugschlußartig gedehnt, um das Thema noch einmal zusätzlich auf der großen Unterterz B-Dur präsentieren zu können, und auch die Coda zitiert es noch zweimal in der Grundtonart.

Ein wirkliches **Rondo** ist dagegen **KV 511 (a-Moll)** vom 11. März 1787. Es ist mit Sicherheit eins von Mozarts gewichtigsten Rondos und zugleich sein persönlichstes. Eine briefliche Äußerung deutet den autobiographischen Hintergrund dieses dezent klagenden und doch wieder so spielerischen Konzertstückes an: Mozart komponierte es wohl »bey gelegenheit des traurigen Todfalls Meines liebsten besten Freundes grafen von Hatzfeld« (Brief an den Vater vom 4. April 1787). Sein chromatisch seufzendes Hauptthema

ist nicht nur im ersten und letzten Ritornell, sondern – zumindest latent durch seinen charakteristischen Doppelschlag – auch im B-Teil (F-Dur, Takt 31) und – offensichtlich – nach A-Dur gewandt im kontrastierenden Mittelabschnitt (C) gegenwärtig. Polyphone Dichte prägt weite Teile des Stückes; ein weiteres konstruktives und zugleich spielerisches Element ist die Triolenbewegung im Dur-Abschnitt. Die abschließende Wiederkehr des Hauptteils variiert die Vorlage behutsam, fast zärtlich und führt in eine Coda, die zunächst im doppelten Kontrapunkt gesetzt ist und dann das Thema mit der Triolenbewegung vereinigt.

Autograph des Klavierrondos a-Moll KV 511. Leipzig, Musikbibliothek der Edition Peters

Neben der großen c-Moll-Fantasie KV 475 (vgl. S. 42 f.) wurde vor allem die kürzere und hochbedeutende **d-Moll-Fantasie (KV 397)** berühmt. Sie entstand vermutlich nach 1782; man meint, daß ihr relativ kurzer Dur-Abschluß ursprünglich länger gewesen sein könnte. Wie ihre gewichtige c-Moll-Schwester ist sie ein lebendiges Dokument von Mozarts Improvisationsgabe, die hier in der Niederschrift formal gleichwohl überschaubar gebändigt erscheint. Ihr Verlauf gliedert sich wie folgt: präludierend arpeggierende Einleitung (Andante, ¢); d-Moll-Hauptteil (Adagio) in mehrfacher motivischer Untergliederung, der zweimal unvermittelt durch eine kadenzierende Tonleiterpassage unterbrochen wird; schließlich der versöhnliche D-Dur-Abschluß (Allegretto, ²⁄₄) mit seinem liedhaft eindringlichen Gesangsthema;

auch dieser letzte Abschnitt wird noch einmal kadenzartig unterbrochen. Das zentrale d-Moll-Adagio vor allem steckt voller Chromatik, voll emotionaler, von der Dynamik unterstrichener Anläufe, die immer wieder abbrechen und in ihrer letzten Wiederkehr, gleichsam stammelnd, in sich zusammenzufallen scheinen. Insofern wirkt das Allegretto wie ein Lichtblick, wie eine Erlösung.

Einen sehr improvisatorischen, locker gefügten Ablauf hat die **C-Dur-Fantasie (KV 395)** (nach 1778); ihr Abschluß ist »Capriccio« überschrieben, und unter diesem Titel taucht gelegentlich das ganze Stück auf. – Die fragmentarische **c-Moll-Fantasie (KV 396)** entstand wohl 1782 und wurde von Maximilian Stadler ergänzt; Mozart hatte sie für Klavier und Violine begonnen, und seine Anteile sind nicht mehr genau feststellbar. Den Titel »Fantasie« erhielt das Werk übrigens erst in der ersten Druckausgabe; formal handelt es sich um einen Sonatensatz.

Fantasieähnliche, improvisatorisch anmutende Züge hat auch das **Präludium C-Dur** mit anschließender Fuge **(KV 394)** (April 1782); es steht im effektvollen Gegensatz zur strengen dreistimmigen **Fuge**, einer dicht gearbeiteten Studie unter Bachs und vor allem Händels Einfluß, die sich am Ende gleichwohl prächtige Oktavgänge im Baß erlaubt. – Ebenfalls ein Zeugnis von Mozarts ausgiebiger Beschäftigung mit seinen musikalischen Vorfahren ist die polyphone kleine **Gigue G-Dur (KV 574)**, entstanden am 16. Mai 1789 in Leipzig, ein leider fast vergessenes kontrapunktisches Kabinettstückchen, das in überraschendem Unisono endet. In diesen Zusammenhang gehört auch eine fragmentarische **Klaviersuite C-Dur (KV 399)**, die nicht über den dritten Satz (*Courante*) hinaus gediehen ist und das barocke Vorbild nicht nur perfekt nachahmt, sondern ihm auch einen Hauch von Mozartschem Tonfall angedeihen läßt.
Einige Gelegenheitswerke runden das Bild ab, unter ihnen das zarte kleine **Andantino Es-Dur (KV 236)**, bei dem Mozarts Urheberschaft nicht ganz feststeht, oder die tragikomische kleine **Marche funèbre** »del Sigr. Maestro Contrapunto« **(KV 453 a)**, die der Komponist seiner Schülerin Barbara Ployer ins Stammbuch schrieb. Eigene Arrangements von Menuettfolgen, deutschen Tänzen und Märschen für Klavier dienten der Unterhaltung. Die überlieferten frühesten Klavierstückchen des sechs- bis vierzehnjährigen Wolfgang Amadeus (vor allem **Menuette, KV 1d, 1e, 1f, 2–5**) entstanden unter der wohlwollend-stolzen Aufsicht des Vaters und haben hauptsächlich dokumentarische Bedeutung. Ein

gleiches gilt für das sogenannte **Londoner Skizzenbuch (KV 15)** von 1764/65 mit seinen 44 bisweilen recht aparten Skizzen und Miniaturen.
Zwei reife Kompositionen, die häufig als Klavier-Arrangements erschienen, sind original nicht für das Hammerklavier geschrieben. Da ist zunächst das zarte **Adagio** für Glasharmonika **C-Dur (KV 356)** von 1791, ein intimes Werk in knapper Dreiteiligkeit, das durch sein fehlendes Baßfundament schwerelos wirkt – wegen des nach unten begrenzten Umfanges der Glasharmonika bleibt c′ der tiefste Ton. – Wesentlich umfangreicher, als rondomäßig ausgebautes Gebilde, erscheint dagegen das **Andante** »für eine Walze in eine kleine Orgel« **F-Dur (KV 616)** aus Mozarts letztem Lebensjahr (4. Mai 1791), das im Original auf drei Systemen notiert ist. Es ist ein fioriturenreiches, emotionale Extreme meidendes Werk von klassischem Ebenmaß und großem Wohllaut, das sich in der Tat am besten im weichen Flötenklang der Orgel realisieren läßt.

Variationen

Mozarts zahlreiche Variationszyklen – es sind ohne die formgleichen Sätze in den Sonaten insgesamt 17 – stellen wie die Sonaten allesamt ausgesprochene Gelegenheitswerke dar; man merkt ihnen jedoch, im Gegensatz zu den meisten Sonaten, diesen Charakter viel deutlicher an. Sie wurden komponiert zur Deckung des aktuellen Tagesbedarfs an effektvoller und nicht zu anspruchsvoller Klaviermusik. Man geht sicher nicht fehl, wenn man in diesen liebenswürdig unterhaltenden Dokumenten notierte (und damit gewiß vereinfachte!) Zeugnisse von Mozarts Improvisationskunst sieht. Diesen Eindruck bestätigt übrigens indirekt sehr anschaulich der erste Satz der Klaviersonate A-Dur (KV 331), denn seine Variationen sind ungleich ambitionierter und bedeutender als die vergleichsweise konventionellen und mitunter routinierten Einzelzyklen. Zugleich sind die Variationenreihen dankbare Schulbeispiele der Mozartschen Klaviertechnik, die hier im überschaubaren Rahmen wohldosiert und jeweils graduell sich steigernd vorgeführt wird. Alle Zyklen folgen mehr oder weniger konsequent dem gewohnten Muster der allmählich sich beschleunigenden Figural-Variation: Die Bewegung entwickelt sich über Achtel-, Triolen-, Sechzehntelwerte und allerlei technische Tricks wie überschlagende Hände oder Oktavspiel fort bis zur oft virtuosen Schluß-Stretta. Dazwischen erwartete die

Mode wohldosiert eingesetzte retardierende Momente, etwa in Gestalt einer eher emotional getönten Moll-Variation, manchmal auch behutsam angedeuteter imitatorischer Effekte. Und an vorletzter Stelle erscheint regelmäßig der verinnerlichte, zumeist reich ausgezierte Ruhepunkt einer langsamen Variation. Es ist nicht schwer, einem so angelegten Zyklus unvorbereitet analytisch zu folgen, zumal Mozart sich in der Mehrzahl einprägsame liedhaft-volkstümliche und oft auch zu seiner Zeit populäre Melodien als Basis auswählte. Manche entstammen dem aktuellen Opernrepertoire der Mozart-Zeit.

Die **Variationen F-Dur (KV 54)** findet man üblicherweise mit ergänzender Violinstimme an dritter Stelle der Violinsonate KV 547; Mozart selber reduzierte sie auf Klavier allein. Sie begegnen uns gelegentlich auch als Bestandteile der Klaviersonate F-Dur (KV 547 a), allerdings nicht von Mozart, sondern erst von Alfred Einstein dorthin übertragen. Der Schlußsatz dieser Sonate ist eine transponierte Variante des Finalrondos von KV 545 (s. S. 46). – Die **Variationen in A-Dur (KV Anh. 137)** stellen eine genaue Übertragung des entsprechenden Satzes aus dem Klarinettenquintett (KV 581) dar, deren Urheberschaft nicht geklärt ist.

Es mag genügen, aus der Reihe der Zyklen zwei herauszugreifen, die besonders phantasievoll und charakteristisch sind und damit exemplarischen Rang beanspruchen können. Jedem Klavierschüler begegnen irgendwann in seiner Laufbahn die **Variationen C-Dur** über das französische Volkslied **»Ah, vous dirai-je, maman«** (uns besser bekannt als »Morgen kommt der Weihnachtsmann«) **(KV 265)**, nach neueren musikwissenschaftlichen Forschungsergebnissen nicht 1778 in Paris, sondern erst um 1781/82 in Wien entstanden. Das dreiteilige Thema selber wird in unrhythmisierter, gleichsam neutraler Viertelbewegung vorgetragen, mit jeweils einem Triller am Phrasenende. Ihm folgen zwei Variationenpaare, die überraschenderweise eher retardierend angeordnet sind: erst Sechzehntel-, dann Triolenfigurationen. Die Sechzehntel umspielen zunächst in schulgemäßer Figuration die Melodie (1), dann den Baß (2), während sich die Oberstimme durch Überbindungen und harmonische Zusatztöne verdichtet. Das gleiche Prinzip befolgen die Triolennummern: zunächst beleben sie dreiklangsbrechend und gliedernd phrasiert die rechte Hand (3), dann verändern sie in Arpeggien den Baß, unter der ähnlich wie in Variation 2 gestalteten Oberstimme. Variation 5 ist eine durchsichtige Synkopenstudie im Achtel-Rhythmus, die in sich gegen Ende noch einmal zu Sechzehnteln gesteigert wird. Variation 6 knüpft an Variation 2 an und bildet in Sechzehnteln eine durchgehende lebhafte Baßlinie, deren prägendes Element eine Trillerfigur ist; im Mittelteil wandert sie in die Oberstimme. Hieran schließt die Sechzehntel-Variation (7) direkt an, mit einer zweimaligen effektvollen Ausdrucksverzögerung im Mittelteil. Nun folgt die traditionelle Moll-Veränderung (8), die durch Imitationsansätze einen dichten vielstimmigen Satz vortäuscht. Ihr antwortet in schlichter Viertelbewegung ebenfalls imitatorisch die Dur-Variation (9). Eine virtuose Steigerung bedeutet dann Variation 10 mit dem seinerzeit so beliebten pianistischen Effekt des Händekreuzens: Die Linke greift über, während die Rechte in der Mittellage mit arpeggiertem Tremolo orchestrale Dichte erzeugt. Nach diesem Höhepunkt folgt logischerweise die Umkehr zum besinnlichen Adagio (11), das wiederum in seinen Eckteilen imitatorisch angelegt ist, während sein Mittelteil sich zu einer graziös-serenadenhaften Melodielinie aufschwingt, die bei ihrer Wiederholung reich verziert wird. Das Finale (12) schließlich beschleunigt das Tempo zum Allegro (obwohl über dem Thema zu Beginn keine Angabe gemacht wird, dürfte dennoch ein Allegretto als Grundtempo bis zur Variation 10 gemeint sein), und es verändert den ursprünglichen Zweier- zum Dreiertakt – diese zwei ganz einfachen und gerade deshalb so wirkungsvollen Steigerungsmöglichkeiten hebt sich Mozart also bis zum Schluß auf. Die virtuose Schlußvariation bedient sich der Sechzehntelfiguration aus Variation 1 und 2 und verdichtet sie im Mittelteil beidhändig; sie erhält soviel Schwung, daß sie noch eine Coda zum Auffangen der überschüssigen Energie nötig hat. Überblickt man die gesamte Reihe der zwölf Veränderungen, dann ergibt sich das Bild einer sehr sorgfältig geplanten und ökonomisch verteilten Anordnung der Variationstechniken. Monotonie oder Langeweile werden vermieden durch geschickte Verteilung beschleunigender und bewegungshemmender, satztechnischer und klanglich-pianistischer Effekte.

Die **Variationen D-Dur (KV 573)** komponierte Mozart 1789 auf seiner Berliner Reise in Potsdam. Ihr graziöses dreiteiliges Menuett-Thema

übernahm er von Jean-Pierre Duport, dem Cello-Lehrer des preußischen Königs, Friedrich Wilhelms II. Auch hier folgen die ersten drei

Variationen dem figurativen Prinzip und verändern nacheinander spielerisch Ober- und Unterstimme (1 und 2); die dritte faßt dann ihre beiden Vorgängerinnen gleichsam zusammen in phantasievollem Dreiklangs- und Tonleiterspiel beider Hände. Erst dann folgt, wiederum als retardierendes Element, die Triolenvariation (4), sich rechts und links abwechselnd in Terzen- und Sextengängen wiegend. Schrittweise weiter bremsende Tendenz haben auch die beiden folgenden Teile: Variation 5 spielt in Achtelbewegung mit Doppelschlageffekten, neckischen Vorschlägen und, im Mittelteil, angedeuteter Chromatik. Und die Moll-Variation (6) wirkt danach in ihrem gehenden Viertelmetrum fast wie eine vorweggenommene Andante-Veränderung, mit sehr ernsthafter, behutsam ausgezierter Oberstimmenmelodik. Ihr folgt unvermittelt eine veritable pianistische Studie in gebrochenen Akkorden (7); und erst nach diesem kleinen aufmunternden virtuosen Feuerwerk kommt die eigentliche langsame Variation (Adagio, 3/4), die Mozarts ganze Kunst des melodischen Auszierens ausbreitet. Variation 9 steht als lokkere und doch beherrschte Stretta im 2/4-Takt und ist zum Allegro beschleunigt. Sie mündet in eine Folge improvisatorischer Kadenztakte und läßt am Ende noch einmal das behutsam verzierte Originalthema anklingen.

Werke für Klavier zu vier Händen

Die frühen unter Mozarts vierhändigen Sonaten sind dankbare, unproblematische Gelegenheitskompositionen in überschaubarer knapper Dreisätzigkeit, für den Eigengebrauch im Konzert – gemeinsam mit der Schwester oder mit Schülern – geschrieben, abgesehen von einem ersten Versuch (C-Dur, KV 19 d, vermutlich Mai 1765 London).

Die **Sonate B-Dur (KV 358)**, komponiert angeblich April oder Mai 1774 in Salzburg, ist von bezwingender Jugendlichkeit und melodischem Charme: temperamentvoll im ersten *Allegro* mit seinen beiden deutlich kontrastierenden Themen und winzigen Imitationsansätzen jeweils in der Schlußgruppe. Im Mittelpunkt steht ein weich singendes *Adagio* (Es-Dur, 3/4), mit kaum wahrnehmbaren Eintrübungen im kurzen Mittelteil. Ein gutgelauntes *Molto presto* (2/4) voller Tonrepetitionen und effektvoll nachklappenden (= »klappernden«!) Akkorden der vier Hände beschließt das Werk.

Ähnlich in der heiteren Grundstimmung ist auch die **D-Dur-Sonate (KV 381)** angelegt, entstanden vermutlich Anfang 1772 in Salzburg. Hier gibt sich die Durchführung des Kopfsatzes (*Allegro*, 4/4) ein wenig dramatisch. Das *Andante* (G-Dur, 3/4) ist ein inniges Gesangsstück mit einem apart im doppelten Oktavabstand und trotzdem »dolce« singenden Seitenthema. Ein spielerisch ausgelassenes *Allegro molto* (2/4) bildet den Abschluß.

Die beiden späteren Sonaten (KV 497 und 521) zeigen dagegen deutlich gewachsene kompositorische und auch pianistische Ansprüche, äußerlich erkennbar an der jeweils merklich größeren Ausdehnung der Sätze und ihrer Proportionen. Die **Sonate F-Dur (KV 497)**, entstanden am 1. August 1786 in Wien, beginnt denn auch mit einer gewichtigen Adagio-Einleitung, die harmonisch farbige Umwege durchläuft, ehe sie in das *Allegro di molto* (¢) mündet. Dies ist nun ein ambitionierter Sonatensatz voller motivischer Zusammenhänge und Querverbindungen: So kehrt sein Hauptthema

noch einmal variiert in der Schlußgruppe wieder, und sein Seitenthema leitet sich aus einem Bewegungsmotiv aus der vorangehenden modulatorischen Überleitung ab. Der Seitensatz ist in kontrapunktischer Dichte angelegt, während die ausgedehnte und mächtige Durchführung voller dynamischer Gegensätze steckt und sich überwiegend im kompakten vierhändig polyphonen Satz mit Elementen des Hauptthemas auseinandersetzt. Die Coda spielt abschließend mit dem kleinen Vorschlag aus demselben Thema (Takte 3 bis 5).
Auch das *Andante* (B-Dur, 4/4) ist ein Sonatensatz, mit weich strömender Melodik und einem wirkungsvoll davon abgehobenen, stockenden Seitensatz sowie einer knappen imitatorischen Durchführung. – Das Final-Rondo (*Allegro*, 6/8) kehrt Spielwitz und Temperament hervor; es steht an Gewicht und kompositorischer Bedeutung Finalsätzen wie jenem aus der zweihändigen D-Dur-Sonate (KV 576) nicht nach. Bemerkenswert ist vor allem auch, daß die vierhändige Satzdichte nie zur Klangmassierung gerät, sondern immer durchhörbar und gegliedert klingt.

Von ähnlichem Gewicht, doch anderem Charakter ist die folgende **C-Dur-Sonate (KV 521)** vom 29. Mai 1787 mit ihrem energisch zupakkenden punktierten Unisono-Beginn des Kopfsatzes (*Allegro*, 4/4)

und dessen tänzerischem Seitenthema sowie einem dritten kleinen Thema noch in der Schlußgruppe. Bis auf eine kleine Episode im zweiten Teil der Durchführung werden kontrapunktische Verknüpfungen vermieden, und auch das ausdrucksvolle *Andante* (F-Dur, 3/4) spart derartige Komplikationen aus. Es ist in überschaubarer liedhafter Dreiteiligkeit gebaut, mit einem d-Moll-Mittelteil voll vibrierender Unruhe, die sich jeweils vor allem in den bewegt begleitenden Zweiunddreißigsteln niederschlägt. Nach der beruhigenden Wiederkehr des Anfangs beendet eine zart figurierte Coda den Satz. Das Schluß-*Rondo* (*Allegretto*, 2/4) beginnt mit einem harmlos liedhaften Thema, entfaltet dann jedoch beträchtliche Virtuosität und vereinigt große Kontraste in seinen verschiedenen, deutlich voneinander abgesetzten Formteilen. Unter ihnen beginnt gleich der B-Abschnitt mit einer abwärts gerichteten Fanfare, die sich mühelos zurück auf das Hauptthema des Kopfsatzes beziehen läßt. Sie kehrt im aufgeregten a-Moll-Mittelteil mehrfach und nun wieder nach oben zielend wieder.

Meisterwerke sind auch die gewichtigen **f-Moll-Fantasien (KV 594 und 608)**, die beide im Original nicht für Klavier, sondern »für ein Orgelwerk in einer Uhr« geschrieben worden sind. Die Autographe sind zwar verschollen, doch sind die Werke jeweils in Abschriften auf vier Systemen überliefert, so daß einer Aufführung für Klavier zu vier Händen nichts im Wege steht. In der ersten, **KV 594** (1790), umrahmt ein tiefsinniges Adagio einen knapp und prägnant ausformulierten Sonatensatz. Die Proportionen der zweiten Fantasie, **KV 608** (Wien, 3. März 1791), sind, bei umgekehrter Anordnung der Formteile, wesentlich größer. Hier beginnt zunächst ein Allegro-Teil mit finsterer Entschlossenheit, voller punktierter Stauungen und harmonisch kühner Fortschreitungen (a), dem sich ein äußerst streng gebautes Fugato mit Umkehrungen und Engführungen des markanten Themas anschließt (b); dieses kehrt abschließend zurück zum punktierten Anfangsteil.

Die freundlichere, gleichwohl ständig von kleinen harmonischen Eintrübungen heimgesuchte Mitte des Stückes ist ein Andante in As-Dur (3/4). Die variierte Wiederkehr des Allegros rundet symmetrisch die Form, doch steht nicht der punktierte Anfangsgedanke ganz am Schluß, sondern eine chromatische Coda, die durch eine letzte vierfache Engführung des Fugato-Themas eröffnet wird.

Mozarts Hammerflügel, 1780 von Anton Walter in Wien gebaut. Salzburg, Mozart-Museum in der Getreidegasse

Eine einzeln veröffentlichte Fuge gehört in den Umkreis der Mozartschen Kontrapunkstudien nach Bach- und Händel-Vorbild und nützt die Vorzüge der Vierhändigkeit zu konsequenter linearer Vierstimmigkeit: die **Fuge g-Moll (KV 401).** Das Werk stammt wohl vom Frühjahr 1782 und ist nicht vollendet, die acht Schlußtakte ergänzte Maximilian Stadler. – Das **»Tema con variazioni« G-Dur (KV 501)** vom November 1786 stellt das vierhändige Gegenstück zu Mozarts zahlreichen spielerisch-figuralen Variationenketten dar, die allesamt dankbare Gelegenheits- und Gebrauchsmusik sind.

Werke für zwei Klaviere

Gegenüber der vierhändigen Setzweise bedeutet die Komposition für zwei Klaviere einen enormen Gewinn an klanglicher Breite und Farbigkeit. Mozart hatte diese Vorzüge bereits 1779 in seinem Es-Dur-Konzert (KV 365) virtuos genutzt und übertrug sie im Jahr 1781 souverän, als hätte es nie eine andere Möglichkeit gegeben, auf seine singuläre **Sonate D-Dur (KV 448),** die er für sich und seine Schülerin Josepha von Aurnhammer komponierte. Diese Zweckbestimmung merkt man dem festlich-heiteren und ungemein gelösten, temperamentvollen Musizierstück Takt für Takt an: Bei aller Leichtigkeit und Unbeschwertheit ihres Charakters ist die Sonate ein ausgesprochenes Virtuosenstück. Beide Parts sind durchweg konzertant aufeinander bezogen, in ständigem Alternieren und Einander-Durchdringen, sich die zahllosen melodischen Einfälle zuspielend und immer wieder im machtvollen Tutti die Form gliedernd, so als wollten die beiden Klaviere zugleich auch das Orchester ersetzen. Ein großangelegter Sonatensatz (*Allegro con spirito,* 4/4) steht zu Beginn, und in seinem dualistisch-konzertant angelegten Hauptthema

stecken bereits alle Aspekte des kommenden farbig-abwechslungsreichen Miteinanders. Die Exposition ist in sich so kontrastreich angelegt – mit einem lyrisch retardierenden Seitensatz-Intermezzo –, daß die

Durchführung sich auf die Weiterführung eines neuen Gedankens beschränken darf. – Auch das filigrane singende *Andante* (G-Dur, 3/4) ist ein Sonatensatz, entspannt in sich ruhend und genießerisch die neu gewonnenen Farbwerte des jungen Hammerflügels auskostend. – Das Finale (*Allegro molto*, 2/4) ist ein virtuoses Rondo voll übermütiger Einfälle: immer wieder in Schwung versetzt durch sein charakteristisches Doppelschlag-Kopfmotiv und zwischendurch gelegentlich spannungsvoll im Ablauf gehemmt durch ein geheimnisvoll im Pianissimo anklingendes akkordisches Thema. Konzertantes Alternieren der beiden Partner wird besonders in den längeren Solopassagen des Mittelteils hervorgekehrt. Kurze Moll-Einschübe vermögen den optimistischen Grundzug des ganzen Stückes nie zu trüben, sondern wirken eher als exotische Farbtupfer.

Die **c-Moll-Fuge (KV 426)** aus dem Jahr 1783 ist eher in Mozarts Fassung für Streichquartett oder -orchester (KV 546, s. S. 96) bekanntgeworden, doch entfaltet sie ihre kontrapunktischen Kunstfertigkeiten und ihre unerbittliche Ernsthaftigkeit des Ausdrucks in der Fassung für zwei Klaviere mindestens gleich gut. Das ihr vorangestellte **Adagio** wurde von fremder Hand für die beiden Klaviere arrangiert.

Kammermusik mit Klavier

Werke für Klavier und Violine

Wie in manchen anderen Gattungen leistete Mozart auch in den später verkürzt so genannten »Violinsonaten« Pionierdienste; seine letzten Wiener Sonaten für Klavier und Violine bilden die Basis für alle nachfolgenden gewichtigen Werke dieser Besetzung im 19. Jahrhundert. Die Reihe beginnt mit einigen ausgesprochenen Jugendwerken (KV 6–9 sowie die entsprechenden Fassungen von KV 10–15 und KV 26–31). Immer behält Mozart im Werktitel die Reihenfolge Klavier–Violine bei und drückt damit zunächst auch eine eindeutige Rangordnung der Instrumente aus. Sie weicht erst in den späten Wiener Sonaten einer klanglichen und substantiellen Gleichberechtigung im Sinne echter kammermusikalischer Partnerschaft. Die frühen Sonaten sind dagegen noch mehr oder weniger eindeutige Klaviersonaten mit hinzugefügter begleitender Violinstimme, die manchmal recht deutlich Ad-libitum-Charakter hat. Mozart hat sich also im Laufe seines Schaffens den ausgesprochen kammermusikalischen Duo-Charakter erst selber erarbeitet. Es scheint so, als habe er die sechs Sonaten für Violine und konzertierendes Cembalo von J. S. Bach (um 1720) nicht gekannt, denn in ihnen war bereits eine ausgewogene und zugleich ungemein abwechslungsreiche Balance der Instrumente erreicht worden, freilich erwachsen aus dem Geist hochbarocker Kontrapunktik und linear triomäßiger Anlage.

Geläufig sind uns heute in häuslicher Kammermusik und auch aus dem Konzertleben 15 Sonaten für Klavier und Violine von Mozart. – Die unter dem irreführenden Titel »Romantische Sonaten« (KV 55–60 / Anh. C 23.01–06) verbreiteten Werke stammen wohl kaum aus seiner Feder. Darüber hinaus kennen wir einige Fragmente von Mozart; unter ihnen sind bemerkenswert die beiden Konstanze gewidmeten **Sonaten C-Dur (KV 403)** und **A-Dur (KV 402)**, die Mozarts Schüler Maximilian Stadler ergänzte. Von der C-Dur-Sonate sind die beiden ersten Sätze vollständig überliefert, während das unmittelbar an das kurze *Andante* anschließende Finale (*Allegretto*) im Manuskript nach 20 Takten abbricht. Dagegen ist der Stadler-Anteil an der zweisätzigen

A-Dur-Sonate ungleich höher: Vom einleitenden *Andante ma un poco adagio* lassen sich 34 originale Mozart-Takte abgrenzen, während sich in der nachfolgenden a-Moll-Fuge die jeweilige Mitarbeit von Mozart und Stadler nicht mehr zweifelsfrei voneinander trennen läßt.

Ein Sonderfall ist ferner die **Sonate in F-Dur (KV 547)**, die Mozart 1788 in Wien als »Kleine Clavier Sonate für Anfänger mit einer Violin« komponierte. Ihr Mittelsatz entspricht weitgehend dem ersten Allegro aus der Klaviersonate F-Dur (KV 547 a / Anh. 135), die wohl eine Eigenbearbeitung Mozarts ist. Meisterhafte Variationen beenden das Werk; eine – in Moll – bleibt dem Klavier allein überlassen. Die **Sonate B-Dur (KV 570)** von 1790 basiert auf der Klaviersonate gleicher Tonart (KV 570, s. S. 46 f.), der lediglich eine Violinstimme hinzugefügt worden ist. Mozarts Urheberschaft für diese reizvolle Bearbeitung ist fraglich. Die beiden **Variationen**reihen **G-Dur (»La Bergère Célimène«, KV 359)** und **g-Moll (»Hélas, j'ai perdu«, KV 360)** teilen mit den genannten Kompositionen das unverdiente Schicksal, sehr selten aufgeführt zu werden. Stilistisch gehören diese beiden Wiener Zyklen von 1781 neben Mozarts Klaviervariationen.

Die bekannten 15 Sonaten gliedern sich überschaubar nach Entstehungszeit und Anlaß. 1778 veröffentlichte Mozart in Paris eine erste Gruppe von sechs in Mannheim und Paris entstandenen und gemeinsam der Kurfürstin Maria Elisabeth von der Pfalz gewidmeten Werken als sein »Opus I« (KV 301–306). Er wollte offensichtlich die Chronologie dieser Gattung in seinem Œuvre mit ihnen beginnen lassen. In diesen Sonaten dominiert zwar noch eindeutig das Tasteninstrument; gleichwohl zeichnet sich an zahllosen Details aller sechs Werke die Tendenz ab, die Violine allmählich zur Partnerin des Klaviers aufzuwerten. Allenthalben finden sich Ansätze zu konzertierendem Miteinander und phantasievollem Alternieren der beiden Instrumente. Diese Sechser-Reihe ist zugleich ungewöhnlich abwechslungsreich und unterhaltend angelegt. Als einziges Werk ist die **D-Dur-Sonate (KV 306)** dreisätzig gehalten, mit zwei schnellen Sätzen um einen getragenen Mittelteil (*Andantino cantabile*) herum. Die übrigen Sonaten sind lediglich in zweisätzigem Kontrast angelegt; der erste Satz von **KV 303** besitzt allerdings eine langsame Einleitung (*Adagio*), die später noch einmal wiederkehrt. Und in **KV 305** ist das Finale ausnahmsweise eine Variationenreihe.

Die Palme gebührt zweifellos der berühmten **e-Moll-Sonate (KV 304)**, Mozarts einziger Moll-Komposition in dieser Gattung. Sie ist ein früher Auftakt zu jener bemerkenswerten Reihe von vereinzelten Moll-Kompositionen, die jeweils innerhalb ihrer Gattungszugehörigkeit (Streichquartette und -quintette, Klavierkonzerte und Symphonien, Klaviersonaten) zu emotionalen Höhepunkten werden. Beide Sätze stehen in der Grundtonart; der einleitende *Sonatensatz* überrascht durch die ausdrucksvoll deklamierende melodische Gebärde im leisen Unisono der beiden Instrumente (a). Als Kontrast folgt alsbald eine lebhafte energische Achtel-Figur (b), die den weiteren Verlauf dieses ausdruckstiefen und zugleich kompositorisch ungemein abwechslungsreichen, dichten Satzes prägt.

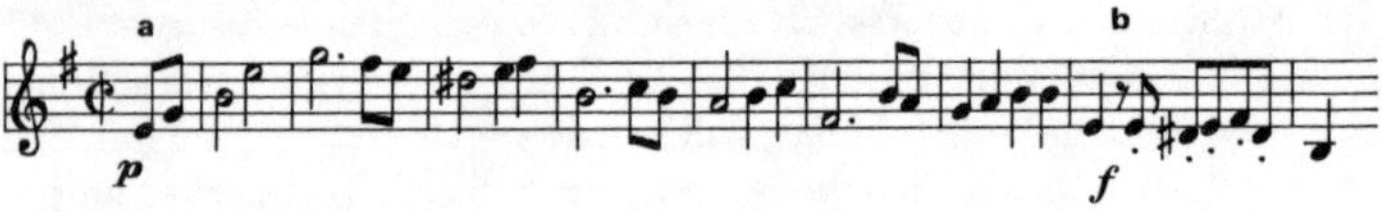

Das nachfolgende »*Tempo di Menuetto*« verzichtet dann ganz auf dramatische Akzente und gibt sich lyrisch verhalten, voller melancholischer Innigkeit. Seine ruhende Mitte ist ein schwereloses E-Dur-Trio, und der umrahmenden Wiederkehr des Menuetts ist kein versöhnlicher Dur-Schluß vergönnt.

Die nächste Werk-Gruppe gab Mozart 1781 bei Artaria in Wien als sein »Opus II« heraus und widmete sie seiner Schülerin Josepha von Aurnhammer (»die freulle ist ein scheusal! – spiellt aber zum entzücken«). Als erste entstand, noch in Mannheim, die **Sonate C-Dur (KV 296)**; hier steht ein triolenbewegtes *Andante* zwischen zwei *Allegro*-Sätzen. Die Dreisätzigkeit wird auch in den folgenden Sonaten zur Regel, mit Ausnahme des zweisätzigen **G-Dur-Werkes (KV 379)**, dessen lebhaftem und unruhigem g-Moll-*Allegro* eine ausgedehnte Adagio-Einleitung vorangestellt ist. Den Abschluß bilden dann *Variationen* über ein schlichtes Liedthema voller charakteristischer Triller.
Die **Sonate B-Dur (KV 378)** entstand 1779 in Salzburg. Der Kopfsatz ist ein typisches »singendes« *Allegro*; der *langsame Satz* wird durch sein Pendeln zwischen Triolen und Sechzehnteln charakterisiert. In der **F-Dur-Sonate (KV 376)** folgt ein konzertant gehaltenes kapriziöses »*Rondeau*« auf ein emphatisches *Andante*.

KV 377 (F-Dur) überrascht dann durch einen *Mittelsatz* in d-Moll mit nachfolgenden kontrastreichen Variationen über ein melancholisch verinnerlichtes Liedthema. Der temperamentvolle Kopfsatz (*Allegro*, ¢) steckt voller Unrast; ein 6/8-*Siciliano* bildet den freundlichen Ausklang. In der **Es-Dur-Sonate (KV 380)** dominiert in den Ecksätzen das konzertante Element, wobei das temperamentvolle Final-*Rondo* (6/8) keine originale Tempoangabe trägt. Zwischen beiden steht ein *Andante con moto* voller verhangener Chromatik in Mozarts persönlichster Tonart g-Moll.

Den krönenden Abschluß der Gattung bilden sodann die drei großen Wiener Sonaten (KV 454, 481, 526). Mit ihnen erreicht Mozart nun endgültig die zuvor erkennbar angestrebte ausgewogene Gleichberechtigung und Partnerschaft beider Instrumente. Dabei bedeutet gleichrangiges Miteinander keineswegs Angleichung der Charaktere, sondern ein bewußtes Ausspielen der typischen Fähigkeiten und Stärken des jeweiligen Instrumententypus: Die Violine erhält beispielsweise Gelegenheit zu kantablem Aussingen melodischer Gesangsbögen und vermag andererseits mit lang ausgehaltenen Hintergrund-Liegetönen zu begleiten; das Klavier wiederum glänzt durch virtuose Passagen (Tonleiter- und Dreiklangspiel) und akkordische Vollgriffigkeit, entfaltet zugleich aber seine Disposition zu dezentem harmonischem oder auch rhythmisch-prägnantem Begleiten solistischer melodischer Linien.

Die **Sonate B-Dur (KV 454)** entstand 1784; ihrem ersten *Allegro*-Sonatensatz ist eine weitgespannte langsame Einleitung (Largo)

vorangestellt, an deren Ausdruckstiefe erkennbar das *Andante* (Es-Dur, 3/4) anknüpft. Sein Mittelteil ist durchführungsartig angelegt und steckt voll kühner harmonischer Abwege, abgründige Moll-Regionen streifend und mit enharmonischen Verwechslungen spielend. Die Reprise variiert den ersten Teil äußerst phantasievoll, vor allem in der neuartigen, dicht verzahnten Aufteilung der Linien auf beide Instrumente.
Während das erste Allegro das konzertante Element betont und zugleich in der motivisch-thematischen Erfindung ungemein dicht und doch kontrastreich angelegt ist, kehrt das *Rondo*-Finale (*Allegretto*, ¢)

Einfallsreichtum und Virtuosität hervor. Mozart selber saß bei der Uraufführung am 29. April 1784 am Klavier und spielte seinen Part auswendig, denn Zeitknappheit hatte ihn nur noch schnell die Violinstimme fertigstellen lassen!

Die **Sonate Es-Dur (KV 481)** von 1785 setzt direkt mit einem beschwingten ¾-*Allegro* ein. Die Exposition stellt – wie so häufig bei Mozart – drei recht unterschiedlich profilierte Themen vor, davon zwei im Dominantbereich des Seitensatzes. In der Durchführung tritt ein vierter Gedanke hinzu: Die Violine trägt mehrfach in ganztaktigen Schritten jenes Vier-Töne-Motto vor, das bald darauf im Finale der »Jupiter-Symphonie« zu größerer Popularität gelangen sollte. In der Coda kehrt es noch einmal bekräftigend wieder.
Das *Adagio* (As-Dur, ¢) ist von ähnlicher Tiefe des Ausdrucks wie das Andante der B-Dur-Sonate und treibt die enharmonischen Kühnheiten noch weiter: so weit, daß mehrfach für beide Instrumente gleichzeitig unterschiedliche Vorzeichen notiert werden müssen – ein äußerst ungewöhnlicher Anblick im Notenbild dieser Epoche!
Das abschließende *Allegretto* (2/4) reiht sechs Variationen über ein schlicht eingängiges Thema, das Klavieroberstimme und Violine in parallelen Oktaven vortragen. Die Variationen folgen locker dem Prinzip der spielerischen Figuration, über Sechzehntel- und Zweiunddreißigstel-Bewegung bis zur Allegro-Steigerung (6/8) der letzten Veränderung mit ihren verspielten Triolen. Eine Moll-Variation fehlt diesmal ebenso wie die langsame Zäsur vor dem Schluß – beide Aspekte hat der langsame Satz bereits hinreichend vertieft.

Mozarts letzte Sonate für Klavier und Violine, **A-Dur (KV 526)**, entstand im Jahr des »Don Giovanni« 1787. Man schmälert nicht den individuellen Rang der beiden vorangegangenen Sonaten, wenn man sie sein Meisterwerk in dieser Gattung nennt. Sie beginnt mit einem lebhaften 6/8-Satz (*Molto allegro*), der auf verwandte 6/8-Kopfsätze in Beethovens Violinsonaten vorausweist. Bezwingend ist die kompositorische Meisterschaft, mit der Mozart eine perfekte Synthese zwischen konzertanter Virtuosität und struktureller motivisch-thematischer Durchgestaltung gelingt. Hinter der effektvollen instrumentalen Spielfreude verbirgt sich die scheinbar mühelose Beherrschung des ausgereiften klassischen Sonatensatzes, in dessen abwechslungsreichem formalem Ablauf die Grundprinzipien linearer Kontrapunktik ganz selbstverständlich aufgehen.

Das *Andante* (D-Dur, 4/4) ist ähnlich ausdrucksstark und persönlich gefärbt wie die langsamen Sätze der beiden vorangehenden Sonaten; es wird geprägt durch einen mehrfach wiederkehrenden Unisono-Gedanken des Klaviers, dem die Violine eine kleine melodische Geste als Kontrapunkt hinzufügt und der im weiteren Verlauf auch synkopisch variiert erklingt:

Unter allen Sonaten stellt dieses Werk zugleich technisch die höchsten Ansprüche an die Interpreten. Das Finale zumal, ein langes *Rondo* (*Presto*, ¢), ist sicher eine der größten Herausforderungen an die Pianisten, die Mozart hinterlassen hat! Als wirkliches »Perpetuum mobile« wird es fast pausenlos von schnellen Achtel-Passagen durchzogen, an wenigen markanten Stellen durch ein Quasi-Atemholen in beruhigenden Viertelnoten gegliedert. Wie im Kopfsatz versteckt sich hinter der glänzenden Fassade der Virtuosität formale Durchgestaltung bis in kleinste motivische Bestandteile, vorgetragen in konsequenter linearer Kontrapunktik und im ständigen partnerschaftlichen Wechsel der instrumentalen Führungsrolle. Besonders originell sind hier wie im ersten Satz die jeweiligen Schlußtakte im fein abgestimmten thematischen Mit- und Gegeneinander der Instrumente.

Klaviertrios

Sieben Klaviertrios sind uns von Mozart überliefert, von denen sechs erst ab 1786 in Wien entstanden sind. Ein erstes Trio tarnt sich unter dem irreführenden Titel **»Divertimento« B-Dur (KV 254)** und wurde so 1782 in Paris als »Opus III« gedruckt; komponiert hat Mozart es bereits 1776 in Salzburg. In Wirklichkeit handelt es sich jedoch um ein vollgültiges kammermusikalisches Werk in dreisätziger Sonatengestalt: Ein *Allegro assai* und ein Rondo im *»Tempo di Menuetto«* umrahmen den tiefsinnigen langsamen Satz (*Adagio* Es-Dur, 4/4). Im Einsatz der drei Instrumente ist die Komposition noch weit vom späteren Klaviertrio mit seinen drei gleichberechtigten Instrumenten entfernt, denn es dominiert eindeutig das Tasteninstrument, sekundiert von der Violine, die ganz ähnlich wie in den früheren Violin-Sonaten Ergänzungsaufgaben erfüllt. Das Violoncello jedoch folgt getreulich dem Klavierbaß, mit Ausnahme von nur vier Takten im Finale.

Diese Unselbständigkeit des Violoncellos lockert sich erst behutsam in der zehn Jahre später beginnenden Wiener Trio-Reihe, von denen fünf die Standardbesetzung mit den beiden Streichinstrumenten aufweisen. Diese Tendenz zur Gleichberechtigung ist eindeutig, und hiermit legt Mozart wiederum unauffällig die Fundamente für die Entwicklung der Gattung im 19. Jahrhundert: Violine und Violoncello schließen sich zusammen und bilden so ein mehr oder weniger deutliches Gegengewicht gegen das Klavier. Man sollte allerdings, wie bei den Violinsonaten, berücksichtigen, daß wir es hier keineswegs mit dem klangmächtigen Konzertflügel unserer Tage zu tun haben; Mozart komponierte seine Trios für das geringvolumige, zarte Hammerklavier seiner Tage.
Im Juli 1786 kam das »Terzett für Klavier, Violine und Violoncello« **G-Dur (KV 496)** heraus – die neuzeitliche sprachliche Abgrenzung zwischen (instrumentalem) Trio und (vokalem) Terzett war damals noch nicht üblich. Zwar tritt auch hier das Cello noch deutlich hinter der Geige zurück und beschränkt sich über weite Strecken auf dezente Begleitfunktionen, die sich an den Klavierbaß anlehnen. Aber bereits in der fast dramatischen und harmonisch kühnen Durchführung des Kopfsatzes (*Allegro*, 4/4) alterniert es einmal mit dem Klavier, dann mit der Violine und bildet für sich auch eigene Begleitfiguren. Insofern ist das ausgedehnte Klaviersolo, mit dem der Satz beginnt, fast eine Irreführung. Diese Tendenzen verstärken sich noch im graziösen *Andante* (C-Dur, 6/8),

das von kunstvoller, aber unauffälliger Imitatorik durchzogen ist und das seinen Reiz nicht zuletzt aus den aparten klanglichen Instrumental-Kombinationen bezieht. Das Finale (*Allegretto*, ¢) variiert ein schlichtes Thema mehrfach, unter anderem in einer verblüffend vielschichtigen, eindringlichen g-Moll-Variation, die voller kontrapunktischer Verflechtungen und spannungsvoller Gegensätze steckt.

Mit Recht berühmt und beliebt bei Publikum und Interpreten sind die beiden folgenden Werke (KV 502 und 542). Das **B-Dur-Trio (KV 502)** (November 1786) fügt das konzertante Element bruchlos in den kammermusikalischen Rahmen ein. Das einleitende *Allegro* wird nachhaltig durch sein motivisch prägnant gegliedertes, chromatisch getöntes Hauptthema

geprägt. Dieser Einfall taucht alsbald auch im Seitensatz auf der Dominante wieder auf, wo er von kleinen Klaviertrillern kontrapunktiert und auch imitatorisch enggeführt wird, so daß der Satz fast monothematischen Charakter erhält. Zum Ausgleich ertönt dann in der Durchführung ein breit angelegter neuer Einfall.
Das *Larghetto* (Es-Dur, 3/4) breitet einen jener scheinbar endlosen melodischen Spannungsbögen aus, die für Mozart so charakteristisch sind. Hier dominiert das Klavier noch vor der melodisch alternierenden Violine, während sich das Cello dezent zurückhält. Und das Final-*Rondo* (*Allegretto*, 4/4) klingt streckenweise fast wie ein kleines Klavierkonzert, indem es die konzertante Virtuosität umweglos in den intimeren Rahmen der Kammermusik integriert; hier ist das Violoncello wesentlich stärker, korrespondierend mit der Violine, am gelegentlich imitatorischen Motivspiel beteiligt.

Das **Trio E-Dur (KV 542)** komponierte Mozart im Juni 1788 kurz vor seinen drei großen letzten Symphonien. Es ist überliefert, daß Mozart selber bei einer Aufführung dieses hochbedeutenden Werkes am 14. April 1789 am Dresdner Hof mitwirkte. Mit dem vorangehenden Schwesterwerk verbindet es seine konzertante Grundhaltung, die hier fast noch überzeugender mit dem Gestus der Kammermusik verschmolzen ist. Darüber hinaus lebt das Werk erkennbar vom fast exotischen Reiz dieser bei Mozart so seltenen Tonart. Den Radius dieser Tonart schreitet sogleich das chromatisch getönte Hauptthema des Kopfsatzes (*Allegro*) ab,

bei dessen Wiederkehr in den Streichern das Klavier alsbald variierend den konzertanten Aspekt beisteuert. Das Seitenthema fällt dann zunächst an die Violine, dezent vom Klavier begleitet und später noch vom Cello angestimmt. Auch hier beginnt, wie in KV 502, die kurze Durchführung mit einem völlig neuen deklamatorischen Gedanken. Das *Andante grazioso* (A-Dur, 2/4) meidet die Regionen des Tiefsinns und gibt sich mit seinen punktierten melodischen Wendungen eher graziös und verspielt, als Satz voll zarter Klangpoesie. Das abschließende *Rondo* (*Allegro*, 4/4) versteckt hinter seiner effektvollen Fassade der wohlgelaunten Spielfreude auch motivische Feinarbeit; Violine und Violoncello schließen sich gelegentlich nachdrücklich gegen das Klavier zusammen, vor allem gegen Ende in einigen markanten parallelen Oktavgängen.

Im Juli 1788, also nur einen Monat später, entstand bereits das nächste **Trio in C-Dur (KV 548)**; es ist insgesamt knapper und weniger aufwendig formuliert und steht seinen beiden Vorgängern an Bedeutung ein wenig nach. Sein erstes *Allegro* setzt gleichwohl sehr energisch im punktierten fanfarenartigen Unisono der drei Instrumente ein. Dieses markante Motiv kehrt auch noch einmal gegen Ende der Exposition wieder und prägt sodann im imitatorischen Nacheinander – Klavier gegen die beiden Streichinstrumente – den ersten Teil der Durchführung. Ruhender Mittelpunkt des Werkes ist zweifellos das melodisch strömende *Andante cantabile* (F-Dur, 3/4), in dem ausdrücklich und intensiv auch das Violoncello solistisch in den Vordergrund treten darf. Im Finale (*Allegro*, 6/8) schließen sich die beiden Streichinstrumente noch wesentlich enger zusammen und bilden oft einen gemeinsamen Widerpart gegen das Klavier. Der Mittelteil weicht pathetisch nach c-Moll aus und ist in abgeschlossener überschaubarer Dreiteiligkeit von seiner verspielteren Umgebung abgehoben.

Mozarts letztes Klaviertrio mit Streichern **G-Dur (KV 564)** war ursprünglich eine Klaviersonate, und man spürt diese Herkunft recht deutlich, denn die bereits erreichte Gleichrangigkeit und kammermusikalische Ausbalancierung der drei Instrumente ist hier nicht mehr vorhanden. Dieser – wenn man so will – Mangel wird jedoch durch Mozarts melodische Erfindungskraft in allen drei Sätzen ausgeglichen. Der erste Satz (*Allegro*, 4/4) beginnt mit einem in Sexten schmeichelnden Klavierthema, und sein Seitensatz bleibt in Exposition und Reprise den Streichern vorbehalten: hier von der Violine, dort dann vom Violoncello angeführt. Das *Andante* (C-Dur, 3/8) bringt sechs Variationen über ein liedhaft inniges Thema: zunächst in allmählicher figurativer Steigerung, dann imitatorisch sich verdichtend (Variation 4), nach c-Moll ausweichend (Variation 5) und am Ende schließlich die Figurationen zur Zweiunddreißigstel-Bewegung steigernd. Das Finale (*Allegretto*) ist ein spielerisches 6/8-Rondo, dessen charakteristisches Hauptthema

sich bereits nach seinem ersten Auftreten im Klavier unvergeßlich einprägt. Eine Reihe phantasievoller Episoden, zunächst in g-Moll, dann im tänzerischen C-Dur, lockern das Satzgefüge unterhaltend auf.

Das sogenannte **Kegelstatt-Trio Es-Dur (KV 498)** fällt durch seine originelle Besetzung mit Klarinette, Viola und Klavier aus dem Rahmen. Sein volkstümlicher Name ist anekdotischen Ursprungs: Mozart soll es beim Kegeln komponiert haben. Es entstand 1788 und wurde mit dem ausdrücklichen Vermerk veröffentlicht, daß man die Klarinette durch eine Violine ersetzen könne. Diese Alternative gestand Mozart gewiß aus rein kommerziellen Gründen seinen Verlegern Artaria zu, um dem Werk größere Verbreitung zu sichern. Seinen subtilen Klangreiz vermag dieses kostbare Trio jedoch zweifellos nur in der Klarinettenfassung zu entfalten, denn seine reiche melodische Gestalt ist bis in kleinste Verästelungen ganz aus dem Charakter dieses Blasinstruments heraus erfunden worden.

Reihenfolge und Anlage der drei Sätze weichen vom gewohnten Schema ab. Zu Beginn steht ein sehr ruhiger, wenngleich nicht ausgesprochen langsamer Satz. Dieses *Andante* im fließenden 6/8-Metrum basiert ganz auf einem einzigen motivischen Einfall, einem ausgeschriebenen Doppelschlag, der zugleich zentraler Bestandteil des getragenen Hauptthemas ist und sodann alle Teile des in sich ruhenden Satzes prägend durchzieht:

Er eröffnet auch den Seitensatz, dient als gliederndes Element und verdichtet sich schließlich zu dreifacher imitatorischer Schichtung. –

Das *Menuett* (B-Dur) läßt die höfische Herkunft allenfalls noch ahnen und verbirgt hinter seiner bezaubernd entspannten melodischen Fassade allenthalben dezente kontrapunktische Ansätze. Sein g-Moll-Trio läßt alle drei Instrumente getrennt auf individuellen Wegen gehen.
Das Final-*Rondo* (*Allegretto*, 4/4) zeichnet sich durch seine ungewöhnliche Ausgewogenheit von Melodik, Form und konzertanten Ansätzen aus, wobei sich das Klavier, verglichen mit den übrigen Trios, dezent zurückhält. Der c-Moll-Mittelteil deutet deklamatorisches Pathos an, ohne diesen Zug zu sehr zu vertiefen. Insgesamt hält gerade dieser Satz sehr ausgeglichen für alle drei Instrumente dankbare Aufgaben bereit.

Klavierquartette

Die Tendenz, im Klaviertrio die beiden Streichinstrumente dem Klavier als klanglichen Widerpart gemeinsam gegenüberzustellen, findet erst im Klavierquartett ihre eigentliche Erfüllung: Erst das Streichtrio aus Violine, Viola und Violoncello kann diesen Part des Gegenpols aus eigener natürlicher Stärke übernehmen. Der Grund hierfür liegt weniger in einem Zuwachs an klanglichem Volumen als vielmehr an der neu gewonnenen Fähigkeit, einen selbständigen dreistimmigen Satz zu bilden und damit auch harmonisch unabhängig zu werden.
Mozarts Klavierquartette bestätigen diesen Befund sehr nachdrücklich. Sie sind alles andere als verkappte, also lediglich »erweiterte« Klaviertrios, sondern bilden sogleich – ohne erkennbare wegbereitende Vorläufer – eine neue, eigene Gattung. Als gattungsbildende Leistung sind sie in ihrer singulären Bedeutung durchaus Mozarts Klavierkonzerten vergleichbar: tragendes Fundament aller nachfolgenden Klavierquartette des 19. Jahrhunderts von Beethoven über Brahms bis zu Reger. Im übrigen nähert sich die Rolle des Klaviers gerade aus dieser stärkeren gegenseitigen Polarisierung von Tasten- und Streichinstrumenten erkennbar dem Klavierkonzert – es ist kein Zufall, daß der Klavierpart äußerst dankbar und virtuos gehalten ist, ohne deshalb jemals die Grenzen der Kammermusik anzutasten.

Mozart komponierte seine beiden einzigen Klavierquartette (KV 478 und 493) Ende 1785 und 1786, kurz nach Vollendung des »Figaro«. Die musikalische Öffentlichkeit scheint überfordert gewesen zu sein und reagierte eher distanziert oder ablehnend gegenüber einer so neuartigen Musik und so viel Ernsthaftigkeit und Tiefgründigkeit, wie sie gerade aus dem Moll-Werk sprechen. Denn das erste der beiden Opera, das **g-Moll-Quartett (KV 478)**, ist eines jener unverwechselbaren, höchst persönlichen Werke in Mozarts intimster und abgründigster Tonart. Heute ist es wiederum gerade wegen dieser charakteristischen g-Moll-Ausdruckshaltung populärer als sein lichteres Schwesterwerk, das ihm gleichwohl in nichts nachsteht: weder an kammermusikalisch-konzertanter Spielfreude, noch an Erfindungsreichtum und struktureller Durcharbeitung.

Anders als beispielsweise in der »kleinen« und »großen« g-Moll-Symphonie (KV 183 und 550) fehlt dem g-Moll-Quartett jedoch der durchgehende Zug zu fatalistischer Traurigkeit; Dramatik und Pathos bleiben hier weitgehend auf den ersten Sonatensatz (*Allegro*, 4/4) beschränkt, dessen ungemein markantes Unisono-Kopfmotiv

wie ein Motto den ganzen Satz prägt und gliedert, bis es ihn schließlich in der finster auftrumpfenden Coda auch beendet. Unüberhörbar ist der kämpferische, aufbegehrende Zug dieses Satzes, eine trotzige Geste schicksalhaften Sich-Aufbäumens, die den anderen g-Moll-Werken eher fern liegt. Im Satzverlauf wendet sich das Motto-Motiv jedoch auch nach Dur und leitet über eine Engführung im Klavier zum freundlicheren Seitensatz mit seinen sehnsüchtigen Ausdrucksakzenten. Die Durchführung führt zunächst einen ruhig ausgebreiteten neuen Gedanken ein, ehe sie sich mit großem Ernst wieder dem Kopfmotiv zuwendet.

Das folgende *Andante* (B-Dur, 3/8) bildet hierzu den denkbar größten Kontrast und reiht in schlichter Zweiteiligkeit melodische Einfälle von großer Innigkeit und innerer Gelassenheit aneinander, voller klanglicher Subtilität und Durchsichtigkeit. Und das abschließende *Rondo* (*Allegro*, ¢) setzt diese Linie der freundlichen Diesseitigkeit entschlossen fort, beginnt eindeutig sofort in G-Dur und bereichert das Spektrum dieses facettenreichen Werkes um den Aspekt des Konzertant-Spielerischen. Unter den einprägsamen melodischen Einfällen ist auch jenes Thema, das wir aus Mozarts D-Dur-Rondo (KV 485) für Klavier kennen (Takt 60; vgl. das Notenbeispiel S. 50). Lediglich im durchführungsartigen Mittelteil verdunkeln vorübergehende Moll-Schatten das freundliche Bild. In den letzten Takten kostet Mozart geradezu genüßlich den Effekt des Trugschlusses (Es-Dur) aus, bevor die G-Dur-Coda das Werk beendet.

Wie später bei den letzten Symphonien, steht neben dem g-Moll-Quartett (KV 478) sein **Es-Dur**-Schwesterwerk **(KV 493)**, dem nun vom ersten Takt an die festliche Freudigkeit dieser optimistischen Tonart anhaftet. Dadurch wirkt es in seinen Ausdrucksdimensionen noch geschlossener, ihm fehlen fast ganz – mit Ausnahme weniger Durchführungstakte – die Moll-Eintrübungen. Mit KV 478 gemeinsam hat es die vollendete kammermusikalische Feinarbeit, die einen virtuosen konzertanten Zug im Klavierpart bruchlos mit einschließt, und die ungemein poetische, klangsinnliche Fassade.
In strahlendem Tutti setzt der Kopfsatz (*Allegro*, 4/4) ein, in vielgestaltig durchbrochener thematischer Gestaltung und feiner Auffächerung der Instrumente. Das prägnante Doppelschlagmotiv im Themenkopf des Seitensatzes prägt dann vor allem die sehr dichte Durchführung und die Coda.

Das *Larghetto* (As-Dur, 3/8) ist eine zarte Romanze, der die »Figaro«-Nähe anzumerken ist. Es folgt ebenfalls dem Sonatensatz-Modell, steigert seine Ausdrucksintensität in der Durchführung durch harmonische Eintrübungen und chromatische Verdichtungen und verklingt in einer stillen Coda. – Im Final-*Rondo* (*Allegretto*, ¢) dominiert wieder virtuose Spielfreude, wobei das Klavier immer wieder zu großen solistischen Gesten ausholt und durch die Geschlossenheit der Streichergruppe dennoch vor dem Ausbrechen aus den Grenzen der Kammermusik bewahrt wird: Konzert und Kammermusik gehen eine unlösbare, perfekte Verbindung ein!

Klavierquintett

Mehr als ein Jahr vor dem g-Moll-Quartett (KV 478) entstand im März 1784 das **Quintett Es-Dur** für Klavier, Oboe, Klarinette, Horn und Fagott **(KV 452)**, und Mozart hielt es »für das beste was ich noch in meinem Leben geschrieben habe« (10. April 1784 an den Vater). Wie bei den beiden Klavierquartetten handelt es sich um ein Werk subtilster kammermusikalischer Ausprägung, in dem die konzertant-virtuosen Fähigkeiten des Tasteninstrumentes wirkungsvoll ausgenützt werden und dem wohlausbalanciert das homogene Bläserquartett gegenübertritt. Anders jedoch als ein Streichtrio verfügt das Bläserensemble über mehr klangliches Durchsetzungsvermögen, so daß dem Klavier nun fast noch mehr Freiraum und Selbständigkeit zu bleiben scheint; indessen sind die vier Blasinstrumente zugleich ausgeprägtere Individuen, deren charakteristische Solofarben sehr bewußt eingesetzt werden und auch, anders als die der Streichinstrumente, recht gut mit dem Klavierton verschmelzen können.

Zu Beginn steht ein klangvolles Largo, das wie mit großer einladender Geste zum ersten Sonatensatz (*Allegro moderato*) hinführt. Dieser stellt uns alle Instrumente auf höchst eingängige Weise vor, wechselnd im mächtigen Tutti und in vielfarbiger Auffächerung. Voller Poesie folgt dann ein intimes *Larghetto* (B-Dur, 3/8), das mit zarten Dezimen von Oboe und Fagott beginnt;

im Mittelteil überraschen kurz vor der Reprise chromatisch-modulatorische Eintrübungen. Wie in den Klavierquartetten dominiert vor allem im Final-*Rondo* (*Allegretto*, ₵) die konzertante Virtuosität; das Klavier führt als Primus inter pares und läßt doch immer wieder den Bläsern Gelegenheit zu solistischem Hervortreten. Eine recht geschickte Bearbeitung dieses Quintetts für Klavier und Streicher stammt zwar nicht von Mozart, vermag jedoch die Hausmusik dankbar zu bereichern.

Kammermusik ohne Klavier

Duos

Ausgesprochene Frühwerke sind die beiden dreisätzigen Duos aus dem Jahr 1768 (**KV 46 d** und **e**), die im Original keine Besetzungsangaben tragen. Die Notierung der Schlüssel deutet allerdings auf Violine und Violoncello. Auf ein *Allegro* folgen jeweils zwei alternierende *Menuette*; Vater Leopold dürfte seinem zwölfjährigen Sohn bei der Arbeit beratend über die Schulter geschaut haben.
Wohl im Jahr 1775 entstand die **Sonate B-Dur (KV 292)**, deren Zuordnung für Fagott und Violoncello ebenfalls nicht ganz sicher ist. Auffällig ist an diesem unterhaltenden und zugleich sorgfältig verarbeiteten dreisätzigen Werk, daß die beiden Stimmen nicht ganz gleichberechtigt behandelt werden: Das Fagott übernimmt die Rolle des Soloinstrumentes, während das Violoncello eher das stützende Baßfundament beisteuert.

1783 schrieb Mozart in Salzburg die beiden bedeutenden **Duos für Violine und Viola in G-Dur (KV 423)** und **B-Dur (KV 424)**. Hier nun gibt es keine Rangordnung der Instrumente mehr, sondern durchgehende Gleichberechtigung. Zwei bewegte Sätze umschließen jeweils einen ausdrucksvollen langsamen Mittelsatz; das reichverzierte *Adagio* des G-Dur-Duos (3/4) steht überraschenderweise in E-Dur, während das B-Dur-Duo als Mittelpunkt ein *Siciliano* enthält (Es-Dur, 6/8); ihm folgen als Abschluß Variationen. Beide Werke zeichnen sich durch ihre kammermusikalische, oft kontrapunktische Durchgestaltung aus. Mozart übernahm übrigens den Auftrag zur Komposition stellvertretend für den erkrankten Freund Michael Haydn und übermittelte die fertiggestellten Duos dann auch unter dessen Namen an den Salzburger Erzbischof, der sie bestellt hatte.

Eher der Gattung Divertimento gehören dagegen die **Zwölf Duos für zwei Hörner (KV 487)** an, die Mozart 1786 in Wien komponierte; in ihnen schließen sich jeweils kurze bewegte Tanzsätze und langsame Episoden zum unterhaltenden Zyklus zusammen. Ihre Besetzung ist nicht gesichert; ursprünglich hielt man sie für Violin- oder Bassetthorn-Duos. Ihre ganze aparte Wirkung entfalten sie jedoch erst bei der Ausführung auf den ventillosen Naturhörnern, deren Spielern einige Virtuosität abverlangt wird.

Trios

Trios in reiner Bläser- oder Streicherbesetzung blieben bei Mozart, bis auf eine bemerkenswerte Ausnahme, entweder Fragment oder tragen die Züge des Gelegenheitswerkes. So entstand das **Adagio F-Dur** für zwei Bassetthörner und Fagott **(KV 410)** wohl Ende 1785 in Wien, angeregt durch Mozarts Mitgliedschaft in einer Freimaurerloge. Ferner kennen wir noch 25 Stücke für drei Bassetthörner, vermutlich zwischen 1783 und 1788 komponiert, die sich in die **Fünf Divertimenti B-Dur (KV 439 b)** gliedern (vgl. S. 111).

Für Streichtrio (Violine, Viola, Violoncello) hinterließ Mozart aus ungeklärten Gründen zwei einfache Sätze (Adagio und Menuett) in **B-Dur (KV 266)** als Fragmente (1777?). – Ein ebenfalls fragmentarischer **G-Dur**-Satz **(KV 562 e / Anh. 66)**, mit allen Merkmalen des Spätstils, besteht immerhin aus Exposition und neun Durchführungstakten, ist also eigentlich ergänzbar.

Das **Divertimento Es-Dur (KV 563)** vollendete Mozart am 27. September 1788. Es trägt alle Züge eines Meisterwerkes und markiert zugleich die Geburtsstunde einer kleinen eigenen Gattung. Sein Titel führt eigentlich in die Irre, denn es handelt sich hier um eine vollgültige kammermusikalische Komposition, die alle Errungenschaften von Mozarts Streichquartettschaffen auf die verringerte Stimmenzahl überträgt, ohne daß dabei lediglich ein »reduziertes« Streichquartett herausgekommen wäre. Es klingt vielmehr so, als sei gerade der dreistimmige Satz die selbstverständlichste Angelegenheit der Welt.
Auf die Gattungstradition des Divertimentos verweist allerdings die Satzfolge, die dem geläufigen sechssätzigen Wiener Typus mit zwei langsamen und zwei Tanzsätzen folgt. Der musikalische Tonfall hält dabei gerade in der Reihung dieser Mittelsätze bewunderungswürdig die Balance zwischen »galant«-unterhaltendem Divertimento und »ge-

lehrt«-ernsthafter Kammermusik. Der Kopfsatz ist ein fein ziselierter Sonatensatz (*Allegro*) voll kontrapunktischer motivisch-thematischer Verflechtungen und mit einer unerhört tiefsinnigen und ausgedehnten Durchführung. Ungemein charakteristisch für die kammermusikalische Feingliedrigkeit des ganzen Werkes ist das Hauptthema mit seinem energischen Unisono-Dreiklang und der sogleich sich anschließenden Verästelung im dreistimmigen Satz, in dem sich die aufwärts gerichtete verkleinerte Gegenbewegung des Dreiklangsgedankens verbirgt.

Im ungewöhnlich gewichtigen und ausdrucksvollen *Adagio* (As-Dur, ¾) fehlen alle dynamischen Vorzeichen – vielleicht nahm Mozart an, aus der Logik des Satzverlaufes und seiner wechselnden Dichte könnten aufmerksame Spieler die dynamischen Abstufungen ohnehin ableiten? Gegenüber der Konzentration und Ernsthaftigkeit dieses Satzes gibt sich das spätere *Andante* dann volkstümlich-schlicht und eingängig als Variationenreihe über ein Liedthema. Die beiden *Menuette* an dritter und fünfter Stelle unterstreichen wiederum auf unterschiedliche Weise den Divertimento-Charakter. Im ersten verschleiert Mozart kunstvoll den tänzerischen Dreiertakt; das zweite enthält zwei Trios, deren zweites ein zarter Wiener Ländler ist. Und im liebenswürdigen Final-*Rondo* (*Allegro*, ⁶⁄₈) gelingt vollends die Verschmelzung der Gattungen zu serenadenhafter Kammermusik voll subtiler Stimmführungskünste und durchsichtigster Klanglichkeit.
Dieses Divertimento blieb Mozarts einziges Streichtrio; in gleicher Besetzung stehen lediglich noch die **Vier Präludien**, die er für seine Bearbeitung Bachscher Fugen komponierte **(KV 404 a)**.

Für reine Bläserbesetzung gibt es den bereits erwähnten tiefsinnigen und klangschönen Triosatz für 2 Bassetthörner und Fagott (Adagio F-Dur KV 410, s. S. 77), der möglicherweise gemeinsam mit dem **Adagio B-Dur (KV 411)** (für 2 Klarinetten und 3 Bassetthörner) sowie einigen Fragmenten in ähnlicher Besetzung **(KV 484 b, c** und **e)** im Jahre 1785 in Wien aus freimaurerischem Anlaß entstanden ist.

Streichquartette

Wir kennen von Mozart insgesamt 26 Streichquartette. Die letzten zehn von ihnen werden üblicherweise als die Gruppe der »großen« oder »berühmten« zusammengefaßt; sie bedeuten seinen eigentlichen historischen Beitrag zur Entwicklung der noch jungen Gattung. Ihre jugendlichen Vorgänger basieren auf unterschiedlichen stilistischen Einflüssen und wechselnden äußeren Anlässen. Sein erstes **Quartett G-Dur (KV 80)** schrieb Mozart 1770 auf seiner ersten Italienreise, wohl unter dem Eindruck und Einfluß der Kammermusik Sammartinis. Ursprünglich hatte es nur drei Sätze, die sich divertimentohaft aneinanderreihen (*Adagio – Allegro – Menuetto*); ein zusätzliches *Rondo*-Finale fügte Mozart wohl erst 1772 an.

Sehr häufig aufgeführt werden die drei sogenannten **Salzburger Sinfonien (KV 136–138)** vom Anfang des Jahres 1772. Sie heißen im Manuskript, allerdings nicht von Mozarts Hand, eigentlich »Divertimenti«, obwohl sie dieser Gattung auch nicht mehr zugehören als dem Streichquartett. Sie entsprechen dem dreisätzigen italienischen Typus, dem sie auch ihren eingängigen singenden Tonfall verdanken. Zwei von ihnen umrahmen mit schnellen Sätzen den langsamen Mittelteil, eines (KV 137) beginnt mit dem langsamen Satz. In ihrer Anlage weisen sie ansatzweise durchaus symphonische Zuge auf; kammermusikalische Feinarbeit sucht man vergeblich. Vielmehr führt über weite Strecken, oft geradezu virtuos, die erste Violine, etwa im temperamentvollen Kopfsatz der D-Dur-Sinfonia (KV 136), gelegentlich duettiert sie mit der zweiten. Schmeichelnde, zärtliche Töne schlägt Mozart dafür eher in den langsamen Sätzen an; und Ansätze zur Kontrapunktik gibt es nur ganz vereinzelt und versteckt. Manche Indizien deuten auf die Möglichkeit, diese liebenswürdigen Werke chorisch aufzuführen. Und so tauchen sie auch häufig im Repertoire der Kammerorchester auf.

Kammermusik im engeren Sinn sind dann erst die Werke der folgenden Sechser-Gruppe (KV 155–160), die Mozart wahrscheinlich 1772/1773 in Mailand auf seiner dritten Italienreise komponierte. Ihre Anordnung folgt dem Quarten-Zirkel von Kreuz- und b-Tonarten: D–G–C–F–B–Es, doch ist es nicht erwiesen, daß diese Anordnung von vornherein geplant war und daß die einzelnen Quartette auch in dieser Folge entstanden. Dreisätzigkeit ist ihnen gemeinsam, oft stehen

Moll-Sätze im Mittelpunkt. Bemerkenswert ist die Vielfalt der Satzcharaktere und Satztechniken, die ein ganzes Kompendium kammermusikalischer Möglichkeiten ergibt und fast eine Bilanz dieser frühen Jahre darstellt. Unter den Kopfsätzen beispielsweise fällt in **KV 155** (*Allegro*, 4/4) der geradezu symphonische Tonfall mit seinen starken dynamischen Kontrasten auf, während in **KV 158** eher kammermusikhafte, motivisch-thematische Feingliedrigkeit und in **KV 156** im *Presto* (3/8) österreichischer Lied-Tanz-Charakter dominieren. **KV 157** folgt dem Vorbild eines »singenden Allegros« von Johann Christian Bach, und **KV 160** (*Allegro*) nähert sich sehr deutlich dem Salzburger Divertimento-Tonfall, wie wir ihn beispielsweise aus KV 136 kennen:

Bemerkenswerterweise stehen drei von den langsamen Sätzen in Moll. Sie sind ungewöhnlich persönlich gefärbt: im schlichten Serenadenton das *Andante* von **KV 155**; voller Pathos, wie bei Carl Philipp Emanuel Bach, das e-Moll-*Adagio* von **KV 156**; mit ausdrucksvoller Solokantilene das c-Moll-*Andante* von **KV 157** oder mit weit ausholender, anfangs gar chromatisch getönter Affektgebärde in **KV 160**. Das *Andante un poco allegretto* in a-Moll von **KV 158** beginnt in konsequenter vierstimmiger Imitation, von der ersten Violine zum Violoncello hinabsteigend. In **KV 159** sind schneller und langsamer Satz vertauscht; das Quartett hebt mit einem 4/4-*Andante* an, in dem die erste Violine zunächst überraschend acht Takte lang pausiert; danach folgt ein lebhaftes 3/4-*Allegro* im parallelen g-Moll. Die Finalsätze folgen entweder dem bewährten und beliebten Vorbild des französischen Rondos mit einer zentralen Moll-Episode, oder es handelt sich um ein *»Tempo di Menuetto«*: in **KV 156** voll ernsthafter Imitationen und durch ein g-Moll-Trio kontrastiert, in **KV 158** mit einem f-Moll-Trio in verhangener Chromatik. **KV 160** dagegen schließt mit einem marschartigen Sonatensatz im Serenadentonfall. Allen Quartetten dieser Gruppe ist ihre dankbare musikantische Spielfreude gemeinsam, der auffälligen Anhäufung von Moll-Sätzen und -Episoden zum Trotz.

Unter den sechs Quartetten der zweiten vollständigen Sechser-Gruppe (KV 168–173) taucht zum ersten Mal – als letztes der Reihe! – ein ganzes Moll-Werk auf. Ihre Anordnung folgt überwiegend der Terzverwandtschaft: F–A–C–Es–B–d. Mozart reagierte mit diesem Zyklus, der in der zweiten Jahreshälfte 1773 in Wien entstanden sein dürfte, bekanntermaßen auf Joseph Haydns Quartette op. 9, 17 und 20, als eine erste ernsthafte Ankündigung des schöpferischen wechselseitigen Lernprozesses der beiden Meister. Der Einfluß Haydns wird allenthalben spürbar, ohne Mozarts individuellen Tonfall jedoch zu unterdrücken. Bereits die Einreihung eines Moll-Werkes (wie in op. 9 und 17) mag als freundschaftliche Geste gelten. Stilistisch wirkt sich das Vorbild Haydn vor allem im gewachsenen kammermusikalischen Anspruch aus, der alle Aspekte des vierstimmigen Satzes formt: in stärkerer und konsequenter kontrapunktischer Durchgestaltung des Stimmengewebes, in Unregelmäßigkeiten der melodischen Periodenbildung bei größeren dynamischen und rhythmischen Kontrasten. Zugleich ist die melodische Ausdrucksfähigkeit, der affektive deklamierende Gestus intensiver geworden. Viersätzigkeit ist nun die Regel, mit kleinen Abweichungen von der gewohnten Reihenfolge; die Menuette stehen jeweils an zweiter oder dritter Stelle. Die Satzbezeichnungen stammen übrigens von Leopold Mozart oder gar aus dritter Hand, denn Mozart hatte keine notiert.

Den eröffnenden *Sonatensatz* des **F-Dur-Quartetts (KV 168)** prägen vor allem zwei motivische Bestandteile: nach der Vorstellung des Hauptthemas ein Dreiklangsgedanke, der sogleich imitiert wird und dann in der Durchführung kontrapunktisch dominiert (a); daneben eine auffällige punktierte Begleitformel der beiden Violinen zum seufzenden Seitenthema (b).

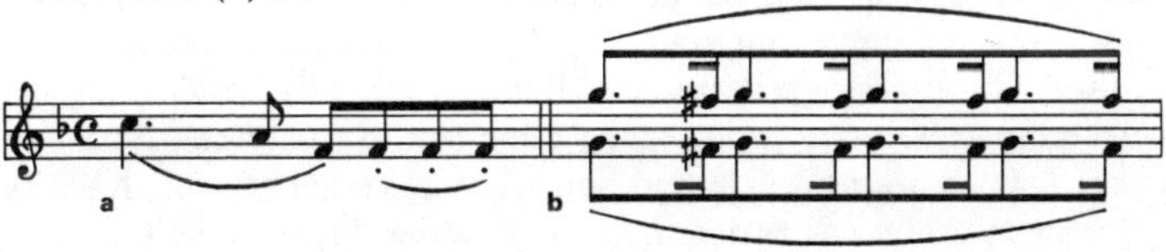

Das *Andante* »con sordino« (3/4) wendet sich in großer kontrapunktischer Ernsthaftigkeit nach f-Moll; das *Finale* ist, Haydns Vorbild folgend, eine ausgedehnte Fuge.

Im Kopfsatz (*Molto allegro*) des **A-Dur-Quartetts (KV 169)** hebt sich die kurze Durchführung wirkungsvoll von ihrer Umgebung ab, indem sie ausschließlich ein neues punktiertes Motiv polyphon verarbeitet. Das harmonisch farbige *Andante* (D-Dur, 2/4) wird von weitgeschwungener Melodik über vibrierenden Sechzehnteltriolen beherrscht, und das kurze Final-*Rondo* basiert auf einem originellen punktierten Oktavenabstieg der Primgeige und schlägt Serenadentöne an.

KV 170 C-Dur beginnt ungewöhnlich mit einem schlichten Variationensatz (*Andante*), dessen vier Veränderungen das Thema noch einmal in Originalgestalt angefügt wird. Logischerweise folgt nun zunächst der Tanzsatz (*Menuetto*) mit seinem c-Moll-Trio. Serenadenhaft zart mit überwiegend führender Violinkantilene ist der langsame Satz (*Un poco adagio*, G-Dur, ¢), und auch das Final-*Rondo* folgt eher dem problemlosen Serenadentonfall.

Fast experimentellen Charakter hat der *Kopfsatz* von **KV 171 (Es-Dur)** mit seinem konsequent polyphon angelegten Allegro assai und dem am Satzende noch einmal wiederholten einleitenden Adagio.

Nach dem *Menuett* mit seinem durchimitierten Trio folgen ein kontrapunktisch tiefsinniges *Andante* (con sordino) in c-Moll und ein tänzerisch beschwingter *Sonatensatz*.

Im **B-Dur-Quartett KV 172** kontrastiert das *Adagio* mit seiner affektvollen Violinmelodik über ständig pulsierender Unterstimmenbegleitung wirkungsvoll zum temperamentvollen Kopfsatz (*Allegro spirituoso*). Das *Menuetto* umrahmt ein g-Moll-Trio, dessen radikale kompositorische Einseitigkeit aus dem Rahmen fällt: Es besteht nur aus einer abgesetzten Viertelbewegung ohne jede rhythmische Nuancierung. Das *Finale* ist wieder ein Sonatensatz, verglichen mit KV 171 jedoch von größerer Ernsthaftigkeit und besser durchgearbeitet.

Der Kopfsatz (*Allegro ma molto moderato*, ¢) des abschließenden **d-Moll-Quartetts KV 173** wird auf weiten Strecken von einem charakteristischen Thema beherrscht, das sogleich nach dem Hauptgedanken im Unisono hervortritt, schon in der Exposition immer wieder auftaucht und im Wechsel mit dem Hauptthema auch die Durchführung bestreitet. Im Unisono beendet es auch den ungewöhnlichen, experimentell anmutenden Satz mit einer kurzen Coda. Im lichten D-Dur-Kontrast schließt sich in verspielter Divertimentolaune ein *Andantino* *grazioso* an. Das *Menuetto* nimmt wörtlich, nur nach Moll gewendet, eine Szene aus dem »Don Giovanni« (II,2; Terzett) vorweg:

Und das *Finale* schließt wiederum, wie in KV 168, als bewegte Fuge über ein chromatisch absteigendes Thema, den ganzen Werkzyklus effektvoll ab. Von diesem Satz liegt übrigens eine etwas kürzere Erstfassung von Mozarts Hand vor.

*

Zehn berühmte Quartette: Erst fast 10 Jahre später wendete sich Mozart wieder der Gattung Streichquartett zu; zwischen 1782 und 1785 komponierte er in Wien die sechs Joseph Haydn gewidmeten Quartette (KV 387, 421, 428, 458, 464, 465). Sie stellen als »Opus X« seine ambitionierte Antwort auf Haydns op. 33 von 1781 dar, begleitet von einem Zueignungsbrief in Italienisch, in dem er ausdrücklich von den Mühen der Arbeit an diesen Kompositionen spricht. Haydn hatte zuvor selber auf die »ganz neue besondere Art« seines op. 33 hingewiesen. Damit meinte er vor allem die dialogisierende, motivisch-thematische Kompositionsweise, an der sich nun alle vier Instrumente weitgehend gleichberechtigt beteiligten, in der Art eines geistvollen Gesprächs – »man hört vier vernünftige Leute sich unterhalten«, wie Goethe einmal treffend (an Zelter 1829) formulierte. Die Herausforderung dieser neuartigen Quartette schlug sich bei Mozart zunächst in jenem ungewöhnlich langen Entstehungszeitraum nieder, den er für seine sechs neuen Wiener Quartette benötigte und in dem er sich nicht nur Haydns Errungenschaften aneignete, sondern sie wiederum – im Sinne des freundschaftlichen Gebens und Nehmens – individuell weiterführte. Hier ereignete sich eine der ganz wenigen echten künstlerischen Partnerschaften, ein Glücksfall der Musikgeschichte. Hinzu kam, daß Mozart sich gerade zu jener Zeit mit Bach und Händel beschäftigte, was einerseits krisenartige Auswirkungen auf den Schaffensprozeß hatte, sich andererseits in zunehmender kontrapunktischer Feinarbeit in den Kompositionen niederschlug. Mozart selber weist im Zusammenhang mit den Quartetten, die trotz ihrer langen Entstehungszeit als Zyklus geplant waren, auf die »lange und mühevolle Arbeit« hin, und darauf deuten auch die ungewohnt häufigen Korrekturen in den Autographen, ebenso wie die zahl-

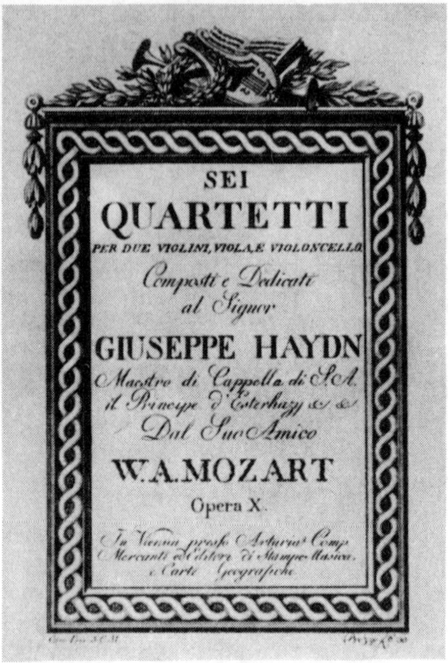

Titelblatt von Mozarts sechs Streichquartetten »Opus 10« mit der Widmungsadresse an Haydn. Wien 1785

reichen Entwürfe und Fragmente aus jener Zeit – ein gerade bei Mozart unerwarteter Eindruck. Das Ergebnis dieses dornigen Prozesses allerdings ging als einer der Meilensteine in die Musikgeschichte ein, bemerkenswert in der handwerklich perfekten Aneignung studierter Tonfälle und Kompositionstechniken, deren Synthese dann Werke persönlichster Färbung und Eigenart hervorbrachte: Verschmelzung verschiedenartiger Vorbilder zu einem neuen, weiterführenden Personalstil.

Das erste Quartett der Reihe, **G-Dur (KV 387)**, wurde am 31. Dezember 1782 vollendet. Bereits in der Exposition des Kopfsatzes (*Allegro vivace assai*, 4/4) werden die wesentlichen Elemente des neuen Stiles erkennbar: Das dynamisch zwischen Forte und Piano pendelnde Hauptthema wird sogleich in durchbrochener Arbeit weitergeführt und auch imitiert. Dagegen stellt die zweite Violine das Seitenthema in homophoner Setzweise vor:

Die Schlußgruppe wiederum steuert dezent den Aspekt des Konzertanten bei. In der Durchführung wird zunächst das Hauptthema aufgegriffen, dialogisierend weitergeführt und leidenschaftlich über Synkopenbewegungen gesteigert, bevor schließlich ein eher beiläufiger Gedanke aus der Schlußgruppe durchgeführt wird. Der Satz verklingt lapidar ohne Coda.

Das folgende *Menuetto* (Allegro) »stört« das metrische Gefüge durch ständige Akzentverschiebungen und färbt sich mit unauffälliger Chromatik. Im Trio wendet sich Mozart unerwartet nach g-Moll und kostet die individuelle Dramatik der Tonart aus; Trillerfiguren und große Intervallschritte dokumentieren die emotionale Hochspannung.

Leidenschaftlicher Ernst, wie man ihn von C-Dur eigentlich gar nicht erwartet, spricht aus dem zweiteiligen langsamen Satz (*Andante cantabile*, 3/4). Mehrere Themenbereiche reihen sich aneinander: ein breit ausgeführtes Doppelschlagmotiv; ein flehender, von Moll-Trübungen heimgesuchter Triolengedanke, der in eine ungemein ausdrucksvoll und fast rezitativisch deklamierende Linie der Primgeige mündet; schließlich ein eher kleinteilig motivisch gegliedertes melodisches Gebilde. Drei merkwürdig stockende, von Pausen durchsetzte Takte führen zur variierten Reprise.

Das Finale (*Molto allegro*, ¢) weist in Anlage und Durchformung deutlich voraus auf den Schlußsatz der »Jupiter-Symphonie«, denn auch hier verschmelzen Sonatensatz und Fuge zu neuer, höherer Einheit. Das Hauptthema – wie dort vier ganze Noten! – wird nach Art einer Fuge in allen vier Stimmen vorgestellt und alsbald homophon weitergeführt. Das zweite Thema in seinem störrischen Synkopenduktus erinnert deutlich an Mozarts Bach-Studien. Es wird ebenfalls fugiert eingeführt und sogleich kunstvoll mit dem ersten Thema kombiniert. Für den unbekümmerten spielerischen Kontrast gegenüber so viel »akademischer« Ernsthaftigkeit sorgt schließlich das homophone tänzerische dritte Thema, das als einziges nicht kontrapunktisch verarbeitet wird. In der Durchführung fällt sofort eine neue chromatisch aufsteigende Linie auf, die dann auch gegen Ende in der Coda noch einmal auftaucht. Im übrigen wirkt der ganze Satz temperamentvoll, ausgelassen und fast verspielt, also alles andere als »gelehrt«, und das ist sicher die eigentliche bewunderungswürdige Leistung.

Als Entstehungsmonat für das **Quartett d-Moll (KV 421)** notierte Mozart den Juni 1783. Er orientierte sich an Haydn auch in jener traditionellen Äußerlichkeit, daß jeder Sechser-Zyklus ein Moll-Werk enthalten sollte. Aus zyklischer Sicht folgt nun der emotional-verinnerlichte Kontrast gegenüber der satztechnischen Feinarbeit des Vorgängerwerkes. Der Kopfsatz (*Allegro*) setzt verhalten im sotto voce ein, mühsam innere Erregung zurückdrängend, die sich dennoch in den übergroßen deklamatorischen Intervallschritten andeutet.

Und wie ein Aufschrei folgt sogleich die Forte-Wiederholung in der höheren Oktave. Allmählich steigert sich die unruhige Bewegung, von den anfänglichen Begleit-Achteln über die Sechzehntel, die das geschmeidige Seitenthema tragen, bis zu den Sechzehnteltriolen der Schlußgruppe. In der Durchführung spielt vor allem der markante Oktavsprung aus dem Kopf des Hauptthemas eine wichtige Rolle, und auch die verspieltere Triolenbegleitung der Schlußgruppe erscheint wieder. Polyphonie und dissonante Klangreibungen steigern die Erregung.
Die notwendige Beruhigung bringt dann das liedhaft schlichte dreiteilige *Andante* (F-Dur, 6/8); auffällig ist seine motivische Kleingliedrigkeit, von Pausen durchsetzt und in immer neuen Anläufen von großer melodischer Innigkeit. Sein motivischer Kern ist ein ansteigender Auftakt aus drei Sechzehnteln, der ständig, auch melodisch variiert, wiederkehrt, einer kleinen flehenden Geste gleich, die im Mittelteil des Satzes ihre Intensität zu unerwarteter Eindringlichkeit zu steigern vermag.
Auch das schroffe *Menuett* (Allegro) hat einen charakteristischen Motiv-Kern, nämlich den punktierten Motiv-Kopf im Auftakt seiner Melodie. Einen unwirklichen Kontrast erzeugt dann der wienerische Serenadentonfall im Trio, mit seiner fast ein wenig sentimental schluchzenden Sologeige über der Pizzicato-Begleitung.
Variationen (*Allegretto ma non troppo*, 6/8) beschließen das Werk. Ihr Thema ist von einer fatalistischen, fast gequälten Lustigkeit; sein begleitender Unterbau wird von versteckten chromatischen Schattierungen durchzogen – ein gespenstischer Totentanz! Lediglich die erste Variation gehorcht mit den Arabesken der ersten Violine dem Gesetz des

Figurierens. Doch insgesamt dominieren danach eher die emotionalen Aspekte, mit stampfenden Akzenten in der zweiten und einem Bratschensolo in der dritten Veränderung. Es folgt ein Dur-Teil, der entfernt an die wienerische Klangseligkeit des Trios erinnert, bevor die d-Moll-Stretta zum Thema zurückkehrt und ihr Spiel mit dem kleinen Sechzehntel-Signal (Takt 3 und 4) trübt, indem sie es zur Triole verdichtet und durch alle Stimmen wandern läßt. Fast gewaltsam mutet dann der unerwartete Dur-Schluß an.

Das **Streichquartett Es-Dur (KV 428)**, entstanden im Wiener Sommer 1783, steuert zur Tonartencharakteristik neue, ungewohnte Aspekte bei: Man vermißt die bei Mozart übliche strahlende Es-Dur-Festlichkeit und ihre klangsinnliche Fassade: als wolle der Komponist seinen eigenen Gewohnheiten einmal bewußt aus dem Weg gehen. Das eigentümliche Hauptthema des Kopfsatzes (*Allegro ma non troppo*, ¢) setzt im verhaltenen Unisono aller Instrumente ein und erzeugt durch seine eindringliche Vorhalt-Melodik einen seltsam diffusen harmonischen Eindruck.

Und auch der nach längerer Überleitung erst um Takt 40 erreichte Seitensatz gibt sich nicht so prägnant und harmonisch faßlich, sondern weicht sogleich nach g-Moll aus. Die Schlußgruppe lebt vom Kontrast auf engstem Raum: zunächst im verhaltenen halbtaktigen Metrum an den Anfang erinnernd, über pochendem Achtel-Orgelpunkt, dann auf einmal in konzertanter Ausgelassenheit ausklingend. Die Durchführung wendet sich nach einmaliger Imitation des Hauptthemas sogleich nach c-Moll und beschäftigt sich von hier an im wesentlichen mit dem charakteristischen Doppelschlag-Kopfmotiv des Seitensatzes.
Das *Andante con moto* (As-Dur, 6/8) ist ein ungemein kühnes harmonisches Gebilde, dessen Thema eher wie eine synkopisch gegliederte Klangfläche wirkt. Auffällig ist die intensive Chromatik dieser Musik, die weit in die Zukunft zu deuten scheint und gar »Tristan«-Vorahnungen aufkommen läßt (Takt 15, Takt 40, zweite Violine).

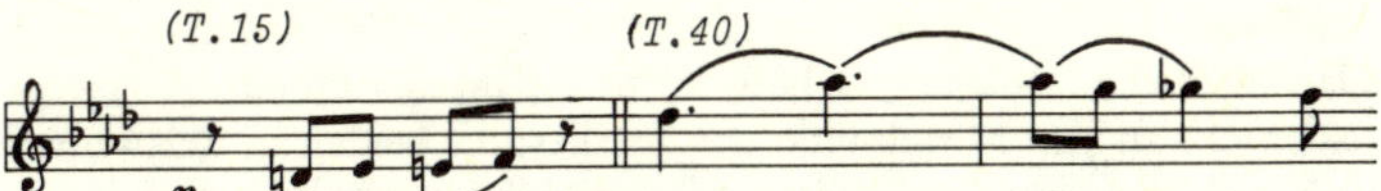

Die Form folgt den Konturen des Sonatensatzmodells, jedoch ohne scharfe thematische Abgrenzungen. In ständigem 6/8-Fließen gehen die einzelnen Abschnitte unmerklich ineinander über, scheinen auseinander hervorzuwachsen.
Das ausgedehnte *Menuett* (Allegretto) kehrt den Oktavsprung des Kopfsatzes im energisch anspringenden Auftakt um und umrahmt ein melancholisches c-Moll-Trio.
Im Finale (*Allegro vivace*, 2/4) überrascht der formale Aufbau, der Konventionen individuell zu verfremden scheint: Es ist nicht ein Rondo, wie sein Hauptthema zu signalisieren scheint, sondern viel eher ein Sonatensatz ohne Durchführung, jedoch mit durchführungsartigen Ansätzen in den Hauptteilen, gewürzt durch instrumentale Virtuosität. Es nähert sich streckenweise ein wenig dem überraschungsfreudigen, humorvollen Vorbild Haydnscher Finalsätze, ohne je den charakteristisch andersartigen Mozart-Tonfall aufzugeben. Seine acht hingetupften Abschlußtakte erinnern übrigens an den ganz ähnlichen Beginn des Menuett-Mittelteils.

Erst anderthalb Jahre später (November 1784) stellte Mozart das **B-Dur-Quartett (KV 458)** fertig. Es ist, verglichen mit seinem emotional-vielschichtigen Vorgänger, freundlicher und eingängiger. Sein Beiname **»Jagd-Quartett«** leitet sich ab vom Hauptthema seines Kopfsatzes (*Allegro vivace assai*), das völlig unverbindlich an modische Jagdmusiken anzuknüpfen scheint, ohne diesen Tonfall unbedingt auf den ganzen Satz zu übertragen. Es signalisiert jedoch den ungetrübt heiteren Tonfall dieses Satzes, dessen schnelles Tempo und dessen dynamisch-akzentuierte Gegensätze alle genrehaften Jagdassoziationen vermeiden helfen. Das Trillermotiv aus seinem Nachsatz erklingt dann noch einmal in der Schlußgruppe. Der Seitensatz lebt von einem verspielten kleinen Trillermotiv mit Achtel-Auftakt, das dann auch weite Teile der Durchführung und der langen, zunächst kontrapunktisch sich verdichtenden Coda beherrscht.
Das knapp gehaltene *Menuett* (Moderato) ist von der eindringlichen Ernsthaftigkeit seiner melodischen Linie geprägt, deren wesentlicher Bestandteil ein kleines punktiertes Motiv ist. Dieses wiederum wird dann Bindeglied zum tänzerisch-heiteren, von der Solovioline getragenen Trio.
Das zweiteilige *Adagio* (Es-Dur, 4/4) wird danach zum ausdrucksvoll-leidenschaftlichen Mittelpunkt des Werkes; die beiden Mittelstimmen tragen als dezenter vibrierender Klanggrund den emphatisch sich stei-

gernden Zwiegesang von erster Violine und Violoncello, die sich die weitgespannten melodischen Linien gegenseitig weiterreichen und sie variiert ausspielen.
Das Finale (*Allegro assai*, ²⁄₄) knüpft an die heitere Grundstimmung des Kopfsatzes an. Auf der Basis des Sonatensatzmusters werden drei profilierte Themen vorgestellt; die Schlußgruppe gibt sich unbekümmert konzertant, mit der Sologeige über tremolierend orchestralem Untergrund, und endet mit der Wiederkehr des ersten Einfalls. Die Durchführung gebärdet sich kontrapunktisch ernsthaft, ohne jedoch die mindeste akademische Trockenheit aufkommen zu lassen. Auch dieser Satz ist erkennbar eine Reverenz an das Vorbild Haydn, aber ohne jeden Hauch epigonaler Gefolgschaft: Der Tonfall ist vom ersten bis zum letzten Takt unverwechselbar Mozart.

Kennzeichen des nächsten Quartetts – **A-Dur (KV 464)** vom 10. Januar 1785 – ist seine kontrapunktische Durchdringung: Man möchte es das (vorläufig) gelungenste Beispiel einer Synthese zwischen barocker Linearität und Haydns dialogischem Stil nennen. Der Kopfsatz (*Allegro*, ³⁄₄) beginnt zunächst ganz harmlos in schlichter Homophonie, auch der Seitensatz mit seinem chromatischen Aufstieg und der nachfolgenden spielerischen Triolenlinie gibt sich in ähnlicher Weise. Doch beide werden bald in kontrapunktischer Imitatorik weitergeführt. Die Schlußgruppe greift auf das Hauptthema zurück und führt so direkt zu den stärkeren polyphonen Verdichtungen der chromatisch gefärbten Durchführung. Vorwiegend mit den Elementen des Hauptsatzes befaßt, verblüfft sie durch ihre beträchtliche Ausdehnung (74 Takte).
Auch das wiederum an die zweite Stelle gerückte *Menuett* (ohne Tempoangabe) zeigt durchgehend kontrapunktische Intensität. Der ursprüngliche höfische Tanz wird nur noch ganz dezent im Nachsatz des Themas mit seiner punktierten Schlußwendung angedeutet. Sein Trio lockert den dichten vierstimmigen Satz nur wenig auf, wirkt aber insgesamt ein wenig entspannter, weil es auf polyphone Kunststücke verzichtet.
Im *Andante* (D-Dur, ²⁄₄) variiert Mozart das klassisch ausgewogene, ruhig strömende Thema sechsmal, wobei das traditionelle Muster der Figuralvariation nur noch andeutungsweise durchscheint. Die vierte Variation führt nach d-Moll; und in der letzten Veränderung bildet sich aus dem dominantischen Orgelpunkt des Violoncellos ein kleines rhythmisches Ostinatomotiv hervor, das dann auch die Coda bis zum Ende durchzieht.

Das Finale ist wiederum ein Sonatensatz (*Allegro*, 4/4); es knüpft unauffällig am Hauptthema des Kopfsatzes an und steigert es zu chromatischem Farbenreichtum. Anstelle des Seitensatzes erscheint dieses Thema zum zweiten Mal, imitatorisch aufeinandergeschichtet;

erst in der Schlußgruppe tritt dann über pochenden Cello-Achteln ein eigenständiges zweites Thema auf. Die Durchführung setzt die Chromatik des Themenkopfes mit großer Intensität fort und vergrößert und verlängert die charakteristische absteigende Linie. Eine ausgedehnte Coda überläßt noch einmal der chromatischen Gebärde das Feld, und sie behält auch im Pianissimo das letzte Wort. So sorgfältig dieses ganze Werk auch durchgearbeitet sein mag, so wenig klingt es doch intellektuell oder gar angestrengt: Über allem liegt ein geheimnisvoller Klangzauber, liegt Mozartsche Anmut.

Am 14. Januar 1785 notierte Mozart die Fertigstellung des **Quartetts in C-Dur (KV 465)**, ganze vier Tage nach dem A-Dur-Quartett. Zum ersten (und einzigen) Mal innerhalb des Werkzyklus gibt es nun eine langsame Einleitung (Adagio, 3/4); ihre zahlreichen, oft frei einsetzenden Dissonanzen befremdeten nicht nur das zeigenössische Publikum und haben gar zu nachträglichen Korrekturversuchen an Mozarts »Fehlern« geführt. Ihnen verdankt das Werk seinen Namen **»Dissonanzen-Quartett«**; und der hier angeschlagene chromatische Grundton wird zum Kennzeichen der ganzen Komposition, scheint fast an die Stelle kontrapunktischer Kunstfertigkeit zu treten, die wir aus den vorausgehenden Quartetten kennen. Nach einer Dominantfermate setzt der *Allegro*-Sonatensatz ein, dessen Hauptthema bereits motivisch gegliedert ist und zur entsprechenden Weiterverarbeitung prädestiniert zu sein scheint. Sein Dreiachtel-Auftakt wird zum Bewegungsmotor des ganzen Satzes.

Nach einer sich von unten nach oben schichtenden Imitation des Kopfmotivs führt eine lange spielerische Überleitung zum vorhaltseligen, triolenwiegenden Seitenthema. Ihm folgt die eher konzertante Schlußgruppe, die wiederum in die Imitation des Kopfmotives mündet. Hier knüpft die Durchführung an, die sich nahezu ausschließlich mit Transformationen des Kopfmotivs beschäftigt und sich harmonisch weit von der Grundtonart entfernt. Das allgegenwärtige Auftaktmotiv beherrscht auch noch die ausführliche Coda. Selten schillert die Tonart C-Dur bei Mozart so facettenreich gebrochen wie in diesem Satz.

Das *Andante cantabile* (F-Dur, ¾) wendet sich danach gleichsam nach innen, in friedlicher melodisch strömender Gelöstheit und bisweilen voller Melancholie. Es ist in zweiteiliger Liedform gebaut; die Reprise ist dezent variiert. Ein kleines, eigentlich ganz unauffälliges Motiv, das nach zwölf Takten zum ersten Mal erklingt, wird zum wichtigsten Baustein des ganzen Satzes.

Das *Menuett* ist temperamentvoller und dynamischer als seine Tempovorschrift (Allegretto) erwarten läßt. Seine Energie wird durch Chromatik und kleine imitatorische Ansätze reizvoll gefärbt. Sein c-Moll-Trio steigert die latente Leidenschaftlichkeit eher noch durch seine dynamischen Kontraste und durch die weiträumige Intervallstruktur seiner Melodie.

Das Finale (*Allegro*, ²⁄₄) ist ein ausgelassenes Sonatensatz-Rondo voll Lebensfreude und konzertanter Musizierlaune, unterbrochen durch unvermutete Pausen und wiederum chromatisch getönt – das gleiche eigentümliche, fast ein wenig verfremdet wirkende C-Dur-Spektrum, das uns im Kopfsatz begegnet ist.

Erst im August 1786 schloß Mozart das nächste Streichquartett **D-Dur (KV 499)** ab. Es steht für sich allein, ohne zyklischen Zusammenhang, und ein Entstehungsanlaß oder Auftrag ist nicht bekannt. Es scheint noch einmal alle Feinheiten und Kunstfertigkeiten seiner sechs Vorgänger zu bündeln und ist doch zugleich ein darüber hinausweisender Ausblick in die Zukunft. Im gleichen Jahr noch wurde es bei Hoffmeister in Wien gedruckt; möglicherweise ist es eine spontane Reaktion auf Haydns ebenfalls einzeln veröffentlichtes op. 42 (1785). Auf Haydn könnte auch die fast monothematische Anlage des Kopfsatzes (*Allegretto*, ¢) hindeuten, wenn nicht sein Tonfall doch so unverwechselbar mozartisch wäre. Sein ungemein charakteristisches Hauptthema

wird zunächst im leisen Unisono vorgestellt und scheint im Verlauf der ausgedehnten Exposition ständig neue Weiterführungen, Gegenstimmen und Motive hervorzubringen. Durch dieses Verfahren erhält der ganze Satz ungewöhnliche Dichte und eine Intensität, die noch weiter gesteigert wird durch die häufige Präsenz des kleinen punktierten Motivs (a) aus dem Thema und seiner rhythmischen Umkehrung (♫. ♩). Exposition und Durchführung werden durch die harmlose kleine pendelnde Achtel-Schlußwendung verbunden. Sie durchzieht pausenlos die folgenden 31 Takte und auch später die Coda und erringt so fast motivische Gleichberechtigung, als neuer spielerischer Kontrapunkt zum Hauptthema.

Das knapp und konzentriert auskomponierte *Menuett* (*Allegretto*) ist ein expressiv-sinnliches Klangstück in dichter, motivisch-strukturierter Stimmenschichtung. Sein d-Moll-Trio ist dagegen spielerischer und durchsichtiger angelegt, voller dynamischer, Unruhe stiftender Akzente und sich überlagernder Triolen- und Trillerfiguren.

Das *Adagio* (G-Dur, 3/4) breitet in aller Ruhe die prächtige, ausgewogene Klangfülle des Streichersatzes aus und berührt bisweilen Ausdrucksregionen fast schmerzlicher Intensität. Seine Melodiebögen sind endlos weit gespannt und bleiben dennoch überschaubar in das Sonatensatz-Modell eingefügt, mit kurzer, aber sehr konzentrierter Durchführung und einer sich zunächst noch einmal aufschwingenden, dann sacht ausklingenden Coda.

Auch das Finale (*Allegro*, 2/4) ist wieder ein Sonatensatz, der seine Lebendigkeit vor allem aus der Triolenfigur seines ersten Themas bezieht. Sie kehrt ständig wieder und verbindet auch die beiden weiteren Themen; nacheinander beenden zweites und erstes Thema die Exposition im zitierenden Rückgriff. Die kurze Durchführung setzt das lebhafte kombinatorische Spiel fort und mündet unversehens ohne Zäsur in die Reprise. Ständige Präsenz und kaleidoskopartiges Durcheinanderwirbeln der Themen verleihen dem Satz latenten Rondocharakter; die allgegenwärtige Triolenfigur behält schließlich in der Coda das letzte Wort.

Die letzten drei Streichquartette (KV 575, 589 und 590) stellen den Torso einer ursprünglich geplanten Sechser-Reihe dar, für »Seine Majestät, den König von Preußen«, angeregt durch Mozarts Reise 1789 nach Berlin und Potsdam und auf Bestellung Friedrich Wilhelms II. entstanden. Im Autograph jedoch suchen wir diese Widmung, die Mozart in sein eigenhändiges Werkverzeichnis notierte, vergebens; die Reihe wurde nie fertig, und der Gedanke an den Cello spielenden Monarchen schlug sich im wesentlichen nur im ersten der Quartette durch eine hervorgehobene Rolle dieses Instrumentes nieder. Mozart mußte die drei Kompositionen schließlich »um ein Spottgeld hergeben, nur um in meinen Umständen Geld in die Hände zu bekommen«, wie er an Puchberg am 12. Juni 1790 schrieb. Und wieder erwähnte er in diesem Zusammenhang »diese mühsame Arbeit«, wie bei den »Haydn-Quartetten«; Skizzen, Fragmente und nachträgliche Korrekturen bestätigen, daß diese Bemerkung keine leere Phrase war.

Der herausgehobene Part des Baßinstrumentes führt zwangsläufig auch zu einem neuen Stil. So unterscheidet sich das im Juni 1789 vollendete **Quartett D-Dur (KV 575)** denn auch deutlich von seinen Vorgängern: Es ist wesentlich konzertanter gehalten, zugleich virtuoser und melodischer. Die Technik der motivisch-thematischen Arbeit, obwohl vorhanden, steht nicht im Vordergrund. An ihre Stelle rückt vielmehr intensive, kontrapunktische Feinarbeit. Kantabilität ist das Kennzeichen des ersten Sonatensatzes (*Allegretto*, ¢); die edel strömende Gesangslinie seines Hauptthemas

wandert von der Primgeige in die Viola, und das Seitenthema erklingt solistisch in der hohen Lage des Violoncellos. Ein kleines rhythmisches Motiv (a) aus dem Nachsatz des Hauptthemas verklammert später den Seitensatz mit der Schlußgruppe und bereitet damit zugleich die abrundende verkleinerte Wiederkehr der Anfangsmelodie vor. Die feingliedrige Durchführung knüpft direkt an die tonleiterartige Schlußwendung der Exposition an und führt dann einen neuen Gedanken ein. Es folgt eine recht ernsthafte polyphone Episode voll motivischer Verknüpfungen.

Das *Andante* (A-Dur, 3/4) gibt sich als schlichtes, liedförmig angelegtes Gebilde von edler Melodik und großer abgeklärter Ruhe. Sein zweites Thema (ab Takt 20) wandert durch alle vier Instrumente, während das dritte erst der Violine und dann dem Cello vorbehalten bleibt. Die variierte Wiederkehr des ersten Gedankens leitet eine sehr stark verkürzte Reprise ein.

Ein auftaktiges Doppelschlagmotiv durchzieht prägend das gedehnte *Menuett* (*Allegretto*); sein Mittelteil ist ein nachdrücklich akzentuiertes

siebentaktiges Unisono. Im Trio erhält das königliche Instrument alsdann Gelegenheit zu solistischen Auftritten, staccatobegleitet und den Doppelschlag des Menuetts aufgreifend.
Das Finale (*Allegretto*, ¢) greift die Dreiklangmelodik des ersten Satzes wieder auf. Sein Hauptthema erklingt umweglos im Cello und taucht anstelle des Seitensatzes wieder auf, ergänzt durch einen verspielten Kontrapunkt, der sogleich imitiert wird. Ein drittes Thema über einem Dominant-Orgelpunkt folgt nach einer Phase polyphoner Verdichtungen und triolischer Bewegtheit. Die Form des Satzes ist äußerst komplex und verschmilzt Sonatensatz- und Rondo-Elemente unentwirrbar miteinander, angereichert durch die hochentwickelte Polyphonie des dichten vierstimmigen Satzes, voller Imitationen und Engführungen. Bevorzugtes Objekt kontrapunktischer Künste ist dabei das Dreiklangthema. Von »mühsamer Arbeit« zeugt zwar das Notenbild, das klangliche Ergebnis ist gleichwohl von bezwingender Natürlichkeit und Durchsichtigkeit.

Erst fast zwei Jahre später, nämlich im Mai 1790, entstand das **Streichquartett B-Dur (KV 589)**. Und das königliche Violoncello erhält nur noch in den beiden ersten Sätzen eine Sonderrolle. Der eröffnende Sonatensatz (*Allegro*, ¾) stellt in seiner konzertant gehaltenen Exposition drei Themen vor, die jeweils von erster Violine und Cello gesungen werden. In der Schlußgruppe erscheint der charakteristische Doppelschlag des Hauptthemas noch einmal, und er durchzieht auch die ernsthafte Durchführung, die nun den Aspekt der polyphonen Schichtung unterstreicht.
Das zweiteilige *Larghetto* (Es-Dur, ¢) überläßt die melodische Führung dem Violoncello, sekundiert von der ersten Violine. Zwei weit ausschwingende Melodiebögen alternieren in beiden Instrumenten, subtil von den beiden Mittelstimmen begleitet. Bewundernswert ist dabei die klangliche Balance des vierstimmigen Satzes, trotz der so ungleich verteilten Rollen.
Das *Menuett* ist diesmal kein Allegretto, sondern fein nuanciert als »moderato« bezeichnet. Im Menuett selber gehen kammermusikalische Feingliedrigkeit und höfisch tänzerische Herkunft eine unauflösbare, perfekte Synthese ein. Das Es-Dur-Trio überrascht durch seine ungewöhnliche Ausdehnung: Es ist fast doppelt so lang wie das Menuett. Seine scheinbar unbekümmerte Serenadenseligkeit schließt gleichwohl jähe Stimmungsumschwünge nicht aus; bereits im ersten Teil weicht es

nach c-Moll aus, und sein Mittelteil kulminiert gar in einer jähen Generalpause.
Das Finale (*Allegro assai*, 6/8) gibt sich zunächst, oberflächlich gehört, harmlos und friedlich; doch sein Hauptthema erscheint bereits in den allerersten Takten sich selber imitierend und schlägt auf diese Weise den Tonfall des kommenden turbulenten Geschehens an: Hinter der ausgelassenen, lebensfrohen Fassade steckt ein äußerst kunstvoll geknüpftes kontrapunktisches Stimmengewebe voll klanglicher und harmonischer Überraschungen. In Umrissen sind Sonatensatzkonturen zu ahnen, im Grunde aber ist der Satz monothematisch und entzieht sich einer schulmäßigen formalen Einordnung.

Bereits im folgenden Monat Juni (1790) hat Mozart das letzte seiner Quartette, **F-Dur (KV 590)**, vollendet. Der Kopfsatz (*Allegro moderato*, 4/4) ist ein sehr entschiedener und formklarer Sonatensatz, der gleichwohl die durchführungsmäßigen Ansätze nicht nur auf den Mittelteil beschränkt. Sein Hauptthema ist bereits in sich gegensätzlich angelegt und löst sogleich seine Verarbeitung aus.

Sein Tonleiterabsturz wird bei der unmittelbaren Wiederholung variiert, und diese Variante verselbständigt sich bald als eigenständiges Motiv in der Überleitung. Die absteigende Tonleiter erscheint ebenso im Seitensatz des Violoncellos wieder und leitet auch die Durchführung ein. Zuvor kehrt noch einmal, wie in den Kopfsätzen der beiden vorangehenden Quartette, das Hauptthema zurück. Bevor dann mit großem Ernst die Tonleiterelemente im Auf und Ab aufeinanderprallen, geistert eine kleine chromatisch aufsteigende Tonfolge im Piano durch die Stimmen, die nur scheinbar neu ist: In der variierten Wiederholung des Seitenthemas verbarg sie sich unauffällig und abwärts zielend. In der kurzen Coda, die über einen chromatischen dreimaligen Tonleiterabsturz erreicht wird, kehrt das Motiv abschließend und melodisch überhöht wieder.
Das folgende *Allegretto* (C-Dur, 6/8) war im Autograph noch ein Andante. Es ist ein stiller, gelegentlich von Melancholie gestreifter Sonatensatz in fast monotoner Beschränkung auf ein einziges Thema, das ständig behutsam weitergeführt, imitiert und umspielt wird. In der Reprise tritt als belebendes, unruhestiftendes Element in den Begleit-

stimmen jenes kleine Motiv hinzu, das im langsamen Satz der g-Moll-Symphonie (KV 550) zentrale Bedeutung hat (♫. ♫.).
Fast orchestral und manchmal recht dissonant und schroff klingt das *Menuett* (*Allegretto*) mit seinem auf dem Dominant-Ton c insistierenden Thema. Das Trio stellt ihm seine von kleinen Vorschlägen durchsetzte Durchsichtigkeit entgegen.
Abermals läßt der ausgelassene thematische Beginn des Finales (*Allegro*, 2/4) eher ein Rondo erwarten; es folgt jedoch ein ungewöhnlich komplexer, kontrapunktisch angelegter freier Sonatensatz, in dem die Motivik des Hauptthemas fast allgegenwärtig ist und durch unauffällig sich ergebende Nebenthemen ergänzt wird, die alle untereinander verwandt zu sein scheinen. Wieder einmal löst Mozart durch höchste kompositorische Kunstfertigkeit beim Hörer fast Ratlosigkeit aus, so leicht und fast beiläufig erscheint dieses turbulente Kabinettstückchen. Dabei sind die spieltechnischen Anforderungen, wenn diese Musik wirklich schwerelos klingen soll, äußerst hoch!

Adagio und Fuge c-Moll (KV 546) datierte Mozart auf den 26. Juni 1788 (Wien) und vermerkte dazu: »Ein kurzes Adagio [...] zu einer Fuge, welche ich schon lange für 2 Klavier geschrieben habe«, er meinte damit KV 426 (vgl. S. 61). Im Autograph findet sich gegen Ende eine ausdrückliche Teilung in »Violoncelli« und »Contra Basso«, also ein Hinweis auf die orchestrale Besetzung. Der barockisierende Stil des Adagios mit seinen gravitätisch-ernsthaften Punktierungen bildet das großartige Portal zur kunstvollen Fuge mit ihrem auch in der Umkehrung einprägsamen Thema:

Ein undatierter vierstimmiger **Kanon** für zwei Violinen, Viola und Baß **(KV Anh. 191/565c)** ist genaugenommen nicht in den Umkreis der Streichquartette einzuordnen, sondern eher als Kontrapunktstudie zu betrachten. Er gehört in eine Reihe mit einigen kanonischen Stückchen ohne Besetzungsangaben, die lose über das Schaffen Mozarts verteilt sind.

Bläserquartette

Mozart schrieb vier Quartette für Querflöte und Streichinstrumente (Violine, Viola und Violoncello); drei von ihnen entstanden wohl 1777/1778 auf Bestellung eines holländischen Musikliebhabers, unter Zeitdruck und ohne großes inneres Engagement schnell hingeworfen. Kammermusikalischer Tiefgang ist deshalb nicht die Stärke dieser Werke, dafür strahlen sie serenadenhafte Liebenswürdigkeit und eingängige Spielfreude aus. Zwei der Quartette, **G-Dur (KV 285a)** und **C-Dur (KV Anh. 171/285b)** sind nur zweisätzig, möglicherweise fragmentarisch. In **KV 285 (D-Dur)** umschließen zwei schnelle Sätze ein melancholisch klagendes Flötenständchen; immer dominiert das Soloinstrument. Acht Jahre später fügte Mozart in Wien (1786) der Reihe noch ein weiteres Quartett an: **A-Dur (KV 298)**; dessen anspruchsloser, gleichwohl liebenswürdig unterhaltender Charakter wird durch die originelle Satzüberschrift des spaßigen Schluß-*Rondos* unterstrichen: »Rondieaoux: Allegretto gracioso, ma non troppo presto, però non troppo adagio. Così – così – con molto garbo ed espressione.«

Das **Quartett für Oboe und Streicher F-Dur (KV 370)** entstand in unmittelbarer Nachbarschaft des »Idomeneo« und ist, verglichen mit den Flötenquartetten, um einiges kammermusikalischer gearbeitet, obwohl auch hier das solistische Holzblasinstrument oft konzertant hervortritt. Zugleich lebt das bezaubernde Werk ganz vom individuellen Timbre der Oboe, von deren unverwechselbarem Charakter alle melodisch so eingängigen Einfälle geprägt sind. Das Werk hat drei Sätze: dem freundlichen ersten Sonatensatz (*Allegro*, 4/4) folgt ein kurzes *Adagio* (d-Moll, 3/4) mit klagenden Oboen-Melismen über zartem Streichergrund. Und das *Rondo* (*Allegro*) hat eines der eingängigsten Finalthemen:

Streichquintette

Wir besitzen von Mozart fünf Streichquintette. In allen wird die Viola verdoppelt, so wie es auch Luigi Boccherini seit den 1760er Jahren in seinen zahlreichen Quintetten hielt. Es ist anzunehmen, daß Mozart Kostproben aus dem Schaffen dieses berühmten und bedeutenden Zeitgenossen kannte. Anders als bei den zehn großen Streichquartetten kennen wir hier keinen Entstehungsanlaß; das erste der Quintette trennen ganze 14 Jahre von seinen gewichtigen späten Nachfolgern. Es ist das Quintett für zwei Violinen, zwei Violen und Violoncello in **B-Dur (KV 174)** vom Salzburger Frühjahr 1773. Bereits im Dezember des gleichen Jahres arbeitete Mozart es gründlich um: Er ersetzte das Trio im Menuett durch ein neues und überarbeitete vor allem das Finale tiefgreifend.

In diesem Werk stecken noch manche divertimentohafte Züge, doch verschmelzen sie in erstaunlicher früher Meisterschaft mit dem Geist der Kammermusik und des Konzertanten. Erster und letzter Satz sind Sonatensätze, wobei das Finale – Ergebnis der Umarbeitung? – fast noch anspruchsvoller und durchstrukturierter wirkt und mit einer Scheinreprise überrascht. In beiden Mittelsätzen kokettiert Mozart mit dem seinerzeit so beliebten Echoeffekt.

Die beiden ersten der späten Quintette entstanden im Frühjahr 1787 und korrespondieren miteinander auf die gleiche rätselhafte Weise wie die drei letzten Symphonien des folgenden Jahres: Sie ergänzen sich wie Licht und Schatten, und niemand weiß den Anlaß ihrer Entstehung.

Das **Quintett in C-Dur (KV 515)** ist Mozarts umfangreichstes Kammermusikwerk; die beiden Ecksätze erreichen geradezu beethovensche Dimensionen und weiten in souveräner Gelassenheit das thematische Material aus. Dialogisierend stellen Violoncello und erste Violine im ständigen Wechsel das klar gegliederte Hauptthema des Kopfsatzes vor (*Allegro*), über pochendem Achtel-Grund, der erst in der Schlußwendung harmonischem Strömen weicht.

Nach einer Generalpause kehrt sich die Rollenverteilung zwischen den beiden Außenstimmen um, und das Thema wird von c-Moll aus wiederholt und weitergeführt. Eine wichtige Rolle kommt im weiteren Verlauf seinem Doppelschlagmotiv zu, und nach dem eher episodenhaften Seitensatz drängt sich in der Schlußgruppe ein langsames Trillermotiv in den Vordergrund, das dann auch weite Teile des Mittelteils durchzieht. Diese kontrapunktisch dichte Durchführung führt zunächst das Hauptthema modulatorisch weiter, beschäftigt sich dann mit dem Schlußgruppenmotiv und läßt kurz vor der Reprise das Seitenthema anklingen. Gemessen an den Satzproportionen ist diese Durchführung relativ knapp gehalten, da andererseits durchführungsähnliche Momente in allen übrigen Teilen stecken. Die Coda beschäftigt sich dann noch einmal etwas nachdrücklicher mit dem bisher zu kurz gekommenen Seitensatz. Am motivisch-thematischen Geschehen des ganzen Satzes sind alle fünf Instrumente in herrlicher Ausgewogenheit beteiligt, sie werden häufig in wechselnden Zweier- und Dreierkombinationen zusammengefaßt und gegeneinander geführt.
Das *Menuett* (*Allegretto*) lebt von seinen Subito-Piano-Effekten und seinem biegsamen, in parallelen Terzen vorgetragenen Hauptgedanken. Das F-Dur-Trio setzt mit der Expressivität zweier aufwärtsstrebender großer Intervallschritte ein und steigert sich zu verhaltener Intensität in den abschließenden Oktavgängen der beiden Violinen.
Wie ein Sonatensatz ohne Durchführung verströmt sich in weitgespannter Zweiteiligkeit das *Andante* (F-Dur, 3/4). In großer Ruhe werden zwei Gesangsthemen ausgebreitet und wiederholt, und es kommt zu einem emotional sich steigernden Zwiegesang zwischen erster Violine und erster Viola, der bis in die kurze verklingende Coda trägt. Im Autograph dieses Quintetts steht übrigens das Andante an zweiter Stelle, vor dem Menuett. Dagegen vertauschte der Artaria-Erstdruck von 1789 beide Sätze, und man darf annehmen, daß Mozart die neue Reihenfolge gebilligt oder gar veranlaßt hat.
Das Finale (*Allegro*, 2/4) ist ein Sonatensatz-Rondo, das spielerische Lebhaftigkeit und kontrapunktische Feinarbeit unauffällig und selbstverständlich miteinander verbindet; Mozarts Meisterschaft orientiert sich hier ganz zwanglos und individuell an Haydns Vorbild. Zugleich ist dieser Satz der konzertanteste unter allen und verlangt der führenden Primgeige beträchtliche Virtuosität ab.

Wie die g-Moll-Symphonie zu ihren beiden lichteren Schwestern Es-Dur und C-Dur, so ist das folgende **g-Moll-Quintett (KV 516)** eine Art nächtlicher Gegenentwurf zum C-Dur-Quintett. Hier äußern sich nun, bisweilen in bestürzender Direktheit, emotionale Spannungen und Abgründe menschlichen Ausdrucks; demgegenüber treten kontrapunktische und motivisch-thematische Ansprüche eher in den Hintergrund, sie sind unauffälliger, sparsamer und selbstverständlicher als im handwerklich so ambitionierten C-Dur-Werk einbezogen. Der Kopfsatz (*Allegro*, 4/4) lebt ganz von der suggestiven Deklamatorik seiner beiden Themen. Aus dem gebrochen aufsteigenden Moll-Dreiklang entfaltet sich das motivisch gegliederte Hauptthema; vom ersten Takt an erklingt dazu, fast leitmotivisch, eine pochende Achtel-Begleitung, die als latentes Unruhe- und Erregungsmoment den ganzen Satz durchzieht. Das Seitenthema mit seiner ausdrucksvoll beschwörenden Anfangsgebärde klingt bereits in der Überleitung an, hier jedoch noch in b-Moll. In der Schlußgruppe beginnt Mozart bereits mit der kontrapunktischen Verarbeitung des Kopfmotivs aus dem Hauptsatz. Die Durchführung selber ist ziemlich kurz und wendet sich nach einer modulatorischen Auseinandersetzung mit jenem Dreiklangsmotiv sogleich dem Seitenthema zu, dessen einzelne melodische Gesten harmonisch und polyphon emphatisch überhöht werden. Über drei kurze Fermatenstockungen wird die Coda erreicht, die noch einmal beide Themen im fatalistisch endgültigen Moll anklingen läßt.

Das *Menuett* greift diese fatalistische Grundstimmung auf und erweitert sie dramatisch mit jäh gegen den Takt gesetzten Akzenten. Das stille Trio knüpft an die melodische Schlußwendung des Menuetts an und wendet sie nach G-Dur, dem freilich alle Heiterkeit fehlt, die man von dieser Tonart sonst gewöhnt ist.

Auch das Es-Dur des langsamen Satzes (*Adagio ma non troppo*, 4/4) ist hier nicht die vertraute, warm leuchtende Tonart, sondern bleibt verhangen und gedämpft – im wahren Sinn des Wortes, denn Mozart schreibt »con sordino« vor. Die innere Erregung und die geradezu schmerzliche Ausdrucksintensität ist an zahllosen Feinheiten der vielfach aufgefächerten Begleitung abzulesen: etwa an dem unerbittlich gegen die absteigende b-Moll-Melodielinie gestellten Motiv der zweiten Bratsche (Takt 19 und 21) oder an der synkopischen Unruhe der Mittelstimmen (Takt 27 ff.), die das verhalten-sehnsüchtige B-Dur-Thema tragen. Die Form ist zweiteilig, mit behutsam variierender Wiederholung und zart verklingender Coda.

Vor das Finale schiebt sich völlig unerwartet eine Adagio-Einleitung (g-Moll), die wie im Rückblick noch einmal, in höchster Intensität und von abgrundtiefem Pessimismus gezeichnet, den Moll-Charakter zusammenfaßt. Über dem Pizzicato des Cellos und den langsam wiegenden Achteln der Mittelstimmen knüpft die erste Violine an das zweite Thema des langsamen Satzes an und steigert sich arios deklamierend zur Dominante. Sie gibt den Weg frei ins gleichnamige Dur, ein G-Dur, das im nun folgenden langen *Rondo* (*Allegro*, 6/8) fast wie ein gewaltsamer Akt der Selbstbefreiung anmutet, wie eine Befreiung durch das Element des Tänzerischen. Sein Hauptthema wirkt wie eine suggestive Gebärde, denn Mozart notiert den dreifachen motivischen Aufstieg so durchdacht innerhalb des Taktgefüges, daß sich die eindringliche Steigerung von selber zu ergeben scheint.

Im Dezember 1790 kam Mozart auf die Gattung zurück mit dem **D-Dur-Quintett (KV 593)**, einem äußerst komplexen, kontrapunktisch und motivisch-thematisch durchgearbeiteten Werk, das unverdientermaßen nicht den Bekanntheitsgrad seiner beiden Vorgänger erreicht hat. Am Beginn steht eine tiefsinnige Largo-Einleitung voller engräumiger harmonischer Rückungen; sie wird überraschenderweise kurz vor dem Ende des folgenden Sonatensatzes (*Allegro*, ¢) verändert und verziert wiederholt. Das spielerische Hauptthema, oder besser: der Hauptsatz, ist in sich bereits mehrgliedrig und kontrastreich angelegt. Der punktierte Tonleiterabstieg aus seinem Nachsatz (Takt 30) führt unverzüglich zu einer durchführungsartigen Überleitung. Die Dominantebene des Seitensatzes bringt dann kein eigenständiges Thema, sondern befaßt sich mit Elementen des Hauptsatzes und spinnt sie weiter, ohne daß es noch einmal zu einer abgeschlossenen Einheit käme. Die abschließenden, gegeneinander versetzten Synkopenblöcke der Schlußgruppe werden dann in der Durchführung spannungsvoll vertieft, vor allem dynamisch und harmonisch. Ihr zweiter Teil beschäftigt sich daraufhin mit zwei motivischen Bestandteilen des Hauptsatzes: der akzentuiert abspringenden Quinte und dem Triolenlauf. Auch die Reprise spart nicht mit kontrapunktischer Arbeit voll motivischer Verknüpfungen und Imitationen. Nach der Wiederkehr der langsamen Einleitung erklingt noch einmal, wie eine zusammenfassende Bekräftigung, fast der ganze Hauptsatz.

Das *Adagio* (G-Dur, 3/4) spannt sich zwischen den Polen Verhaltenheit und Leidenschaft, verkörpert durch seine beiden gegensätzlichen Themen. Das erste ist eine innig singende Melodie, von kleinen Seufzern durchsetzt und in einem stockenden Schluchzermotiv ausklingend, das zuerst in den hohen, dann in den tiefen Streichern dreimal sequenziert wird. Hieran knüpft dann später die kurze Durchführung des Sonatensatzes an. Das Moment der Erregung stellt das im d-Moll-Dreiklang absteigende zweite Thema dar, dessen vibrierende Triolenbegleitung für Unruhe sorgt und das durch ein in Gegenbewegung aufsteigendes Trillermotiv im Violoncello ergänzt wird. Erst im Nachklang wendet sich das Geschehen zur erwarteten Dur-Dominante.

Das *Menuett* (*Allegretto*) beginnt scheinbar harmlos in Dreiklangs- und Tonleitermelodik und verblüfft doch in seiner gedehnten Reprise durch die kompromißlose, auch klanglichen Härten nicht ausweichende Engführungstechnik: zunächst im Piano, zwischen erster Violine und erster Viola, dann im Forte-Tutti aller Instrumente, jeweils im Minimalabstand eines Viertels. Um so größer ist danach der Kontrast durch das graziös schmeichelnde Trio, das sein motivisches Material unerhört durchsichtig in feiner durchbrochener Arbeit auf die Instrumente verteilt.

Auch das Finale (*Allegro*, 6/8) ist wesentlich komplizierter angelegt, als sein spielerisches Thema erwarten läßt. In Wirklichkeit ist es geradezu ein Experimentierstück der dichtesten Polyphonie und ständiger latenter Chromatik, einem mehrfach gebrochenen, verfremdeten und zugleich lebhaften Tanz ähnelnd. Es kommt sogar zu mehreren Fugati; und das Ganze bewegt sich mit äußerster spieltechnischer und formaler Virtuosität im Rahmen der Sonatensatzform, die freilich durch die häufige Wiederkehr des Hauptthemas auch Rondozüge enthält. Das Hauptthema hat sich übrigens nachträglich eine diatonisch glättende Korrektur gefallen lassen müssen, die als fremde Zutat erst 1961 von der Musikwissenschaft entlarvt werden konnte; seitdem setzt sich die originale Version allmählich in der Konzertpraxis durch.

Im April 1791 entstand in Wien Mozarts letztes **Quintett Es-Dur (KV 614)**, das in mehrfacher Hinsicht ungewöhnlich und bemerkenswert ist. Es schlägt den Bogen zurück zum Erstling 1773, indem es unüberhörbar den Divertimento-Tonfall kultiviert und ihn bruchlos und äußerst unterhaltend in den kammermusikalischen Rahmen einbezieht. Zugleich aber verbirgt Mozart mit diesem Kunstgriff die verblüffende kombinatorische Kunstfertigkeit seines Komponierens, die erst bei genauerem Hinhören zutage tritt. So sind – einzigartig in seinem Gesamtwerk – drei Sätze motivisch miteinander verbunden. Das

Hauptthema des ersten Sonatensatzes (*Allegro di molto*, 6/8) besteht aus zwei einander ergänzenden Bestandteilen.

Sein Kopfmotiv (a) findet sich verändert im Seitenthema wieder und ist darüber hinaus, kenntlich an seinem charakteristischen Triller, im ganzen Satz ständig anwesend, so daß er fast monothematische Züge erhält. Der antwortende zweite Teil des Themas (b) wird dann Auslöser des tonleiterartig herabsteigenden *Menuetts*,

dessen Trio gemütlich mit nachklappenden Begleitakkorden »ländlert« und in den parallelen Oktaven von erster Violine und erster Viola schmelzenden Wohllaut verbreitet.
Der gleiche motivische Bestandteil des ersten Satzes (b) regt dann auch noch das Hauptthema des Finales (*Allegro*, 2/4) an.

Es ist ein ausgelassenes Rondo, dessen verschiedene Abschnitte allesamt vom charakteristischen Drei-Noten-Rhythmus seines Kopfmotives abhängen (a) und das in seinem Mittelteil unter der charmanten und konzertanten Oberfläche allerlei harmonische und kontrapunktische Komplikationen bereithält. Den langsamen Satz, der hier aber ein bewegtes *Andante* (B-Dur, ¢) ist, nennt Alfred Einstein einen »Gipfelpunkt kammermusikalisch-konzertierender Kunst«, ein anmutiges, vielgliedriges Gebilde, dessen harmlos volkstümliches Thema kaum die kompositorische Vielschichtigkeit des ganzen Satzes vermuten läßt.

Bläserquintette

Mozart liebte die Klarinette bekanntlich sehr und tat eine Menge für ihre Verbreitung in Orchester und Kammermusik. In Anton Stadler kannte er zudem einen vorzüglichen Virtuosen dieses jungen Holzblasinstrumentes, der ihn mehrfach zu Meisterwerken motivierte. Für ihn schrieb Mozart neben seinem späten Konzert in A-Dur (KV 622) auch eines seiner vollkommensten Kammermusikwerke: das **Quintett für Klarinette und Streichquartett A-Dur (KV 581)** vom September 1789, das gemeinsam mit den späteren Schwesterwerken von Weber, Brahms und Reger eine ganz kleine eigene Gattung bildet.
Die Klangpoesie, die über den vier Sätzen dieses Werkes liegt, läßt sich in Worten nicht fassen. Mozart kostet in subtiler Kleinarbeit alle Farbnuancen und charakteristischen Register des Holzblasinstrumentes aus und mischt sie sorgsam mit dem homophonen Klanggrund des Streichquartetts. Dabei läßt er die Klarinette gerade soviel dominieren, wie es sich mit den eigenen Gesetzen der Kammermusik vereinbaren läßt; sie bewegt sich auf dem schmalen Grat zwischen Soloinstrument und Partner. Das friedlich und entspannt singende Hauptthema des ersten Sonatensatzes (*Allegro*, ¢) wird im vierstimmigen Streichersatz vorgetragen;

ihm antwortet sogleich kadenzierend die Klarinette, als wolle sie sich erst einmal allein vorstellen. Das ausdrucksvoll gewundene Seitenthema gehört ihr dann ganz allein, während das Streicherensemble einen zarten, vom luftigen Cello-Pizzicato getragenen Begleitsatz beisteuert. Ein drittes Thema verteilt sich schließlich in der Schlußgruppe demokratisch auf erste Violine und Klarinette. Die Durchführung verzichtet weitgehend auf motivisch-thematische Ernsthaftigkeit und spielt statt dessen modulierend mit den Bestandteilen der Klarinettenkadenz aus den ersten Takten der Exposition.
Im *Larghetto* (F-Dur, ¾) schweben die weitgespannten verklärten Melodiebögen der Klarinette über dem zart pulsierenden gedämpften Streichersatz. Der Mittelteil läßt das Blasinstrument und die erste Violine ausdrucksvoll alternieren, wobei der »con sordino«-Effekt den Farbkontrast noch besonders vertieft; dieser Teil kehrt am Ende

verkürzt und in eine kleine Coda mündend wieder. Formal verschmelzen auf diese Weise unlösbar Zwei- und Dreiteiligkeit.
Das *Menuett* (ohne Tempoangabe) enthält gleich zwei Trios: das erste im melancholischen a-Moll für Streichquartett allein, das zweite mit ländlerisch gemütlichem Klarinettensolo und motivischen Durchführungsansätzen im gedehnten Mittelteil.
Das Finale (*Allegretto*, ¢) kostet in fünf Variationen genüßlich noch einmal alle Farben und Ausdrucksnuancen der fünf unterschiedlichen Partner aus. Sein vergnügtes Thema gehört zunächst weitgehend den Streichern allein; in Variation 1 übernimmt dann sogleich die Klarinette unangefochten die Führung, woraufhin in Variation 2 wieder, über den Triolen der Mittelstimmen, die erste Violine zu ihrem Recht kommt. Die Moll-Variation (3) erhält durch ein kleines ostinates Vorschlagmotiv der Bratsche ihren fast exotischen Reiz; ihre augenzwinkernde Melancholie wirkt auch im chromatischen Mittelteil nicht wirklich traurig. Konzertant-virtuos gibt sich Variation 4; das folgende Adagio knüpft sodann an die Ausdruckstiefe des Larghettos an. Das abschließende *Allegro* ist angedeutete letzte Variation, Coda und gutgelaunte Schlußstretta zugleich.

Mozarts anderes Quintett mit einem Blasinstrument wird dagegen leider nicht zuletzt wegen seiner mehrfach ungewöhnlichen Besetzung sehr selten gespielt; er schrieb es für Horn, Violine, zwei (!) Bratschen und Baß (Violoncello) in **Es-Dur (KV 407)**, wohl 1782 für den befreundeten und oft verulkten Freund, den Hornisten Joseph Leutgeb. Das unterhaltende Werk gliedert sich in drei Sätze: *Zwei Allegros* umrahmen ein serenadenhaftes *Andante*. Das Soloinstrument erhält reichlich Gelegenheit zu konzertantem und auch kantablem Spiel und alterniert häufig mit der Violine. Das Final-Rondo beginnt, ähnlich wie die vergleichbaren Hornkonzerte, mit einem typischen Hornruf. Eine Bearbeitung für ein zweites Violoncello anstelle des Horns dient allenfalls Besetzungsengpässen in der Hausmusik und rührt nicht vom Komponisten her.

Kirchensonaten

Einen Sonderfall unter Mozarts Instrumentalwerken stellen die 17 sogenannten Kirchensonaten dar, genauer zu bezeichnen als »Epistelsonaten« (»Sonata all'epistola«). Sie sind nichts anderes als ganz kurze und zugleich äußerst konzentriert-phantasievolle instrumentale Einfügungen innerhalb der Messe, zwischen Epistel und Evangelium. Die ungewöhnliche Kürze der Sätzchen erklärt sich aus aktuellen liturgischen Vorschriften: Der Salzburger Erzbischof Colloredo, Mozarts schwieriger Dienstherr, hatte seinerzeit die Länge der Messen mit allen musikalischen Einfügungen rigoros auf höchstens eine Dreiviertelstunde beschränkt.

Die Besetzung der Sonaten besteht zunächst immer aus zwei Violinstimmen und Baß, jedoch seltsamerweise ohne Viola. Drei der Werke verfügen über eine reichhaltigere Instrumentation: **KV 263** mit zusätzlichem Trompetenpaar, **KV 278** mit Oboen, Trompeten und Pauken und **KV 329** gar mit je zwei Oboen, Hörnern, Trompeten und Pauken. Die Orgelstimme ist anfangs als reine Generalbaßstimme notiert; ab **KV 244** (mit Ausnahme von KV 274) ist sie dagegen Ton für Ton auskomponiert, und in **KV 329** wird der Orgelpart sogar konzertant ausgebaut und enthält eine regelrechte Kadenz. Formal handelt es sich um winzige Sonatensätze mit angedeuteter Konzertform.

Divertimenti, Serenaden, Cassationen, Tänze und Märsche

Im heutigen Sprachgebrauch ist der Begriff »Unterhaltungsmusik« eher abwertend gemeint, als Abgrenzung gegenüber »ernster« Musik. Zu Mozarts Zeiten gab es eine solche Rangordnung nicht, im Gegenteil: Man kann ohne Übertreibung feststellen, daß Mozart zeit seines Lebens überwiegend »Unterhaltungsmusik« komponiert hat – auch seine Klavierkonzerte und Symphonien dienten diesem Zweck!

Seine Cassationen, Divertimenti und Serenaden stehen völlig innerhalb der Tradition des 18. Jahrhunderts und überragen dennoch zugleich alle übrigen zeitgenössischen Dokumente dieser Gattung beträchtlich. Dabei ist eine terminologische Abgrenzung der einzelnen Bezeichnungen gegeneinander nur sehr unvollkommen möglich; gerade bei Mozart vermischen sich diese Grenzen oft bis zur Unkenntlichkeit, so daß man eigentlich mit *einem* – ungenauen – Sammelnamen »Serenaden« ganz gut auskäme.

Serenade wie Divertimento bevorzugen, in zwangloser historischer Fortführung der barocken Suiten-Tradition, Tanzsätze, vor allem das Menuett mit bis zu drei Trios. Die Satzanzahl steigt häufig über die symphonische Viersätzigkeit hinaus, wobei sich eine Art Standardmodell herauskristallisiert: die Ausweitung mit zweitem Menuett und zweitem langsamem Satz zur Sechssätzigkeit (KV 334), die dann durch den einleitenden Marsch und manchmal noch einen weiteren schnellen Satz bis zur Sieben- und Achtsätzigkeit anwachsen kann (KV 185, 320).

Einen Sonderfall im Sinne des gleichsam historischen Brauchtums stellen die sogenannten Finalmusiken dar, die zwischen 1769 und 1779 in Salzburg jährlich im August für die Universität komponiert wurden. Studenten bestellten bei Mozart (oder einem anderen Komponisten) zu Ehren ihrer Professoren oder auch des Erzbischofs jeweils zum Ende (»Final«) des Studienjahres eine solche unterhaltende Freiluftmusik (z. B. KV 185, 203, 204, 251, 320).

Abgrenzungen zwischen den einzelnen Formen sind, wie gesagt, nur andeutungsweise möglich. So neigen Mozarts Divertimenti insgesamt eher der solistischen Streicher- und/oder Bläserbesetzung zu, während

die Serenaden wohl überwiegend orchestral aufzuführen waren. Und die Entstehungsanlässe unterschieden sich oftmals in ähnlicher Weise: Divertimenti genügten in der Regel kleineren Aufträgen.
Cassation wie Serenade haben mehr oder weniger deutlichen Ständchen-Charakter und sind beide zur Aufführung im Freien (»al sereno«) gedacht, unterm nächtlichen Sternenhimmel, als »Nachtmusik« (Notturno).
Innerhalb der größeren Serenaden versteckte sich oft ein Concertante, ein veritables mehrsätziges Violinkonzert. Und gelegentlich löste man diese Solosätze heraus, strich den einleitenden Marsch und erhielt auf diese Weise eine »Sinfonia«, z. B. die »Haffner-Symphonie« KV 385, der man ihre Serenadenherkunft deutlich an Tonfall und Faktur anmerkt. Mozarts eigentliche Leistung ist in seinen bedeutendsten Serenaden und Divertimenti die künstlerische Synthese zwischen unbekümmerter Unterhaltung und anspruchsvoller kompositorischer Durcharbeitung (insbesondere in den drei großen Bläserserenaden KV 375, 388, 361).
Seltsamerweise sind die meisten Einleitungsmärsche zu den Serenaden einzeln überliefert, ohne daß man das bisher ausreichend begründen könnte. In einzelnen Fällen ist eine ziemlich sichere nachträgliche Zuordnung eines Marsches gelungen, z.B. bei der Serenade KV 185 und dem Marsch KV 189 oder auch beim Versuch einer Rekonstruktion der »anderen« Haffner-Serenade: Zur Symphonie KV 385 gehörte ursprünglich der Marsch KV 408 Nr. 2 (und auch ein zweites, bisher nicht identifiziertes oder auch verlorenes Menuett).

Werke für Streicher

Unter den reinen Streicher-Divertimenti sind zunächst die drei populären **»Salzburger Sinfonien« KV 136–138** zu nennen, die alle dem dreisätzigen italienischen Vorbild folgen und ihre unmittelbare Wirkung vor allem durch ihr singendes ausdrucksvolles Melos beziehen (vgl. S. 79).
In der berühmten **»Serenata notturna« D-Dur (KV 239)** aus dem Jahr 1776 fügte Mozart den Streichern effektvoll noch ein paar Pauken hinzu. Auf einen aus dem Rahmen fallenden Entstehungsanlaß (der unbekannt ist) deutet die Aufteilung der Instrumente: Dem Streich-

orchester werden die Pauken zugeteilt, dafür fehlt ihm der Kontrabaß; ihm gegenüber tritt ein Solo-Streichquartett, in dem originellerweise das Violoncello durch den Kontrabaß ersetzt wird. Hier scheint augenzwinkernd an die barocke Concerto-grosso-Praxis erinnert zu werden. Das liebenswürdige dreisätzige Werk bezieht seine ganze spontane Eindringlichkeit aus dem vielfältigen Besetzungswechsel zwischen Tutti und Soli sowie aus dem Charme seiner melodischen Eingebungen. Ein pompöser *Marsch* steht zu Beginn, dessen auftrumpfendes Tutti

sogleich vom Solo liebenswürdig kontrastiert wird; ihm folgen ein *Menuett* und ein *Rondeau* mit überraschenden Takt- und Tempokontrasten.

Mozarts bedeutendste und zugleich bekannteste Streicherserenade ist zweifellos **Eine kleine Nachtmusik G-Dur (KV 525)**. Sie entstand im »Don Giovanni«-Jahr 1787, wir kennen jedoch weder Anlaß noch Uraufführungstag. Leider ist das Werk nur in verstümmelter Form überliefert, denn ein zweites Menuett, das die typische Serenadenform erst hergestellt hätte, ist abhanden gekommen, man weiß nicht, durch wen und wann. In den verbliebenen vier Sätzen offenbart sich auf engstem Raum und in höchster, zugleich völlig unauffälliger Konzentration Mozarts Meisterschaft, mit der er scheinbar beiläufig »galant« und »gelehrt« zu verbinden verstand. Das erste *Allegro* ist ein modellhafter Miniatursonatensatz mit einer ganz kurzen Durchführung; die Romanze (*Andante*, ₵) folgt der verkürzten Rondoform mit einem unruhevoll um ein Doppelschlagmotiv kreisenden c-Moll-Mittelteil.

Das verbliebene *Menuett* ist auf die denkbar knappsten Ausmaße reduziert und wird von einem zart singenden Trio kontrastiert, das Finale ist wieder mit *»Rondo«* überschrieben, bezieht in diese Form jedoch auch dezent Sonatensatzelemente mit ein, etwa im expositionsartigen und auch dementsprechend wiederholten ersten Teil und in den darauffolgenden Durchführungsansätzen anstelle eines kontrastierenden Mittelteils. Mozarts eigenhändiges thematisches Werkverzeichnis vermerkt übrigens das verlorene Menuett nebst Trio in der Satzfolge an zweiter Stelle, sowie zur Instrumentierung »2 Violini, Viola e Baßi«, woraus man sowohl auf orchestrale Besetzung wie auf die Verwendung eines zusätzlichen Kontrabasses schließen kann (aber nicht muß).

Das Divertimento **Es-Dur (KV 563)** für Violine, Viola und Violoncello gehört als solistischer Sonderfall so eindeutig in den Umkreis der Kammermusik, daß es auch dort vorgestellt wird (vgl. S. 77f.).

Werke für Bläser

Die Gruppe der reinen Bläserserenaden und -divertimenti umfaßt geradezu exemplarisch die ganze Weite des Mozartschen Ausdrucksspektrums. Auf der einen Seite gibt es gerade unter ihnen die schlichtesten, volkstümlichsten und damit eigentlich typischsten Divertimenti, vor allem in Gestalt der Fünfer-Gruppe für Bläsersextett aus den Salzburger Jahren 1775–77. Auf der anderen Seite ragen die drei letzten Zeugnisse dieser Gattung aus dem Ambiente der gepflegten höfischen und gesellschaftlichen Gebrauchsmusik so weit heraus, daß als Klammer fast nur noch Besetzungsgesichtspunkte und die suitenhafte Satzfolge übrig bleiben.

Zwei Divertimenti aus dem Jahr 1773, **B-Dur (KV 186)** und **Es-Dur (KV 166)**, eröffnen den Reigen in jeweils fünfsätziger Anlage, wobei der langsame Satz nicht von zwei Menuetten eingefaßt wird; statt dessen folgen jeweils an dritter und vierter Stelle ungewöhnlicherweise ein *Andante* und ein *Adagio*. Auffallend ist auch die machtvolle und ein wenig exotische Instrumentierung mit je zwei Englischhörnern und zwei Klarinetten (neben den Oboen-, Hörner- und Fagottpaaren). Die Wahl der Klarinetten deutet auf Mailand als Entstehungsort oder auch Auftragsziel, denn in Salzburg beim Erzbischof gab es diese »neuen« Blasinstrumente noch nicht. Die Häufung tiefer und überwiegend begleitend eingesetzter Blasinstrumente bringt im übrigen erhebliche Aufführungsprobleme mit sich, wie man den meisten Interpretationen deutlich anmerkt. Es ist deshalb sehr aufschlußreich, unter diesem Gesichtspunkt einen Vergleich mit Mozarts später Bläserserenade KV

361 anzustellen, in der allenthalben der sehr bewußte Versuch unternommen wird, die Klangmassierung durch solistische Auffächerung und Gruppenbildung aufzulockern.

Exemplarische Unterhaltungsmusik von großer klanglicher Ausgewogenheit sind dann jene fünf Divertimenti (KV 213, 240, 252, 253, 270) aus Salzburg, die möglicherweise zwischen Juli 1775 und Januar 1777 als Tafelmusik für den Erzbischof geschrieben wurden. Es sind Sextette mit je zwei Oboen, Hörnern und Fagotten – einer Besetzung, in der die klangliche Balance zwischen Solo und Begleitung viel leichter zu halten ist als in den früheren Zehner-Formationen. Vier der Divertimenti sind viersätzig mit einem mehr oder weniger bewegten Sonatensatz zu Beginn, lediglich das **F-Dur**-Werk **(KV 253)** ist um diesen Kopfsatz gekürzt und beginnt (dreisätzig) mit einem *Andante* in Variationenform. Aber auch die übrigen vier Sextette variieren das Satzmuster behutsam und phantasievoll: **KV 213 (F-Dur)** endet mit einer »Contredanse en rondeau«; **KV 252 (Es-Dur)** setzt mit einem $^6/_8$-*Andante* ein und variiert nach dem dazwischengeschobenen *Menuett* dann den langsamen Satz zur stilisierten *»Polonaise«* – eine Rarität unter Mozarts Satztypen. In allen fünf Werken deutet sich kammermusikalische Feinarbeit gerade so weit an, daß die divertimentohafte Unbeschwertheit nie beeinträchtigt wird; die beiden letzten Sextette **KV 253 (F-Dur)** und **270 (B-Dur)** übertreffen jedoch insgesamt ihre drei Schwesterwerke an ambitionierter Durchgestaltung, am auffalligsten wohl im ungemein persönlich deklamierenden klangsinnlichen *Andantino* des letzten **B-Dur**-Werkes **KV 270**.
Sechssätzig ist das reichhaltiger und ungewöhnlicher (mit vier Pauken) besetzte **Divertimento C-Dur (KV 188)**, wohl vom Anfang 1776.
Einen Sonderfall stellen dann die **Fünf Divertimenti B-Dur (KV 439 b)** dar, die 1783 (ungesichert!) in Wien entstanden sein dürften. Es sind Trios: original möglicherweise für drei Bassetthörner gesetzt, zumeist jedoch in der Fassung für zwei Bassetthörner oder Klarinetten und Fagott aufgeführt. Sie sind allesamt fünfsätzig: Dreimal umrahmen traditionell zwei Menuette den langsamen Satz (in Nr. 1–3), in Nr. 4 steht ein Menuett zwischen einem Larghetto und einem Adagio; und in Nr. 5 folgen auf das Menuett zwei langsame Sätze und eine Polonaise. (Ein Divertimento »KV 439 b Nr. 6« stammt nicht von Mozart, sondern faßt in aparten Bearbeitungen von fremder Hand fünf Arien aus »Figaro« und »Don Giovanni« zusammen.)

Höhepunkte der Gattung und zugleich zumindest partiell geradezu Sprengsätze gegen die etablierten Hör- und Musiziergewohnheiten der Zeit sind dann die drei letzten Bläserserenaden. Mozarts in jeder Hinsicht größte Bläserserenade ist **KV 361 (B-Dur)** von 1781 (?) für dreizehn Instrumente: je zwei Oboen, Klarinetten, Bassetthörner und Fagotte, vier Hörner und »Contra Baßo«, wie Mozart selber notiert – er sah also keine Alternativbesetzung mit einem Kontrafagott vor, wie es heute häufig praktiziert wird. Die eigentliche kompositorische Leistung dieser singulären, vorbild- und nachfolgerlosen »Nachtmusik« – **»Gran Partita«** steht von fremder Hand auf dem Autograph – ist die restlose Bewältigung der klanglichen Herausforderung durch ein so massives Bläserensemble. Das Ergebnis ist eine meisterhafte Instrumentationsstudie von bezaubernder Klangpoesie und gleichzeitiger Klangpracht und -gewalt. Das vielfarbige Ensemble wird in ständigem Wechsel immer neuer Instrumentalkombinationen zwischen Solo, vielfältig abgestufter Begleitung und machtvollem Tutti vorgeführt. Dabei setzt Mozart hier sehr charakteristisch als Farbnuance das »exotisch« dunkel timbrierte Bassetthornpaar ein und gewinnt durch die vier Waldhörner ein ungemein weiches und zugleich tragfähiges Fundament.
Dem eröffnenden, weit ausladenden Sonatensatz ist wie ein Vorhang ein in sich ruhendes Largo vorangestellt. Das *Allegro molto* beginnt mit einer schlichten, gleichwohl weite Strecken des Satzes beherrschenden Klarinettenwendung.

Im kontrastreichen Wechsel folgen dann sechs weitere Sätze: zunächst ein *Menuett* mit zwei gegensätzlichen Trios, das erste als warm getöntes Quartett von Klarinetten und Bassetthörnern, das zweite in g-Moll mit Oboen-Trillern über eifrigen Fagott-Triolen. Zum ausdrucksvollen Zentrum wird danach das *Adagio*, eine subtile, fast romantische Klangstudie, in der verblüffenderweise lediglich zwei der Hörner eingespart werden und alle übrigen Instrumente in sorgsam abgestuftem Stimmgefüge am musikalischen Geschehen beteiligt werden. Auffällig ist der ostinat rhythmisierte begleitende Klangteppich, der den ganzen Satz spannungsvoll prägt und das melodische Geschehen fast in den Hintergrund treten läßt. Auch das zweite *Menuett* hat zwei Trios, abwechselnd in Moll und in Dur, wobei das zweite Ländler-Atmosphäre beisteuert. Die poetische *Romanze* (Adagio, ¾) wird durch einen bizarren c-Moll-Mittelteil (Allegretto) wirkungsvoll unterbrochen. Die folgenden sechs *Variationen* über ein volkstümlich schlichtes Andante-Thema geben genügend Gelegenheit, alle individuellen Bläserfarben auch solistisch vorzustellen. Das *Finale* schließlich ist ein turbulentes Rondo voller virtuoser Spielfreude, gelegentlich exotisch gefärbt durch Anklänge an die zeitgenössisch-modische Vorliebe für »türkische Musik« (oder was man dafür hielt).

Die Urfassung der **Serenade Es-Dur (KV 375)** entstand im Oktober 1781 in Wien als Sextett für je zwei Klarinetten, Hörner und Fagotte. Ein dreiviertel Jahr später bearbeitete Mozart sie nach den Gepflogenheiten der Wiener »Harmoniemusik«, indem er ein Oboenpaar hinzufügte und dabei auch zwei kompositorische Retuschen vornahm: Er ergänzte den langsamen Satz um zwei Schlußakkorde und erweiterte das Finale in der Mitte um sieben zusätzliche Takte. In dieser endgültigen Fassung wird das bezwingend lebensfrohe und klangsinnliche Werk in der Regel aufgeführt. In seiner melodischen Erfindung und in seinem liebenswürdigen Tonfall ist dieses Oktett ein Stück reinster Unterhaltungsmusik. Gleichsam unter der klingenden Oberfläche aber ereignen sich die Wunder subtilster kammermusikalischer Durchgestaltung und sorgsamer klanglicher Ausbalancierung. Die phantasievolle Vielfalt des ausgewogenen Begleitsatzes zeugt von Mozarts genauer Kenntnis des Bläserstimmengefüges.

Fünf Sätze runden sich zur serenaden-typischen Sequenz: Nach einem im festlichen Es-Dur schwelgenden *Sonatensatz* erklingt das erste *Menuett* mit seinem dezent melancholischen c-Moll-Trio. Zum ausdrucksvollen Schwerpunkt des Werkes wird dann das von der Klarinette angestimmte *Adagio* (¢).

Zweites *Menuett* und springlebendiges *Rondo*-Finale runden das Oktett ab.

Der nächtliche Schatten dieses optimistischen Werkes ist die **c-Moll-Serenade (KV 388)**, von der wir außer dem Entstehungsjahr 1782 nur noch wissen, daß sie für ein privates fürstliches Bläserensemble (Schwarzenberg oder Liechtenstein) entstanden sein muß. Dabei wäre es sicher gerade angesichts dieser düsteren und so gar nicht der Vorstellung einer unterhaltenden **»Nacht musique«** entsprechenden Komposition gewiß aufschlußreich, den Kompositionsanlaß oder den Auftraggeber zu kennen und auch zu erfahren, ob das Publikum wohl überfordert und erschrocken reagiert haben mag, angesichts der Schroffheiten im Ausdruck und der für die Gattung völlig unüblichen kompositorischen Kühnheiten?

Viele Details weisen weit in den Bereich ambitionierter Kammermusik, und auch der so ernsthafte, oft unerbittliche und pessimistische Tonfall der Musik hat wenig mit der Welt des Divertimentos zu tun. Im Verein mit der ungewöhnlichen Moll-Basis sorgt ständige Chromatik für diesen fatalistischen Grundton, unterstützt durch starke dynamische Kontraste und Akzentuierungen, vor allem im eröffnenden *Sonatensatz*. In ihm ist lediglich das zweite Thema über »dudelnder« Klarinettenbegleitung so etwas wie eine wehmütige Reminiszenz an die Tradition der Serenade.

Wahre Wunder achtstimmiger Klanglichkeit ereignen sich im folgenden *Andante* (Es-Dur, 3/8). Vollends aus dem Rahmen fällt die kontrapunktische Studie des *»Menuetto in Canone«*, wo Hauptteil und Trio in konsequenter Imitationstechnik durchgeführt sind: düster und streng im c-Moll des Hauptteils, im versöhnlicheren C-Dur-Trio dann als Spiel von Grundgestalt und Umkehrung (»Trio in Canone al rovescio«).

Die Überwindung der Serenade durch entlegene Ausdrucksregionen und kompositorische Feinarbeit dokumentiert sich auch in der Viersätzigkeit nach dem Vorbild anspruchsvoller Kammermusik. Das *Finale* reiht acht charakteristische Variationen über ein schlichtes c-Moll-Thema, unter ihnen eine aparte Synkopenstudie (Variation 3) und eine vom Hörnerpaar intonierte Dur-Variation (5). Wie eine bemühte konventionelle Versöhnungsgeste wirkt dann der lärmende Dur-Schluß, der den Pessimismus aller vorangehenden Takte kaum mildern kann.

Eine eigenhändige Bearbeitung für Streichquintett **(KV 406)** kann naturgemäß den Farbreiz des Originals nicht bewahren, sie geriet jedoch gleichwohl aufgrund der hohen kompositorischen Substanz zu einem gewichtigen Kammermusikwerk.

Werke für Streicher und Bläser

Bei aller Typisierung der großen Divertimenti beeindruckt der phantasievolle Abwechslungsreichtum in Satzfolge und -anlage ebenso wie in der Instrumentierung. Die Reihe der »Finalmusiken« (vgl. S. 107) beginnt im Sommer des Jahres 1769 mit den beiden **Cassationen G-Dur (KV 63)** und **B-Dur (KV 99)**, jeweils für Streicher, zwei Oboen und zwei Hörner. Herkunft und Bedeutung des Wortes »Cassation« sind nicht geklärt; es hat an mehr oder weniger einleuchtenden Interpretationsversuchen nie gefehlt. Unter ihnen ist »gassatim gehen« im Sinne von ›Ständchen bringen‹ sicher die lustigste, wenn auch wohl unwahrscheinlichste. In der Mozart-Zeit jedenfalls gebrauchte man diese Bezeichnung weitgehend gleichbedeutend mit »Divertimento« und »Serenade«. »Finalmusiken« wurden immer von einem kurzen Marsch eingeleitet, mit dem die Musikanten aufzogen; es ist anzunehmen, daß der gleiche Marsch am Ende noch einmal gespielt wurde, zum Abmarsch der Musiker.
So weisen auch beide Cassationen zu Beginn einen *Marsch* auf. Ihm folgen jeweils sechs Sätze, unter ihnen an vierter und sechster Stelle das traditionelle *Menuett*. In einem der langsamen Sätze konzertiert dann in beiden Werken die Solovioline: in KV 63 im *Adagio*, in KV 99 im ersten *Andante*. Bemerkenswert sind die Pizzicato-Effekte, die im Andante von KV 63 von den geteilten Bratschen und Bässen ausgeführt werden und in der Baßstimme des ersten Andantes von KV 99 die Sologeige begleiten.

Aus dem gleichen Jahr stammt darüber hinaus noch die achtsätzige **Serenade D-Dur (KV 100)**, ebenfalls eine Finalmusik, die gar durch drei Menuette auffällt und zusätzlich zwei Trompeten einsetzt. Im zweiten Satz (*Andante*) treten erste Oboe und erstes Horn solistisch hervor; das dritte der Menuette hat ein Trio in der gleichnamigen Moll-Tonart. Möglicherweise wurde dieses Werk durch den verschollenen einzelnen Marsch KV 62 eröffnet.

Das viersätzige **Divertimento Es-Dur (KV 113)**, das im November 1771 in Mailand entstand, liegt in zwei Fassungen vor: Da man im Salzburger Orchester keine Klarinetten besaß, schrieb Mozart die ursprüngliche Version mit je einem Klarinetten- und Hörnerpaar in eine Besetzung mit je zwei Oboen, Englischhörnern, Hörnern und Fagotten um.

Das **D-Dur-Divertimento (KV 131)** vom Juni 1772 hat dann wieder (ohne Marsch) sechs Sätze und fällt durch seine ungewöhnliche Bläserbestückung aus dem Rahmen. Neben einer Flöte, einer Oboe und einem Fagott erklingen immerhin vier Hörner, und von dieser Besonderheit macht Mozart im Verlauf der Komposition denn auch ausgiebig und phantasievoll Gebrauch. Nach dem eröffnenden *Allegro* folgt zunächst ein ausdrucksvoll singendes *Adagio* der Streicher allein.

Das erste *Menuett* verknüpft sodann drei individuell gefärbte Trios mit dem knappen Hauptteil, der ganz am Ende noch einmal variiert wird. Trio I ist dem solistischen Hörnerquartett vorbehalten, Trio II den drei Solo-Holzbläsern, und im Trio III (d-Moll) vereinigen sich folgerichtig alle Blasinstrumente. Das verspielte *Allegretto* lebt danach von den zarten Farben der Flöte und Oboe, die registerartig an die Violinen gekoppelt werden oder ihnen solistisch gegenübertreten. Auch das zweite *Menuett* spielt wiederum mit den Bläserfarben: der Hauptteil beginnt und endet mit dem Hörnerquartett, Trio I verbindet Soloflöte und Violine und verzichtet auf die Bratschen, während Trio II dafür den Bratschen (und Bässen) allein überlassen bleibt, sekundiert durch die Oboe. Das *Finale* wird durch ein stimmungsvolles Hörner-Adagio eingeleitet und vereinigt im Allegro molto das ganze Orchester. Als Überraschungseffekt kippt das durchgehende 3/4-Metrum am Ende noch in einen turbulenten 6/8-Takt (Allegro assai) um.

Das **Divertimento D-Dur (KV 205)** (wohl vom Juli 1773) reduziert die Bläserbesetzung auf ein Hörnerpaar und verzichtet ungewohnt auf die zweite Violine. Auch seine Satzfolge ist knapper und zugleich symmetrisch: Zwei schnelle Sätze (der erste mit einer Largo-Einleitung) bilden den Rahmen, zwei Menuette mit je einem Trio umschließen ein Adagio. Möglicherweise gehört zu diesem Divertimento der **Marsch KV 290** als Anfangs- und Schlußstück hinzu; Besetzung und Tonart deuten in diese Richtung.

Wiederum eine Finalmusik ist die große **Serenade D-Dur (KV 185)** mit dem einleitenden **Marsch KV 189** (1773 in Wien). In ihr versteckt sich ein kleines Violinkonzert: Nach dem festlich rauschenden *Allegro assai* erklingt die Solovioline zum ersten Mal im terzverwandten F-Dur-

Andante und im nachfolgenden virtuoseren *Allegro* in gleicher Tonart, durch deren Wahl diese beiden Sätze sich nachdrücklich vom übrigen Divertimento abheben. Das erste der *Menuette* hat ein apart gefärbtes Trio, in dem die Soloflöte ständig mit der ersten Viola geht – die Violinen schweigen ganz.

Das zweite *Menuett*, nach einen *Andante grazioso*, besitzt zwei Trios, deren erstes noch einmal die Solovioline zu Wort kommen läßt. Dem Finale (*Allegro assai*, 6/8) ist eine bemerkenswert tiefsinnige Adagio-Einleitung vorangestellt, die mit einem in drei Takten um drei Ganztonschritte absinkenden Unisono beginnt.

Die beiden nächsten Serenaden (**KV 203** und **204**, beide **D-Dur**) ähneln einander zumindest im Äußeren sehr stark: Die Orchesterbesetzung mit Streichern, zwei Oboen, einem Fagott, zwei Hörnern und zwei Trompeten ist gleich, und auch die siebenfache Satzfolge stimmt überein. KV 203 (August 1774) entstand möglicherweise zum Namenstag des Fürsterzbischofs, und bei KV 204 (August 1775) handelt es sich vermutlich wieder um eine Finalmusik zur Jahresschlußfeier der »Logiker« der Salzburger Universität. In beiden Serenaden ist auch ein kleines Violinkonzert enthalten: in **KV 203** dreiteilig in den Sätzen zwei bis vier, zudem, ähnlich wie in KV 185, durch Terzverwandtschaft der Tonarten mit der Grundtonart der Serenade herausgehoben (B–F–B). Es folgen zwei weitere Tanzsätze (*Menuett*), die ein ungemein poetisches *Andante* (con sordino)

umrahmen, sowie ein *Prestissimo*-Finale. In **KV 204** bleiben lediglich zweiter und dritter Satz (*Andante moderato*, 3/4, und *Allegro*, 4/4) der Solovioline überlassen, und sie weichen auch nur zur Dominante A-Dur aus. Es gibt hier zwei *Menuett-Sätze*, deren zweiter ein apartes Flötensolo enthält:

Zum **Divertimento F-Dur (KV 247, »Lodronische Nachtmusik«)** gehört mit Sicherheit der **Marsch KV 248** vom Juli 1776. Mozart komponierte das Werk zum Namenstag der Gräfin Lodron (vgl. auch KV 287, S. 119). Es ist sechssätzig und bereichert die Streicher lediglich um zwei Hörner. Dieses Hörnerpaar färbt das ganze Werk mit weichem Timbre und prägt auch immer wieder die thematische Erfindung, besonders auffällig im *Finale*, dessen Allegro assai – nach einleitendem Andante – von einem Hornruf eröffnet wird.

Neben der »Kleinen Nachtmusik« ist sicher die **»Haffner-Serenade« D-Dur (KV 250)** Mozarts berühmteste »Unterhaltungsmusik« – nicht ganz zu Recht, denn die übrigen großen Serenaden stehen ihr künstlerisch an Phantasie und Ausdrucksvielfalt kaum nach. Sie entstand zur Hochzeit Elisabeth Haffners, der Tochter des Salzburger Bürgermeisters und Großhändlers Sigmund Haffner d. Ä. im Juli 1776 und umfaßt sogar neun Sätze, wenn man den zugehörigen **Marsch KV 249** mitrechnet. Umfang, Besetzung und kompositorischer Anspruch belegen aussagekräftig die Wohlhabenheit und Bedeutung des Auftraggebers. Die Serenade enthält drei Menuette, deren zweites, ein *»Menuetto galante«* (als fünfter Satz), ein zauberhaftes d-Moll-Trio mit ständig deklamierender erster Violine über unablässig flüsternden Achtel-Triolen der zweiten Violine umschließt. Zu Beginn des *Kopfsatzes* steht ein weiterer kurzer Marsch, der unmittelbar in das festlich-temperamentvolle erste Allegro molto mündet, einen voll ausgearbeiteten kontrastreichen Sonatensatz. Daran schließt sich zunächst ein veritables dreisätziges Violinkonzert in G-Dur an, mit einem weitgespannten in sich ruhenden *Andante* (G-Dur, ¾) zu Beginn und einem nachfolgenden g-Moll-*Menuett* mit eingeschobenem G-Dur-Trio, in dem die Sologeige von den Bläsern (Oboen, Fagotten, Hörnern, aber ohne Trompeten) begleitet wird. Das Finale dieses Konzertes ist ein virtuoses *Rondo* (*Allegro*) über ein stürmisches Sechzehntel-Perpetuum-Mobile:

Vor das dritte Menuett schiebt sich ein ausgedehntes *Andante*, dessen schlichtes Eingangsthema kaum die Fülle der melodischen Einfälle sowie der harmonischen und instrumentalen Färbungen ahnen läßt, die sich ihm anschließen. In diesem Satz läßt Mozart das Ambiente gepflegter Unterhaltungsmusik am weitesten hinter sich, zu dem er im folgenden *Menuett* und im spielerisch-virtuosen Sonatensatz-*Finale* mit seiner eher besinnlichen langsamen Einleitung zurückfindet.

Ebenfalls vom Juli 1776 stammt das **Divertimento D-Dur (KV 251)**, das Mozart möglicherweise zum Namenstag seiner Schwester Nannerl (26. Juli) komponierte. In diesem zauberhaft unbeschwerten sechssätzigen Werk tritt solistisch eine einzelne Oboe hervor, neben Streichern und zwei Hörnern. Eine *»Marcia alla francese«* eröffnet und beschließt das Stück. Die thematische Erfindung ist von bezwingender Heiterkeit und oft fast spielerisch, ob im zarten *Andantino*

mit seiner kleinen Allegretto-Stretta, im ungewöhnlichen *»Menuetto con variazioni«*, das gemeinsam mit dem anderen *Menuett* das Andantino einrahmt, oder im eilfertigen Final-*Rondeau*.

Die Entstehungsgeschichte des **Notturnos D-Dur (KV 286)** ist rätselhaft, vielleicht gehört es in den Umkreis der Serenata KV 239 (s. S. 108 f.). Ungewöhnlich ist auch seine Besetzung für vier Orchester mit jeweils Streichern und zwei Hörnern, aus der sich reizvolle Kontrast- und Echo-Wirkungen ableiten lassen. Schließlich fällt die Dreisätzigkeit aus dem Rahmen und läßt eigentlich vermuten, daß nach *Andante*, *Allegretto* und *Menuett* mit Trio ursprünglich noch ein Rondo folgen sollte.

Das **Divertimento B-Dur (KV 287)** vom Juni 1777 ist wahrscheinlich die zweite **»Lodronische Nachtmusik«** für die Gräfin Lodron. Sie begnügt sich wie ihre Vorgängerin KV 247 (s. S. 118) mit Streichern und einem Hörnerpaar, verzichtet auf den einleitenden Marsch und ist insgesamt noch eine Spur kammermusikalischer angelegt – angesichts mancher Beweglichkeit der Stimmenanlage möchte man an eine solistische Bestimmung auch der Streicherstimmen glauben. Der *Kopfsatz* ist ein vielgestaltiger beredter Sonatensatz in ungewohntem Dreiertakt. Ihm folgen sogleich sechs Variationen über ein Volkslied (»Heißa, hurtig, ich bin Hans«, *Andante grazioso*) und ein chromatisch getöntes *Menuett* nebst Trio in g-Moll mit einem vorschlaggesegneten Dreiklangthema (a). Nach der großen Gesangsszene des zentralen *Adagios* schließt sich ein weiteres *Menuett* an, dessen Trio in Es-Dur fast so etwas wie eine lichte Umkehrung des früheren g-Moll-Trios anstimmt (b).

Das musikalisch-anspruchsvolle Finale geht wieder, wie das Andante grazioso, auf ein Volkslied zurück (»D'Bäuerin hat d'Katz verlorn«) und wird durch ein mit ironischem Pathos aufgeladenes, rezitativisch-anmutendes *Andante* vorbereitet.

Die großartige **Serenade D-Dur (KV 320)** (Salzburg 1779) heißt üblicherweise **»Posthorn-Serenade«**, weil dieses originelle Naturinstrument im zweiten Trio des zweiten Menuetts mit seinen charakteristischen Signalmotiven solistisch eingesetzt wird. Darüber hinaus aber ist dieses siebensätzige Werk eines der bedeutendsten und abwechslungsreichsten Zeugnisse der Gattung, das vor allem aus seiner reichhaltigen Besetzung mit je zwei Flöten, Oboen, Fagotten, Hörnern, Trompeten und – ausnahmsweise – gar Pauken die phantasievollsten Klangwirkungen gewinnt. Nach dem ersten *Menuett* bilden dritter und vierter Satz wieder einmal ein eingeschobenes »Concertante« (in G-Dur) – diesmal für die solistischen Holzbläser, nicht für Solovioline! – aus zwei melodisch ungemein eingängigen Sätzen: einem *Andante grazioso* (a) und einem *Rondeau* (b).

Das Eingangs-*Allegro* (con spirito) ist ein ambitionierter Sonatensatz voller großer Binnenspannung, die sich bereits im kontrastierend angelegten Hauptthema ankündigt, und mit einer Einleitung (Adagio maestoso), die in der Reprise im schnellen Allegro-Tempo wiederkehrt. Vor das zweite Menuett schiebt sich ein elegisches, eigentlich recht serenadenfernes *Andantino* in d-Moll. Das *Menuett* bringt dann vor seinem (zweiten) Posthorn-Trio einen weiteren exotischen Instrumentaleffekt, indem es das »Flautino« einsetzt, das die Violinstimme in der oberen Oktave begleitet. Was die Bezeichnung »Flautino« eigentlich meint, ist nicht ganz sicher: möglicherweise eine Sopranblockflöte. Das *Presto*-Finale schließlich knüpft mit seinem symphonischen Atem und seiner festlichen Klanglichkeit des großen Orchesters an den Kopfsatz an.

Auch das **Divertimento D-Dur (KV 334)** ist ein Streichquartett mit zwei obligaten Hörnern, eine Komposition vom Sommer 1779 für die befreundete Familie Robinig. Selten ist Mozart eine so vollkommene Balance zwischen galanter Unterhaltung, kammermusikalischer Durcharbeitung, klanglicher Poesie und zugleich instrumentaler Virtuosität geglückt wie in dieser zauberhaften Salzburger Komposition. Ihre sechs Sätze halten alle das gleiche hohe Niveau und reihen wie auf einer Perlenschnur Eingebung an Eingebung. Auf solistische Besetzung deutet manche ungemein schwierige Passage der ersten Violine, etwa im Trio des ersten Menuetts oder im ganzen zweiten langsamen Satz. Wehmut und Tragik werden im d-Moll-Andante mit seinen sechs Variationen eher gestreift als vertieft. Und voll melodisch beschwingter Grazie verabschiedet sich das Divertimento mit einem zärtlichen Rondo-Thema.

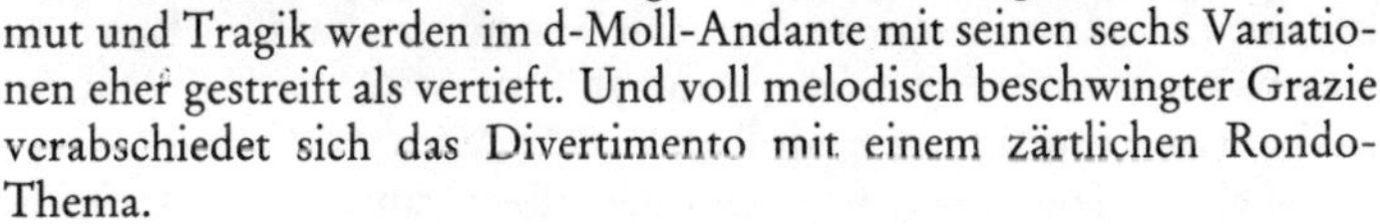

Zwei recht ausgefallene Stücke rahmen als Sonderlinge die Reihe der Divertimenti und Serenaden ein: Zu Beginn steht 1766 der **»Galimathias musicum« (KV 32)**, ein launiges Quodlibet aus 18 Sätzchen über zeitgenössische volkstümliche Melodien, deren Herkunft jedoch nur zu einem kleinen Teil geklärt ist. Mozart schrieb diesen Spaß zur Feier des Regierungsantritts Wilhelms V. in Den Haag.
Ebenfalls ein **»Musikalischer Spaß«** ist dann jenes viersätzige Werk voller hintergründiger Komik, das auch unter dem Namen **»Dorfmusi-**

kanten-Sextett« bekannt wurde, **F-Dur (KV 522)**, und das in Wien im Juli 1787 entstand. Es ist unschwer als Parodie sowohl auf stümperhafte Musiker wie vor allem auf dilletierende Komponisten zu verstehen. Dabei treten die musikalischen »Irrtümer« nur an wenigen Stellen offen und drastisch zutage: etwa die völlig verrutschten parallelen Horngänge im *Menuett*, die hoffnungslos verunglückenden Schlußakkorde des *Finales* oder die gefährlich ausufernde Solokadenz im *Adagio cantabile*. Allenthalben aber begegnet uns in dieser Musik viel subtiler das Element musikalischer Satire, die boshaft-dezente Karikatur des schlechten Komponisten, beispielsweise in Gestalt abgebrochener Themenbildung, nichtssagend leiernder Tonfolgen und gekünstelter harmonischer Wendungen. Mozart fügt hier boshaft lauter Einzelelemente zusammen und verstößt bewußt immer wieder gegen das Prinzip des Organischen, gegen die sonst so entwaffnend selbstverständliche Logik seiner musikalischen Sprache. Dieser »Musikalische Spaß« ist so etwas wie ein raffiniertes Zerrbild, das dann einen Monat später durch die »Kleine Nachtmusik« gleichsam wieder zurechtgerückt wurde.

Neben den vollständigen Divertimenti und Serenaden hinterließ Mozart eine Reihe einzeln stehender Märsche für Orchester (s. »Werkverzeichnis« S. 246), deren Zuordnung als Eröffnungsstücke von Serenaden in manchen Fällen möglich oder zumindest wahrscheinlich ist. Außerdem liegt eine Fülle von Unterhaltungs- und Gebrauchsmusik vor in Gestalt von zumeist zyklisch in Sechsergruppen angeordneten Menuetten und Kontratänzen, oft auch im Arrangement für Klavier.
Eine Gelegenheitskomposition von allerhöchstem Rang ist die **»Maurerische Trauermusik« in c-Moll (KV 477)** (Wien 1785), die Mozart anläßlich des Todes zweier Logenbrüder (des Grafen Franz Esterházy und des Herzogs Georg August von Mecklenburg) komponierte. Diesem tiefernsten und ausgefeilten kurzen Orchesterwerk liegt offenkundig eine getragene choralartige Melodie zugrunde, die von Bläsern intoniert und kontrapunktisch ergänzt wird und deren Herkunft bis heute unbekannt blieb. Ihre spezifische Klangfarbe erhielt die Musik durch das charakteristische, den orchestralen Hintergrund weich und dunkel einbindende Timbre der beiden Bassetthörner, der typischen »Maurer-Musikinstrumente«. Ganz ungewöhnlich für Mozart sind die einleitenden, einander ablösenden an- und abschwellenden Bläserakkorde, bevor die Figurationen der ersten Violine einsetzen; auch den Schlußakkord läßt Mozart in quasi romantischer Vorausnahme an- und abschwellen.

Solokonzerte

Konzerte und Rondos für Klavier und Orchester

Es soll beileibe nicht den Rang seiner Sonaten, Quartette und Symphonien schmälern, wenn dennoch ausdrücklich festgestellt wird, daß die Klavierkonzerte Mozarts größte Genietat darstellen. Dabei hat er im historischen Sinn diese Gattung gar nicht einmal konstituiert, denn es gab Vorläufer sowohl in der barocken Epoche mit J. S. Bachs Cembalokonzerten wie unter Mozarts frühen Zeitgenossen des Sturm und Drang und der Empfindsamkeit, mit dem geliebten Vorbild Johann Christian Bach, mit Wagenseil und anderen.
Dennoch muß Mozart im eigentlichen Sinn als der Erfinder dieser Gattung gelten, denn er verlieh ihr alle wesentlichen Kennzeichen und Merkmale der Größe: Er schuf das klassische Formmodell des konzertierenden Sonatensatzes mit seinen zwei individuellen Expositionen und erhob es zur ständig variierten Norm; er erdachte dem Soloinstrument sein ganzes phantasievolles Repertoire an Spielfiguren und instrumententypischen Wendungen; er erweckte das Orchester vom stichwortliefernden und rahmenden Begleiter zum vielseitigen, selbstbewußten und, vor allem, symphonischen Partner; er fächerte das Orchester auf in all seine individuellen Instrumentalfarben und erhob besonders die Holzblasinstrumente zur Selbständigkeit und Gleichberechtigung; und nicht zuletzt stattete er die Gattung mit der ganzen ihm zu Gebote stehenden, einzigartigen emotionalen Vielfalt aus, die zuvor in der Musik unbekannt war.
Mozarts 21 vollendete Klavierkonzerte – neben den beiden Konzerten für zwei und drei Klaviere und nach den jugendlichen Gehversuchen mit Bearbeitungen fremder Sonatensätze sowie zwei einzelnen Konzert-Rondos und einigen Fragmenten – folgen äußerlich gesehen alle dem gleichen Muster: Sie sind dreisätzig, mit einem großformatigen Sonatensatz zu Beginn, einem empfindsamen langsamen Satz in der Mitte und einem bewegten Finale, entweder in Rondo-, Sonatensatz- oder auch Variationenform. Die Orchesterbesetzung ist von Konzert zu Konzert abgewandelt: von reiner Streicherbesetzung, manchmal mit

Ad-libitum-Bläsern, bis zum kompletten symphonischen Apparat mit Pauken und Trompeten.

Konzert für Klavier und Orchester D-Dur (KV 175)

Komponiert im Dezember 1773 in Salzburg. Allegro, 4/4 – Andante ma un poco adagio, G-Dur, 3/4 – Allegro, ¢

Mit keiner Einzelheit verrät dieses Konzert, daß es Mozarts Gattungserstling ist. Nach den frühen tastenden Versuchen des Knaben (Bearbeitungen KV 37, 39–41 und KV 107) erleben wir hier die Geburtsstunde des klassischen Klavierkonzertes und sind damit Zeuge eines musikgeschichtlichen Wunders: Von diesem Moment an werden sich nur noch Einzelheiten verändern, vor allem in der Themenerfindung und in der Instrumentation, das Konzept aber ist fertig. »Konzert« heißt nun: Dialog zweier gleichberechtigter, aber auf höchst charakteristische Weise verschiedenartiger Partner. Dieser Dialog äußert sich in dreifacher Weise: als Alternieren, als gleichberechtigtes Miteinander und als Begleiten des Solisten durch den untergeordneten Partner. Zum Rollenverständnis des Soloinstrumentes gehört neben den kantablen thematischen Partien recht entschieden auch das Moment des Virtuosen, denn Mozart schrieb diese Konzerte vorwiegend für sich selber zum Konzertgebrauch.

Das Orchester trumpft im D-Dur-Konzert im ersten und letzten Satz mit Pauken und Trompeten auf und wirft damit auch sein volles symphonisches Klanggewicht in die Waagschale. Lediglich im Mittelsatz bleibt es bei je zwei Oboen und Hörnern. Die Form des Sonatenhauptsatzes zeigt im Eröffnungs-*Allegro* bereits die spezifische Konzert-Erweiterung durch seine zwei voneinander abweichenden Expositionen, zunächst die auf der Tonika verharrende Tutti-Exposition, danach die des Solisten, die mit dem zweiten Thema zur Dominantebene moduliert. Die Durchführung überrascht nach wenigen Takten mit einer Scheinreprise, läßt ihr jedoch noch weitere 25 Takte folgen, ehe die echte Reprise eintritt. Auf die frühe Entstehung des Werkes deuten vor allem die lediglich als Hintergrundfarbe eingesetzten Oboen – die Emanzipation der Holzblasinstrumente deutet sich noch kaum an; sie wird später eines der wichtigsten Kennzeichen des reifen Mozartstils sein.

Das zarte *Andante* tendiert zum verinnerlichten Adagio; hier wie im Allegro gibt es dezent eingepaßte Kadenzen von Mozart selber.

Der ursprüngliche *Finalsatz* sprüht vor Spielwitz und geistreicher kompositorischer Feinarbeit. Bereits in den ersten Takten imitieren die tiefen Streicher das Unisono-Motiv der hohen

und intonieren damit das Leitmotiv der polyphonen Gelehrtheit. Der erste Klaviereinsatz formt diesen strengen Gedanken sofort um in spielerische Wendungen – eine perfekte Synthese von »galant« und »gelehrt«! Möglicherweise kamen Mozart aber gerade wegen dieses kontrapunktischen Zuges Bedenken, weshalb er für zwei Wiener Wiederaufführungen (1782 und 1783) kurzerhand ein neues, nicht so gelehrtes Finale komponierte: das **Rondo KV 382** mit seinen abwechslungsreich farbigen Variationen über ein harmonisch extrem schlichtes Liedthema. Um so staunenswerter ist die unerschöpfliche Phantasie, mit der Mozart die stereotypen Tonika-Dominant-Wechsel melodisch variiert. Man hat sich inzwischen (mit Recht) wieder daran gewöhnt, das Konzert mit seinem Original-Finale aufzuführen und das Konzert-Rondo für sich allein stehen zu lassen.

Konzert B-Dur (KV 238)

Komponiert im Januar 1776. Allegro aperto, 4/4 – Andante un poco adagio, Es-Dur, 3/4 – Rondeau: Allegro, ¢

Konzert C-Dur (KV 246, »Lützow-Konzert«)

Komponiert im April 1776. Allegro aperto, 4/4 – Andante, F-Dur, 3/4 – Rondeau: Tempo di Menuetto, 3/4

Diese beiden auf den Erstling folgenden Solo-Konzerte stehen etwas im Schatten ihrer genialen Nachbarwerke, mit der Folge, daß sie von den reisenden Solisten unserer Zeit zu Unrecht kaum beachtet werden. In den vorangehenden zwei Jahren hatte sich Mozart den Violinkonzerten gewidmet, und ihre stilistische Nähe ist auch unüberhörbar, vor allem im freundlich schmeichelnden Tonfall und in der Anlage der Finalsätze. Bei den Bläsern genügen jetzt je zwei Holz- und zwei Blechblasinstrumente, freilich mit der reizvollen Farbvariante, daß im langsamen Satz von KV 238 an die Stelle der Oboen die Flöten treten, doch die untergeordnete Funktion der Bläserstimmen ändert sich noch nicht. Mit den benachbarten Violinkonzerten verbindet auch die charakteristische Tempobezeichnung der Kopfsätze (Allegro aperto, wie in KV 219). Reich an zarter Klangpoesie ist vor allem das Andante von KV 238 mit seiner wiegenden Triolenbewegung in den gezupften Streichern und der melodieführenden ersten Violine »con sordino«. Die Finalsätze folgen ähnlichen Modeströmungen, wie sie sich in den Violinkonzerten niederschlugen: beide sind Rondos nach französischem Muster (und auch in ausdrücklich französischer Schreibweise betitelt), in KV 246 im typischen »Tempo di Menuetto«, das überdies nach der Kadenz noch ein beträchtliches und originelles Stückchen weitergeht. Die Kadenzen sind jeweils original. Das C-Dur-Konzert ist unter allen Mozart-Konzerten technisch das leichteste, entsprechend seiner Zweckbestimmung als Unterrichtswerk für die Gräfin Antonia Lützow.

Konzert F-Dur für drei Klaviere (KV 242, »Lodron-Konzert«)

Komponiert im Februar 1776. Allegro, 4/4 – Adagio B-Dur, 4/4 – Rondeau: Tempo di Menuetto, 3/4

Das F-Dur-Konzert ist eher als Gelegenheitskonzert anzusehen, als Anlaß für drei auf unterschiedlichem technischem Niveau klavierspielende Dilettantinnen (Gräfin Antonia Lodron und ihre Töchter). Vor allem dem dritten Soloinstrument merkt man die eng auferlegten technischen Grenzen an, so daß Mozart das Werk später mühelos auf zwei Soloinstrumente reduzieren konnte. Er liebte das Konzert jedoch offensichtlich und führte es auch in späteren Jahren wiederholt auf.

Konzert Es-Dur (KV 271, »Jeunehomme-Konzert«)

Komponiert im Januar 1777. Allegro, 4/4 – Andantino c-Moll, 3/4 – Rondo: Presto, ¢

Das Konzert trägt den Namen einer Pariser Pianistin, die offenbar eine Virtuosin von hohen Graden war und für die Mozart es komponiert hat. Es stellt nach KV 175 den zweiten Meilenstein auf dem Weg der jungen Gattung dar, einen unerklärlichen Geniestreich des Einundzwanzigjährigen.

Einen so kühnen Anfang hat Mozart nie wieder geschrieben; erst Beethoven knüpfte hier mit seinen beiden letzten Klavierkonzerten an. Bereits im zweiten Takt antwortet das Soloinstrument der eröffnenden markanten Tuttifanfare auf ebenso entschlossene Weise.

Gleichsam im Keim haben wir hier das Wesen des konzertanten Prinzips vor uns: Zwei gleichberechtigte, aber auf charakteristische Weise

unterschiedliche Partner antworten einander. Erst nach diesem zweimaligen Frage-Antwort-Spiel setzt die Orchesterexposition ein. Und noch vor dem Beginn der Soloexposition »mogelt« sich das Klavier über einen hohen Triller und vier melodisch präludierende Takte in das musikalische Geschehen hinein – neu gewonnenes Selbstbewußtsein des Tasteninstrumentes gegenüber dem symphonisch gewichtigeren Dialogpartner! In der Reprise wird dann ein einziges Mal, wie aus Versehen, die Reihenfolge der zweimal zwei Anfangstakte vertauscht: erst Klavier, dann Orchester (Takt 196 ff.), doch schon die Wiederholung korrigiert diesen »Fauxpas«. Zur Reprise führt übrigens ein ganz ähnlicher chromatischer Unisono-Aufgang, wie viel später an gleicher Stelle im d-Moll-Konzert von 1785 (KV 466).
Das *Andantino* in c-Moll ist dann der erste jener bedeutenden Moll-Sätze von Mozart, die zum abgrundtiefen Ausdrucksschwerpunkt des jeweiligen Werkes werden. Bemerkenswert ist hier der ständig anklingende rezitativisch-klagende Tonfall, der aus dem stockenden Achtelgang des Hauptthemas abgeleitet wird. Auch dies deutet in die Beethovensche Zukunft (Klaviersonate As-Dur op. 110); am ausdrucksstärksten klingt dieses kurze Instrumentalrezitativ, variiert gesteigert, in den unbegleiteten Abschlußtakten.

Die Kadenz ist, wie in den beiden anderen Sätzen, von Mozart auskomponiert und mündet nach obligatorischem Dominant-Triller nicht in ein abschließendes Orchester-Tutti, sondern wird vom Klavier-Solo – wie allein gelassen! – weitergeführt (Takt 149).
Im *Finale* gehen geistreiche Erfindung und brillante Virtuosität eine perfekte Synthese ein, wirkungsvoll kontrastiert durch ein eingefügtes, graziös stilisiertes Menuett. Es vertritt den Mittelteil C der Rondo-Form, angeführt vom Solisten und duftig von gezupften und gestrichenen Streichinstrumenten begleitet. Ein kleines Achtelmotiv aus dem Hauptthema beherrscht weite Strecken des Satzes; ihm kommt ähnliche motivische Bedeutung zu wie – viel später – dem Achtel-Motiv aus Mozarts g-Moll-Symphonie von 1788 (KV 550, Hauptthema des 1. Satzes). Noch die im Diminuendo bis zum *pp* verhuschenden Schlußtakte (bei Mozart selten!) werden von ihm beherrscht. Den Mozartschen Originalkadenzen kommt im übrigen hohe Bedeutung zu, weil sie erkennbar integraler Bestandteil der Komposition sind: nicht äußer-

liche Veranschaulichung von Virtuosität als Selbstzweck, sondern eine Fortsetzung der Durchführung mit hohen Anteilen motivisch-thematischer Arbeit und lediglich graduell gesteigerter Virtuosität. Es ist sicher nicht übertrieben zu behaupten, daß gerade Mozarts Klavierkadenzen – neben Haydns Sonatensätzen – die eigentlichen Wurzeln der motivisch-thematischen Durchführungstechnik bei Beethoven sind.

Konzert Es-Dur für zwei Klaviere (KV 365)

Komponiert Anfang 1779 in Salzburg (?). Allegro, 4/4 – Andante B-Dur, 3/4 – Rondo: Allegro 2/4

Bevor in Mozarts Klavierkonzertschaffen eine mehrjährige Pause eintrat, entstand parallel zur Sinfonia concertante (KV 364) das Doppelkonzert, wohl für gemeinsame Auftritte des Geschwisterpaares Maria Anna und Wolfgang gedacht. Die wechselvolle und durch den Tod der Mutter tragisch belastete große Reise der zurückliegenden Monate nach Mannheim und Paris hat in diesem heiter ausgeglichenen Meisterstück keine Spuren hinterlassen. Zum partnerschaftlich-gleichberechtigten Konzertieren des Klavieres mit dem Orchester tritt nun das konzertante Miteinander der beiden Soloinstrumente. Beide lösen sich ständig in der Führung ab, antworten einander spielerisch und oft oktav-versetzt und begleiten sich auch gegenseitig, so daß sich ganz von selber eine behutsame Ausweitung der formalen Satzdimensionen einstellt. Vieles wird doppelt, oft leicht variiert, ausgesprochen, und es ergeben sich immer wieder zauberhafte Klangeffekte innerhalb der wechselnden Instrumentalkombinationen.

Das Hauptthema des *ersten Satzes* ist bereits in sich dualistisch angelegt,

fanfarenartig beginnend (a) und sodann im Piano singend (b). Zu Beginn der Reprise trübt sich dann die melodische Fortspinnung (b) völlig überraschend nach Moll ein.

Im *Andante* (B-Dur) zeigen sich die ersten sensiblen Ansätze eines solistischen Holzbläsereinsatzes, ein Wegweiser zu den kommenden Wiener Meisterkonzerten, etwa in dem von Klaviergirlanden dezent umspielten solistischen Terzenthema der Oboen (Takt 35 ff.). Diese Melodie entspricht dem zweiten Thema eines Sonatensatzes, steht jedoch in der Tonika und kehrt so auch, leicht variiert, in der Reprise wieder. Die Form stellt sich demnach als eine Art vereinfachten Sonatensatzes dar, denn es folgt ein durchführungsähnlicher Mittelteil, den die beiden Klaviere bestreiten. Unerschöpflich ist gerade in diesem Satz, einem der poetischsten unter Mozarts Klavierkompositionen, die Kunst des ständigen Variierens und farblichen Kombinierens der melodischen Linien.

Das *Finale* (2/4) rückt das spielerisch-virtuose Konzertieren wieder in den Mittelpunkt. Hier wie im Kopfsatz sind die Kadenzen auskomponiert und damit unlöslicher Bestandteil der Komposition. Zu Oboen, Fagotten und Hörnern fügte Mozart später übrigens noch Klarinetten, Trompeten und Pauken hinzu und erreichte so erstmals die volle künftige Standardbesetzung des Orchesters.

Konzert F-Dur (KV 413)

Komponiert um die Jahreswende 1782/83. Allegro, 3/4 – Larghetto B-Dur, 4/4 – Tempo di Menuetto, 3/4

Konzert A-Dur (KV 414)

Komponiert im Dezember 1782 (?). Allegro, 4/4 – Andante D-Dur, 3/4 – Rondo: Allegretto, 2/4

Konzert C-Dur (KV 415)

Komponiert um die Jahreswende 1782/83. Allegro, 4/4 – Andante F-Dur, 3/4 – Allegro, 6/8

Mit der Trias KV 413–415 beginnt die lange und bedeutende Reihe von Mozarts Wiener Klavierkonzerten. Sie entstanden um die Jahreswende 1782/83 für bevorstehende Subskriptionskonzerte des Komponisten, wobei die Entstehungsreihenfolge nur durch briefliche Indizien genau zu klären ist: Allem Anschein nach schrieb Mozart KV 414 vor dem 28. Dezember 1782, die beiden übrigen dann im Januar 1783. Mit ihnen gedachte er, auf die geschmacklichen Bedürfnisse des anspruchsvollen und modebewußten Wiener Publikums einzugehen, wie er in seinem Brief vom 28. Dezember 1782 selber formuliert: »Die Conzerten sind eben das Mittelding zwischen zu schwer, und zu leicht – sind sehr Brillant – angenehm in die ohren – Natürlich, ohne in das leere zu fallen – hie und da – können auch *kenner allein* satisfaction erhalten.« Und im April 1783 fügt er noch in einem Brief an den Pariser Verleger Sieber über die drei Konzerte an, daß sie »mit ganzem Orchester als mit Oboen und Horn – wie auch à quatro können produciert werden«. Dieser aufführungspraktische Hinweis bezieht sich in erster Linie auf KV 413 und 414; KV 415 dagegen verfügt über die volle Bläserbesetzung mit je zwei Oboen und Fagotten, Hörnern, Trompeten und Pauken, auf die man nicht gern verzichten möchte.

KV 413 beginnt mit einem 3/4-Takt-*Allegro*, das in auffälliger Korrespondenz zum »Tempo di Menuetto« des Finalsatzes steht. Ein schneller und ein gemäßigter Dreiertakt-Satz umrahmen das 4/4-Larghetto. Der Kopfsatz zeigt mustergültig jene vom Komponisten angesprochene Synthese von »galant« und »gelehrt« mit imitatorischen Ansätzen im Orchester-Tutti und schmeichelnden Zwischentönen gleich nach den unisono absteigenden Tonleiterausschnitten, die mottoartig den Satz einleiten und immer wieder gliedern, aber auch im zierlich trillernden Seitenthema, bei der wiegenden Hinführung zum ersten Soloeinsatz.

Im zarten *Larghetto* (B-Dur) setzt Mozart immer wieder den Effekt der echoartigen Beantwortung motivischer Abschlußfiguren ein: Gleich zu Beginn durch die Holzbläser, bei den folgenden Parallelstellen im Klavier antworten dann jeweils die Violinen.

Im *Finale* schließlich wird die eigentlich erwartete Virtuosität gebändigt durch das beherrschte Menuett-Tempo, das einen Hauch höfischer Geziertheit über die Musik legt.

KV 414 A-Dur war allem Anschein nach das erste der drei Werke; möglicherweise gehörte zu ihm das **Rondo KV 386**, das am 19. Oktober 1782 komponiert worden war, als ursprüngliches Finale. Wie KV 413 ist auch dieses Konzert »à quattro«, also als Klavierquintett aufführbar, was Mozart sicher vor allem im Hinblick auf eine weitere Verbreitung vorschlug. Über dem A-Dur-Werk liegt der lichte Glanz dieser gefälligen Tonart, wie er später dann im berühmteren Schwesterwerk KV 488 strahlt. Fast ganz verschwunden sind die so charakteristischen pochenden Begleit-Achtel im Orchester der Frühwerke, statt dessen untermalt das Orchester hier auffallend häufig mit liegenden, das Metrum verschleiernden Klangteppichen. Das Hauptthema des *ersten Satzes* verweist in seiner fließenden Schwerelosigkeit weit voraus bis zu Mozarts letztem Klavierkonzert.

Das D-Dur-*Andante* (3/4) führt in seinem Mittelteil auch in verhangene Moll-Bereiche; Paul Badura-Skoda verweist in seiner Einleitung zur Eulenburg-Taschenpartitur darauf, daß seine vier ersten Takte fast identisch sind mit einem Einfall von Johann Christian Bach.

Das Thema des Final *Rondos* ist graziös mit Trillern garniert und mündet sogleich in einen geheimnisvoll sich drehenden Unisono-Gedanken:

Dieses Thema prägt fortan den ganzen Satz so nachdrücklich, daß man ihn fast als monothematisch betrachten könnte; es wird sogar in Engführungen benutzt und in der Kadenz. Zu allen Sätzen gibt es übrigens je zwei verschieden lange Originalkadenzen des Komponisten.

Pauken und Trompeten unterstreichen den festlichen Glanz des **C-Dur-Konzertes (KV 415)**, das trotz seines damals so beliebten französischen Marsch-Charakters im *Kopfsatz* alles andere als äußerlich geraten ist. Vielmehr ist gerade die Balance zwischen effektvollem Tutti-Auftrumpfen und liebevoller melodischer Detailarbeit, zwischen subtiler Klangregie und virtuoser Selbstdarstellung des Soloinstrumentes kennzeichnend für den erreichten Grad der Meisterschaft. Bereits innerhalb der Orchesterexposition gibt es über einem langen liegenden Orgelpunkt fein gewebte kontrapunktische Mehrstimmigkeit mit den Streichern und daran anschließende mehrfache imitatorische Ansätze des Hauptthemas. Die pianistische Brillanz äußert sich in reichem Passagenwerk und relativ häufigen, auch gebrochenen Oktavgängen, vor allem, in ganz ungewöhnlicher klanglicher Ballung, zu Beginn der Originalkadenz.
Die Intimität des *langsamen Satzes* wird, wie gewöhnlich in Mozarts Partituren, durch die Ausklammerung der »Lärminstrumente« Trompete und Pauke unterstrichen. Das Klavier hält Zwiesprache mit den Streichern, während die drei Bläserpaare entweder registerartig das Tutti verstärken oder Hintergrundfarben beisteuern. Hierin liegt die einzige Einschränkung gegenüber den späteren Klavierkonzerten: noch fehlen die solistischen Bläsermelismen.
Das *Rondo-Finale* folgt wieder dem französisch-modischen Geschmack der Zeit; zum springlebendigen 6/8-Ritornell kontrastiert auf das wirkungsvollste der zweimal eingeschobene melancholische c-Moll-Teil (Adagio), bei dessen variierter zweiter Wiederkehr die beiden Violinen pizzicato begleiten. Eine überraschende motivische Spielerei

beendet den Satz auf ganz unkonventionelle Weise: Das kleine unauffällige Triller-Motiv aus dem Hauptthema (b) verselbständigt sich in den Streichern ostinato-artig, während dazu das Klavier der punktierten Anfangsfigur (a) immer neue aparte Abschiedswendungen abgewinnt, und alles verhuscht im Pianissimo! Die Uraufführung fand in Anwesenheit des Kaisers und unter rauschendem Beifall in Mozarts Konzert-Akademie am 23. März 1783 statt.

Konzert Es-Dur (KV 449)

Komponiert am 9. Februar 1784. Allegro vivace, 3/4 – Andantino B-Dur, 2/4 – Allegro ma non troppo, ¢

Ein reichliches Jahr nach der ersten Wiener Dreiergruppe entstand das nächste Klavierkonzert, dessen Vollendungstag wir so genau kennen, weil Mozart gerade mit diesem Stück seinen eigenhändigen Werkkatalog begonnen hat. Aus diesem Register erfahren wir auch, daß die sparsame Bläserbesetzung (Oboen und Hörner) ad libitum sein soll, was bei diesem Konzert wesentlich einleuchtender ist als etwa bei KV 415; die Bläser treten lediglich dezent farblich abrundend in Erscheinung. Ein Uraufführungstag ist nicht gesichert, auch nicht, ob Mozart selber der Solist war oder ob seine Schülerin Barbara Ployer spielte, für die er das Werk schrieb. Sie muß jedenfalls eine brillante Virtuosin gewesen sein.

Das Es-Dur-Konzert zeigt sich als ungemein facettenreicher Mikrokosmos, reich an offenen und mehr noch an versteckten Reizen. Bereits in der Exposition des *Kopfsatzes* beginnt ansatzweise die motivisch-thematische Arbeit; das Triller-Motiv aus dem Hauptthema spielt im ganzen Satz eine überragende motivische Rolle und dominiert als gliederndes Element vor allem in der Durchführung. Schmeichelnder Gegensatz ist das terzen- und sextenselige Seitenthema, dessen kleine punktierte Überleitungsfigur

unversehens auf den langsamen Satz der großen Es-Dur-Symphonie (KV 543) vorausweist, die ebenfalls mit einem 3/4-Allegro beginnt. Und ein wenig später erklingendes energisches Tutti-Motiv deutet unmißverständlich voraus auf »Figaros Hochzeit« (Beginn des Terzetts Nr. 13

im 2. Akt, Takte 63/64 »Susanna or via sortite«). Zur Reprise zurück führt eine scheinbar undurchsichtige, chromatisch-kontrapunktische Klavierpassage, und unmittelbar vor der Kadenz rückt das Orchestertutti fast gewaltsam nach c-Moll.

Das verhaltene *Andantino* wiegt sich in sanften Synkopen und wendet sich bereits nach vier Takten nach c-Moll. Auffällig ist zur Terzenmelodie des zweiten Themas eine Zweiunddreißigstel-Begleitung in der Bratsche, die dann ins Klavier übernommen wird. Bei der späteren Wiederkehr vertauschen Solo und Tutti ihre Rollen, und das Klavier ordnet sich begleitend völlig unter.

Das *Finale* ist pianistisch ungemein anspruchsvoll, wie ein Perpetuum mobile eifrig in Achtel-Bewegungen ablaufend, wobei sein in barokker Motorik kontrapunktisch angelegtes Hauptthema bei jeder Wiederkehr variiert wird. Daher kommt es im Klavier zu recht unangenehmen Oktavenpassagen, die – ein seltener Fall bei Mozart – gar nicht »dankbar« zu spielen sind, sondern eher lästig und voller Widerhaken. Im Mittelteil wendet sich das Geschehen phasenweise nach Moll, Triolen lockern den Achtelfluß unmerklich auf. Und nach einer Dominantsept-Fermate gibt es als letzte Variante überraschend eine 6/8-Stretta. Gerade dieses vielschichtige Finale zeigt Mozarts gewachsene Souveränität im Umgang mit dem Wiener Publikumsgeschmack: Gefälligkeit ist nur mehr die Fassade für eine konsequent durchstrukturierte, ganz der eigenen Gesetzmäßigkeit gehorchende Komposition.

Konzert B-Dur (KV 450)

Komponiert am 15. März 1784 in Wien. Allegro, 4/4 – Andante Es Dur, 3/8 – Allegro, 6/8

Einen guten Monat nach dem Es-Dur-Konzert war bereits sein Schwesterwerk in B-Dur vollendet; wie jenes ist es äußerst virtuos, technisch brillant für den Solisten. Mozart nennt dieses und das folgende Werk »Concerten, welche schwizen machen« – den Spieler, versteht sich, nicht den Hörer. Das ganze Repertoire der Mozartschen Klaviertechnik ist nun ausgereift und wird in immer neuen Spielarten vorgeführt, ohne daß es sich jemals als Selbstzweck in den Vordergrund drängte. Doch etwas Entscheidendes ist neu und ganz anders als in allen Vorgänger-Konzerten: Erstmals greifen nun auch die Bläser – hier: Oboen, Fagotte und Hörner – aktiv in das melodische Geschehen ein. Gleich die ersten Takte gehören den beiden Holzbläserpaaren: Jeweils die erste Phrase der eröffnenden Periode des *Kopfsatzes* spielen sie in chromatisch durchsetzten Terzparallelen, beantwortet von den Streichern.

Und diese neugewonnene Selbständigkeit der Bläser prägt von diesem Opus an den Mozartschen Orchestersatz in unnachahmlicher Weise. Auch das nach innen gekehrte Seitenthema wird koloristisch variiert: Seine ruhigen Synkopen werden zunächst vom Streicherensemble vorgetragen, ihre Wiederholung verlagert sich dann in die Holzbläser, während sie gleichzeitig von einer biegsamen Achtellinie in den Violinen umschmeichelt werden. Das Klavier stellt sich wenig später präludierend, kadenzierend vor, bevor es seinerseits das Hauptthema aufgreift. Von nun an gibt das Klavier die Führung kaum ab, das Seitenthema wird in der zweiten Exposition überhaupt ausgespart und erst in der Reprise vom Solisten wieder aufgenommen. In der ebenfalls vom Klavier dominierten Durchführung kommt es zu reizvollen Wechselbeziehungen zwischen ihm und den solistischen Holzblasinstrumenten. Jeweils in den Schlußtakten von Exposition und Reprise erklingt ein stilisierter Jagdruf, der bereits auf das kommende Jagd-Finale vorausweist.
Ihm vorangestellt ist zunächst aber ein liedhaft schlichtes *Andante* mit einer pausendurchsetzten, zweitaktig gegliederten Melodie. Sie wird im Wechsel und im Zusammenspiel zwischen Soloinstrument und Orchester durch umspielendes Figurenwerk, in der Art von Cantus-firmus-Variationen, verändert; in zwei Variationen werden die einzelnen Liedzeilen jeweils zweimal verschieden variiert. Dabei kommt es zu aparten Farbwirkungen, etwa wenn das Orchester pizzicato begleitet und die Oboen über den auszierenden Tongirlanden des Klaviers die Melodie aussingen.
Im *Finale* gesellt sich überraschend noch eine Flöte zu den Bläsern. Der Satz wird von stilisierten Jagdsignalen und -rufen durchzogen. Äußerlich betrachtet ist er eine modische Jagdmusik, an der das verwöhnte Wiener Publikum seine besondere Freude gehabt haben dürfte. Das Hauptthema wird vom Solisten über dezenter Orchesterbegleitung vorgestellt; das nachfolgende Tutti fügt ihm sogleich im Unisono einen zweiten Jagdhornruf an. Insgesamt aber erschöpft sich der temperamentvolle und zugleich duftig zarte Satz keineswegs in naturalistischer Jagdprogrammatik, sondern entfaltet Spielwitz, Virtuosität und in rei-

chem Maße Originalität. Besonders originell ist die Rückführung zur »Reprise«: Flöte, Oboe und Klavier werfen sich das im verspielten Wechsel abspringende Sextmotiv aus dem Hauptthema zu, wobei es auch zur Quinte und zum Tritonus changiert. Die coda-artigen Schlußtakte spielen im Pianissimo mit romantisch aus der Ferne klingenden Hornrufen. Auch die Form des Satzes ist spielerisch variiert: sein Hauptthema kündigt ein Rondo an, und die Rondoform bildet auch die Basis, sie wird jedoch durch Sonatensatzelemente angereichert, vor allem im durchführungsähnlichen Mittelteil.

Konzert D-Dur (KV 451)

Komponiert im Frühjahr 1784. Allegro assai, 4/4 – Andante G-Dur, 4/4 – Allegro di molto, 2/4

Das D-Dur-Konzert ist von seinen unmittelbaren Vorgängern so verschieden wie nur möglich, was sich bereits in der vergrößerten Orchesterbesetzung ankündigt: Flöte (auch im ersten Satz), Trompeten und Pauken runden das Klangbild ab und bereichern es um vielfältige Farbnuancen. Zugleich fällt vor allem in den beiden Ecksätzen der gleichsam »offiziellere«, man könnte auch sagen: unpersönlichere Tonfall auf. Das symphonische Gewicht gerade des marschartigen *Kopfsatzes* ist unüberhörbar, das Orchester trumpft mit Pauken und Trompeten auf, die dynamischen Gegensätze sind groß, und es kommt zu immer neuen, motivisch sich auftürmenden Steigerungen: die thematische Erfindung basiert auffällig auf den Elementen von Tonleiter und Dreiklang, man vermißt ein wenig die sonst gewohnten persönlichen Zwischentöne: Dies ist die andere, eher nach außen gewandte, repräsentative Seite des Komponisten.

Hier bildet das rondoartig angelegte *Andante* einen notwendigen Gegenpol; Mozart läßt die gerade erst im vorigen Konzert neu gewonnene Selbständigkeit der Holzbläserfarben aufblühen, vor allem im zarten Dialog mit dem Soloklavier. Viermal wiederholt sich gleich zu Beginn das Terzenthema mit seinen chromatischen Zwischentönen, jeweils verschiedenfarbig und dynamisch abgestuft. Mitten im Satz (Takt 56 ff.) ist eine authentische Auszierungsvariante des Klavierparts überliefert, die Mozart auf Bitten seiner Schwester einfügte. Diese Stelle ist ein kostbares Dokument für die Improvisationspraxis des Komponisten, wenn er seine eigenen Klavierwerke aufführte, eine Anleitung für uns Heutige, wie ähnliche, im Grunde nur skizzenhaft notierte Passagen wohl mit aller Behutsamkeit auszuführen wären. Der Satz klingt in

einer langen Coda aus, in der sich noch einmal die Holzbläser und Hörner mit dem Klavier verbinden.
Das *Final-Rondo* kehrt wieder zum eher offiziellen Tonfall des Anfangs zurück, mit einem volkstümlich naiven Dreiklangthema, angereichert mit einer gehörigen Dosis Spielwitz und Virtuosität und mit einer Prise Humor. Ein durchführungsähnlicher Mittelteil führt in entlegenere harmonische Regionen. Nach der originalen, taktweise sogar kontrapunktisch ernsthaften Kadenz kippt das Hauptthema um in einen lebenslustigen 3/8-Ausklang.

Konzert G-Dur (KV 453)

Komponiert im April 1784. Allegro, 4/4 – Andante C-Dur, 3/4 – Allegretto, ¢

Das G-Dur-Konzert schrieb Mozart, wie bereits KV 449, für seine begabte Schülerin Barbara Ployer. Man tut allen bisher komponierten Klavierkonzerten gewiß nicht Unrecht, wenn man es das bedeutendste unter ihnen nennt: nun ist die Synthese zwischen »galant« und »gelehrt« perfekt und mühelos; die Balance zwischen Soloinstrument und Orchester einerseits, zwischen Streichern und Bläsern andererseits ist ebenso vollkommen, und auch das Gegenüber von Virtuosität und intimer Ausdruckskraft verschmilzt nahtlos zu neuer, höherer Einheit. Wollte man dennoch einen Zug dieses Meisterwerkes besonders hervorheben, dann sicher die Behandlung der Holzbläserstimmen, die zu einer ungeahnten Leuchtkraft und Farbigkeit des Orchestersatzes führt. Streckenweise nimmt die Partitur fast den Charakter einer Sinfonia concertante für Flöte, Oboe und Fagott an. Andererseits – und auch das ist neu in dieser Konsequenz – ist die Nähe zur Oper, besser: zur Opera buffa mit allen ihren menschlichen, erst seit Mozart bekannten Zwischentönen, ständig spürbar. So ist dieses Konzert fast so etwas wie eine musikalische Bilanz des nunmehr Achtundzwanzigjährigen: Seht her, das alles bin ich, so vielseitig ist meine Musik jetzt!
Der Marschrhythmus, mit dem der *Kopfsatz* einsetzt, ist der gleiche wie in KV 451. Hier aber spielen ihn die ersten Geigen allein und führen ihn sogleich zu einer innigen, vorhaltreichen Melodie weiter. Von derselben eindringlichen Innigkeit sind auch alle weiteren Einfälle des Satzes geprägt. Das überraschende Ausweichen zur Subdominante bereits im vierten Takt weist darüber hinaus auf die zahllosen harmonischen Feinheiten und entlegenen Modulationen (vor allem in der Durchführung), die gemeinsam mit der instrumentalen Farbigkeit den eigenen Reiz dieser Musik ausmachen. Die Virtuosität

des Soloparts wirkt in diesem Konzert eher dezent zurückgenommen, wie ein »Understatement«, denn an Schwierigkeit steht die Klavierstimme dem Vorgänger KV 451 gewiß nicht nach. Nur: das Repräsentativ-Offizielle ist hier ganz zurückgedrängt zugunsten der beredten musikalischen Mitteilung.

Das *Andante* ist ein zartes Kabinett-Stück für Klavier und obligate Solobläser über dem weichen Klanggrund der Streicher. Sein sehr persönliches Anfangsthema

wirkt wie eine offene Frage und wird im Laufe des Satzes immer wieder neu weitergeführt und beantwortet. Sein zweites Thema changiert geheimnisvoll zwischen Dur und Moll. Immer wieder führen Episoden in abseitige harmonische Bereiche (Gis-Dur!) und auch in unvermutete Stimmungsabgründe wie das d-Moll-Solo des Klaviers (Takt 69). Geheimnisvoll bleibt auch die formale Basis, die Elemente des Sonatensatzes mit Rondo-Assoziationen unlösbar verknüpft.

Im *Finale* steigert sich dann die ungetrübte Heiterkeit in immer größere Spiellaune. Ein mit zahllosen kleinen Vorschlägen daherhüpfendes Liedthema wird spielerischen Variationen unterzogen, es erinnert an Papagenos Auftrittslied aus der »Zauberflöte«. Überraschend ist dann der unvermutet angehängte Schlußteil, der von Mozart »Finale, Presto« überschrieben ist und in der Tat wie ein turbulentes Opernfinale anmutet: wie das glückliche Ende einer Opera buffa voll menschlicher Schwächen und Leidenschaften. Auch sein Thema ist neu, doch bleibt am Ende noch Platz für die hingehuschte Variationenmelodie. Bemerkenswerterweise verzichtet Mozart in diesem Satz auf eine Solo-Kadenz – es ist alles auch so schon gesagt!

Konzert B-Dur (KV 456)

Komponiert im September 1784. Allegro vivace, 4/4 – Andante un poco sostenuto, g-Moll, 2/4 – Allegro vivace, 6/8

Das »Jahr der Klavierkonzerte« 1784 bescherte nach mehrmonatiger Pause noch zwei weitere Meisterwerke; im September entstand zunächst das B-Dur-Konzert KV 456. Mozart war zu jener Zeit der bekannteste und gefeiertste Klavierspieler Wiens und zollte seinem jungen Ruhm komponierend und spielend in atemberaubendem Umfang

Tribut. Alle Konzerte dieser Zeit sind aber zugleich in höchstem Maße persönlich gefärbte Werke, die allmählich den Wiener Modeströmungen der Zeit nur mehr beiläufig nachkommen. Die Gewichte haben sich nun dergestalt zugunsten des Komponisten Mozart verschoben, daß er mitbestimmen kann, was gefällt. Insofern ist das kleine Marschmotiv, das die drei Klavierkonzerte KV 451, 453 und 456 mottoartig miteinander verbindet und das auch im nächsten (KV 459) wiederkehren wird, nichts als eine kleine artige Verbeugung vor der Mode; jedesmal wendet Mozart es dann in eine neue originelle Richtung. Diesmal, im *Kopfsatz* von KV 456, scheint tatsächlich ein Marsch, so wie wenig später in »Figaros Hochzeit«, zu beginnen. Doch bereits im vierten Takt fängt die individuelle Melodik zu strömen an. Und wieder finden wir uns viel eher in der Welt der Opera buffa wieder. Auch das Seitenthema mit seinem zweimaligen Doppelschlag zu Beginn verläßt die Sphäre des Heiteren nicht, nur die wenigen Takte mit ihren gezogenen Bläsersynkopen unmittelbar davor trüben sich nach Moll ein. Ein fanfarenartig keckes Rhythmus-Motiv aus der Schlußgruppe treibt dann noch weite Teile der Durchführung an ().

Wie im anderen B-Dur-Klavierkonzert KV 450 ist auch dieses *Andante* (un poco sostenuto) ein Variationensatz, diesmal im selteneren Moll, wobei das g-Moll ein wenig in der Stimmung von den berühmten g-Moll-Verwandten (Symphonie KV 550 z. B.) abweicht: Man glaubt, bei aller Melancholie, doch jenes Quentchen Ironie herauszuhören, das Mozart später auch der Barbarina in ihrer Klage über die verlorene Nadel (»Figaros Hochzeit« IV,1) zuteil werden läßt. Im Verlauf der Variationen kommt es sowohl zu orchestraler Dramatik mit auffahrenden Tonleitern und trotzigen Rhythmen im Orchester wie zu einer lichten Bläserpassage im gleichnamigen Dur (maggiore). In der Coda (Takt 186) verdichten sich motivische Bestandteile des Themas einmal zu einer fremdartigen, chromatisch getönten Taktfolge, in der die Musik gleichsam steckenzubleiben scheint.

Das *Finale* erinnert in seiner 6/8-Lebhaftigkeit ebenfalls an KV 450, doch ist der modische Charakter einer »Jagdmusik« hier auf das unerläßliche Minimum zurückgedrängt; eine der Rondo-Episoden stellt in Klavier und Orchester abwechselnd 2/4- und 6/8-Bewegungen einander gegenüber (h-Moll, Takt 171 ff.).

Konzert F-Dur (KV 459, »2. Krönungskonzert«)

Komponiert im Dezember 1784. Allegro, ¢ – Allegretto C-Dur, 6/8 – Allegro assai, 2/4

Das F-Dur-Konzert ist das letzte von sechs Schwesterwerken aus dem erfolgreichen Wiener Konzertjahr 1784. Mozart schrieb es im Dezember für seine eigene Advents-Akademie, und es ist sehr wahrscheinlich, daß er es auch 1790 in Frankfurt (anläßlich der Kaiserkrönung Leopolds II.) neben dem anderen sogenannten »Krönungskonzert« KV 537 aufführte. Wieder setzt der *Kopfsatz* mit jenem charakteristischen Marschmotiv ein (vgl. KV 451, 453 und 456),

es ist faszinierend zu beobachten, wie Mozart ihm in jedem Konzert andere Fortsetzungen folgen läßt und welche Rolle er ihm im Laufe des Satzes jeweils zugesteht. Hier nun gelingt ihm ein Kunststück: Er läßt den Marschrhythmus den ganzen ersten Satz motivisch beherrschen und vermeidet dabei doch jede Andeutung eines martialischen Charakters. Nicht unbeteiligt daran ist die ausdrückliche Alla-breve-Vorschrift, die gerade durch ihre halbtaktige Schwerpunktsetzung stereotypes Marschieren vermeiden hilft, obwohl das Tempo keineswegs übermäßig schnell gewählt werden muß. In der Exposition des Orchesters erklingt eine Fülle thematischer Einfälle, unter ihnen ein in (Holzbläser-)Triolen und (Streicher-)Achteln gleichzeitig sich wiegendes Thema. Dem Soloklavier bleiben dann weitere Gedanken für seine eigene zweite Exposition vorbehalten, unter ihnen das eigentliche Seitenthema mit seiner subtilen Klangaufteilung zwischen Streichern und Holzbläsern (Takt 131 ff.). Die Durchführung wird abschnittweise durch markante modulierende Einsätze des Marschmotivs gegliedert; ihm setzt das Klavier eine triolische Spielfigur entgegen, die auf den Mittelteil der Romanze des nächsten Klavierkonzertes (d-Moll, KV 466) vorausweist.

Das *Allegretto*, also ausnahmsweise kein Andante, verbreitet Wohllaut im Gewande berückendster Farbmischungen zwischen Holzbläsern, Streichern und Klavier. Bemerkenswert ist das ausdrücklich vorgeschriebene Crescendo im Kopfmotiv des Hauptthemas – eine Seltenheit bei Mozart. Die imitatorische Kombination der Bläserlinien weist unverkennbar voraus auf Susannas »Rosen-Arie« in »Figaros Hochzeit« (IV,8), die im gleichen Metrum steht. Der Mittelteil weicht nach

g-Moll aus, jedoch nicht als heftiger Stimmungskontrast, sondern als wehmütige Nuance einer ansonsten ungetrübten, verinnerlichten Heiterkeit.
Den äußerlichen, spielerisch-fröhlichen Kontrapunkt setzt dann im Wortsinn das *Final-Rondo*, dessen ausgelassenes Thema kaum die polyphonen Verknüpfungen ahnen läßt, die ihm sogleich, mit einem eigens dafür vorbehaltenen Thema, folgen sollen. Immer wieder, wenn ihm das Soloklavier Gelegenheit läßt, weicht das Orchester in imitatorische Ernsthaftigkeit aus, vor allem im durchführungsartigen Mittelteil. Wir erkennen hier eine deutliche Vorahnung jenes Symphonie-Finales (KV 551), in dem Mozart die perfekte Synthese von Homophonie und Polyphonie gelingen wird. Es ist verblüffend, mit welcher selbstverständlichen Leichtigkeit das Soloklavier nach der dichtesten und angestrengtesten Kontrapunktik des Orchesters (Takt 288 ff.) wieder die Spielführung übernimmt. Übermütig, im neckischen Frage-Antwort-Spiel der Partner klingt das turbulente Geschehen aus.

Konzert d-Moll (KV 466)

Vollendet am 10. Februar 1785. Allegro, 4/4 – Romanze B-Dur, ¢ – Rondo: Allegro assai, ¢

Etwa zwei Monate nach KV 459 folgt bereits das nächste Klavierkonzert – und wenn man damit nicht den meisten Schwesterwerken Unrecht täte, dann möchte man es spontan das bedeutendste, zumindest aber das persönlichste nennen. Auf jeden Fall ist es Mozarts erstes Klavierkonzert in Moll, und es reiht sich würdig und gleichrangig neben seine »späten« Moll-Schöpfungen ein. Durch seine individuelle Leidenschaftlichkeit und vielfarbige Ausdruckskraft wurde es zugleich zum Liebling des 19. Jahrhunderts, dem verständlicherweise die nächtlichen Moll-Töne bei Mozart näher lagen als seine in unbegreiflicher klassischer Klarheit leuchtenden Dur-Werke mit ihren dezenten Zwischentönen. Dennoch wäre nichts falscher als die klischeehafte Einordnung gerade dieses Konzertes als eines Vorläufers und Wegbereiters von Beethovens Konzerten; sie würde den Blick auf die Mozart eigenen Schönheiten verstellen, die es zu einem Werk ganz eigenen vollendeten Zuschnitts machen: zu einem Werk, das eben nicht weitergedacht werden, nicht Vorstufe sein kann. Die nächtliche, dramatische Seite Mozarts ist, statistisch gesehen, lediglich ein Sonderfall in seinem Schaffen, an Bedeutung ist sie integraler Bestandteil seiner Persönlichkeit. Vielleicht wagte sich Mozart gerade so selten an Moll, weil er die ver-

zehrende Ausdrucksintensität richtig einschätzte und deshalb eine Notwendigkeit zur Dosierung verspürte? Die Schatten des »Don Giovanni« (1787), dessen jenseitige Anteile in der gleichen Grundtonart stehen, gehören von nun an zu Mozarts Tonfall. Damit aber begann zugleich sein Abstieg vom Gipfel des äußeren, gesellschaftlichen Erfolges als gefeierter Komponistenliebling der verwöhnten Wiener Gesellschaft: Man fühlte sich auf einmal zu direkt, zu persönlich angesprochen, war irritiert wegen der sich auftuenden seelischen Abgründe in der Musik, und man begann sich anderen Göttern zuzuwenden.
Geheimnisvoll ist bereits die Thematik des *Kopfsatzes*, dessen synkopisch verschobenem Haupteinfall jenes Ur-Motiv in den Bässen unterlegt wird, das dann u. a. auch die »Jupiter-Symphonie« prägen sollte.

Das zweite, dualistisch auf die Holzbläser verteilte Thema steht bereits im parallelen F-Dur, doch es bleibt Dur-Episode im düsteren d-Moll-Tutti. Seine Achtel-Fortführung wird im weiteren Verlauf ausnahmslos vom Klavier übernommen. Völlig überraschend beginnt das Soloklavier dann seine Exposition mit einem eigenen Thema, das im ganzen Satz ausschließlich dem Klavier vorbehalten bleibt und dessen expressive Deklamatorik vor allem in der Durchführung in immer neuen Varianten zur Geltung kommt.
Die abgeklärt in sich ruhende periodische Melodik der *Romanze* verheißt Frieden und innere Ruhe. Doch die unvermittelt hereinbrechende g-Moll-Dramatik des Mittelteils entlarvt sie als trügerisch. In unruhigem Kontrast stehen die auf- und abfahrenden triolischen Klavierfiguren den melodisch führenden Bläserlinien gegenüber; die Streicher beschränken sich auf wenige markierende Akkorde. Ein unmerklich auskomponiertes Ritardando führt zur melodischen Ruhe des Anfangs zurück; eine Coda läßt den Satz friedlich in B-Dur ausklingen.
Das wild auffahrende *Rondo*-Thema des Finalsatzes zeigt Verwandtschaft zum Finale der großen g-Moll-Symphonie (KV 550), und es wird, nach seiner solistischen Präsentation im Klavier, sogleich im Orchester-Tutti mit großem Ernst kontrapunktisch verarbeitet. Überraschend endet der Satz nach der Kadenz in einer ausgedehnten versöhnlichen Dur-Coda, in der gegen Ende immer deutlicher ein kleines

sieghaftes Trompeten-Signal triumphiert – ein versöhnliches Augenzwinkern des Komponisten nach soviel unerbittlicher Dramatik und Leidenschaft, vielleicht eine kleine (relativierende) Geste ans Publikum?

Übrigens schrieb Beethoven zu diesem Konzert zwei ungemein originelle Kadenzen, die sich ganz dem Stil anpassen und doch die eigene Handschrift nicht verleugnen. Ihre einfühlsame Genialität kann man besonders gut begreifen, wenn man sie mit den ebenfalls überlieferten biederen Kadenzen von Johann Nepomuk Hummel (1778–1837) vergleicht. Mozarts eigene Kadenzen zu KV 466 sind nicht erhalten.

Konzert C-Dur (KV 467)

Komponiert am 9. März 1785. Allegro, 4/4 – Andante F-Dur, ¢ – Allegro vivace assai, 2/4

Betrachtet man die enge Aufeinanderfolge der Klavierkonzerte, so verblüfft vor allem die unerschöpfliche Vielfältigkeit des Ausdrucks: Es ist kaum ein größerer Gegensatz denkbar als zwischen dem d-Moll- und dem C-Dur-Werk! Und vielleicht ist es noch erstaunlicher, daß bei aller Unterschiedlichkeit der Charaktere eben gerade kein Wertgefälle entsteht – es ist gewiß kein Zufall, daß auch das C-Dur-Konzert zu Mozarts populärsten Konzertschöpfungen gehört.

Sein *Kopfsatz* kehrt zum beliebten Marschduktus zurück, in geheimnisvollem Piano-Unisono einsetzend und sogleich mit allem Tutti-Pomp im strahlenden Forte weitergeführt. Alfred Einstein wies mit Recht auf die »großartige Gegenmelodie« hin, die hier dem Hauptthema entgegengestellt wird:

Orchester- und Solo-Exposition weichen diesmal beachtlich weit voneinander ab. So gibt es eigentlich zwei unterschiedliche Seitenthemen: zunächst über tiefen pochenden Streicher-Vierteln einen Bläsereinfall, der von Hörnern und Trompeten fanfarenartig eingeleitet und vom Holz feinziseliert weitergeführt wird (Takt 28 ff.); das Klavier bringt

dann sein eigenes inniges, schlichtes Gegenthema (Takt 128) in schmeichelnden Achtel-Abstiegen. Und wenige Takte zuvor führt das Soloinstrument uns in eine überraschende g-Moll-Episode, die überdies auch noch motivisch in direktem Bezug zur späteren g-Moll-Symphonie (KV 550) steht – ein rätselhafter Gefühlseinbruch, der später an keiner Stelle im Satz wieder aufgegriffen wird. Über beide Expositionen sind noch weitere melodische Einfälle verteilt, so daß gerade an diesem Satz die ganze Fragwürdigkeit schematischer Sonatensatzanalyse mit herkömmlicher Suche nach (nur) zwei Themen erkennbar wird. Der erste Einsatz des Solisten geschieht übrigens fast beiläufig, wie improvisierend und auf einer Fermate verweilend. Das eigentliche Hauptthema wird sodann vom Klavier ausgespart und unter einem Dominanttriller dem Orchester überlassen. Die Durchführung schreitet entlegene harmonische Bezirke ab und streift gelegentlich auch Moll, »eins der schönsten Beispiele für Mozarts irisierende Harmonik, für die Weite des Bezirks, den die Tonart C-Dur für ihn umfaßte« (Alfred Einstein).
Das Alla-breve-*Andante* breitet mit solistischen Holzbläsern und gedämpften Streichern über gezupften Bässen die geheimnisvoll nächtliche Stimmung des letzten »Figaro«-Aktes aus, voll chromatischer Zwischentöne vor vibrierender Triolengrundierung. – Auch die Melodik des spielerisch-virtuosen *Schlußsatzes* ist chromatisch gefärbt und dabei von überraschender Ökonomie der thematischen Einfälle geprägt, als logischer Kontrast zur Gedankenfülle des Eingangs-Allegros. Die Form belegt Mozarts Souveränität im Umgang mit Strukturfragen: Die Rondo-Basis ist phantasievoll ausgeweitet und mit Merkmalen des Sonatensatzes bereichert (zweites Thema, Durchführungsansätze). Da Mozart das Konzert für eine eigene Akademie schrieb (am 10. März 1785 im k.u.k. National-Hof-Theater) ist am Notentext der Klavierstimme manches skizzenhaft geblieben und bedarf der behutsamen Ergänzung durch den Solisten, der in diesem Fall deshalb auch keine originalen Kadenzen und »Eingänge« (bei den Fermaten) findet.

Konzert Es-Dur (KV 482)

Komponiert im Dezember 1785. Allegro, 4/4 – Andante c-Moll, 3/8 – Allegro, 6/8

Das »große« Es-Dur-Konzert entstand während Mozarts Arbeit an »Figaros Hochzeit«, als erstes einer Gruppe von drei Klavierkonzerten (KV 482, 488, 491), die zwischen Dezember und März 1785/86 datiert sind. Die Uraufführung fand vielleicht am 23. Dezember in Wien statt,

das Datum ist nur annähernd gesichert durch biographische Indizien. Auf den konzertanten Eigenbedarf des Komponisten deuten wiederum skizzenhafte Passagen im ersten und dritten Satz, die Mozart so »kahl«, wie sie in der Partitur notiert sind, kaum gespielt haben dürfte.
Zum ersten Mal erscheinen nun (anstelle der Oboen) die Klarinetten im Orchester, und sie werden auch sogleich auf höchst charakteristische Weise eingesetzt. Sie färben die Palette so unverwechselbar wie in anderen, späteren Es-Dur-Werken, etwa der drittletzten Symphonie (KV 543). Zugleich handelt es sich auch vom Tonfall und vom Gesamtcharakter her um ein »typisches« Es-Dur-Werk aus der Feder Mozarts, in seiner Mischung aus Festlichkeit und Intimität, wie sie umweglos und gleichsam leitmotivartig in den ersten Takten anklingt: Drei Takten Tutti-Fanfare folgt unmittelbar die zurückgenommene Zwiesprache der Bläser. Über beide Expositionen ist wieder, wie in KV 467, eine Fülle von Themen ausgebreitet; auch hier gibt es, genaugenommen, zwei Seitenthemen, nämlich das des Orchesters (Takt 50) und ein aus dem Tonleiter-Aufstieg gewonnenes des Klaviers (Takt 152 ff.). Erst in der Reprise wird auch das erste Thema vom Klavier übernommen und dem zweiten vorangestellt. Zwischen die beiden Expositionen schiebt sich eine eigenständige melodische Klavierpassage. Die Durchführung ist, gemessen an Gewicht und Vielseitigkeit der Rahmenteile, relativ unaufwendig; sie knüpft an ein kleines Tonleitermotiv oder besser: an dessen drei kadenzierende Abschlußakkorde (Takt 213) an und beschränkt sich im wesentlichen auf pianistisches Figurenwerk, das mit zarten Bläser-Akkordbrechungen korrespondiert.
Das *Andante*, einer der wenigen Moll-Sätze Mozarts, wird zum verinnerlichten Mittelpunkt. Es ist ein ungewöhnlich ablaufender Variationensatz, dessen 32taktiges, dreiteilig gegliedertes Liedthema zunächst von den gedämpften Streichern allein vorgestellt wird. Nach der ersten Solo-Variation des Klaviers fühlt man sich unversehens in ein Bläserdivertimento versetzt, so homogen und selbständig sind Flöten, Klarinetten, Fagotte und Hörner geführt. Dieser Es-Dur-Episode folgt wiederum eine streicherbegleitete Klavier-Variation, und der anschließende Teil klingt auf einmal wie ein Ausschnitt aus einer Sinfonia concertante für Soloflöte und Fagott. Dieser und der Es-Dur-Bläserabschnitt sind bei genauer Betrachtung keine Variationen, sondern melodisch eigenständige Zwischenspiele, so daß die Variationenreihe ein zweiter formaler Aspekt zu überlagern scheint: der einer liedförmigen Reihung im angenäherten Rondo-Ablauf. Trotzige c-Moll-Dramatik verbindet sodann alle Instrumentengruppen mit

dem Klavier, bevor der Satz codaartig in zarten Zweiunddreißigstel-Figurationen verklingt.
Das virtuose *Rondo-Finale* folgt äußerlich wieder einmal dem beliebten Muster der Jagdmusiken, im behenden 6/8-Metrum und mit einem unbeschwerten Ritornell-Thema.

Doch auch dieser Satz birgt Überraschungen: Einem historisierenden Rückgriff gleich ist sein Mittelteil ein menuettartiger As-Dur-Einschub (Andantino cantabile), in dem die von den Klarinetten angeführten Bläser mit dem Soloklavier alternieren und an dessen Ende zart nachklappende Akkordbrechungen des Klaviers mit dem Streicher-Pizzicato verschmelzen.
Nach dem so kompromißlos individuellen d-Moll-Konzert erscheint dieses Werk in seinen Ecksätzen wie eine versöhnliche Geste an das Wiener Konzertpublikum, doch ohne auch nur im mindesten den Eindruck von geschmacklicher Konzession zu erwecken. Es spricht indessen für die Aufgeschlossenheit des Publikums in Mozarts Akademie, daß es sich bei der Uraufführung spontan die Wiederholung des ausdrucksstarken Mittelsatzes erklatschte.

Konzert A-Dur (KV 488)

Komponiert Anfang März 1786. Allegro, 4/4 – Adagio fis-Moll, 6/8 – Allegro assai, ¢

Auch das A-Dur-Konzert läßt nicht den leisesten Hauch von Konzession spüren, obwohl es doch eines der eingängigsten und einprägsamsten unter allen Mozart-Konzerten geworden ist. Anders als im vorangehenden festlich-strahlenden Es-Dur-Werk verzichtet Mozart auf alle »Lärminstrumente« (Trompeten und Pauken) und dokumentiert so bereits durch die Instrumentenauswahl den intimeren Charakter der Komposition. Zugleich sichert er sich zum zweitenmal die wärmere Klangfarbe des Klarinettenpaares, das er (wie in KV 482) den Oboen vorzieht.
Der *Kopfsatz* ist ein Musterbeispiel klassischer Ausgewogenheit: Alle melodischen und strukturellen Elemente scheinen wie nie zuvor in ausgeglichenen Proportionen aufeinander bezogen, auch die konzertanten Ansprüche an den Solisten ordnen sich unmerklich, wie selbstverständlich, dem musikalischen Ablauf unter. Das Hauptthema

zeigt unüberhörbare Verwandtschaft mit dem Anfang von Mozarts letztem Klavierkonzert (KV 595) und auch mit dem ebenfalls in A-Dur stehenden Klarinettenquintett. Nach seiner Vorstellung durch die Streicher wiederholen es sogleich die Bläser, dann nehmen die beiden Expositionen des Orchesters und des Solisten einen ungewöhnlich »normalen« Verlauf, ohne formale Abweichungen oder gar Experimente: Das deklamierende Seitenthema wird in aller Regelmäßigkeit erst vom Orchester und später vom Klavier präsentiert, und auch der erste Einsatz des Solisten erfolgt umweglos mit dem Hauptthema. Die Durchführung kommt ganz ohne äußerlichen Tutti-Glanz aus und nimmt einen fast kammermusikalischen Verlauf. An ihrem Beginn steht ein neuer melodischer Gedanke, den die Streicher zunächst allein in angedeuteter Polyphonie vortragen und der dann unauffällig den ganzen Mittelteil durchzieht.

Die zarte, holzbläserbetonte Klangpoesie des Allegros kennzeichnet auch den langsamen *Mittelsatz*, der im seltenen fis-Moll steht und dessen schmerzlich zartes Thema ein ⁶⁄₈-Siciliano ist. Ungewöhnlich ist die betonte Verlangsamung des Pulsschlages zum Adagio – ein weiterer nachdrücklicher Hinweis auf den seelischen Tiefgang dieser Trauermusik. So kompromißlos wie hier hat Mozart sich selten zur Musik als einem Ausdrucksträger bekannt, und man kann nur rätseln, wie diese Klänge vom Wiener Publikum aufgenommen worden sein mögen. Die Form ist dreiteilig; der Mittelteil mit seinen wehmütigen Bläserterzen weicht nach A-Dur aus, doch leiten Reprise und Coda endgültig in die fis-Moll-Abgründe zurück.

Wieder in diesseitige ungebrochene Heiterkeit führt das *Schluß-Rondo*, das einen ähnlichen Verlauf nimmt wie das Finale des d-Moll-Konzertes (KV 466), doch aus einer anderen, ungetrübt optimistischen Welt zu stammen scheint. An melodischem Einfallsreichtum und klanglicher Ausgewogenheit ist es das Pendant zum Kopfsatz, doch mit einem Plus an virtuoser Spielfreude. Auch kurze Ausflüge in Moll-Regionen und sparsame Durchführungsansätze trüben nicht den Eindruck beschwingter, doch gebändigter Daseinsfreude. Auf eine die Virtuosität herauskehrende Kadenz verzichtet Mozart hier erstmals ganz; zum ersten Satz hat sich eine Originalkadenz erhalten.

Konzert c-Moll (KV 491)

Vollendet am 24. März 1786. Allegro, ¾ – Larghetto Es-Dur, 4/4 – Allegretto, ¢

Nur ein reichliches Jahr nach dem d-Moll-Konzert (KV 466) entstand das in c-Moll; beide gemeinsam umschließen den ganzen Kosmos Mozartscher Ausdrucksfähigkeit und widerlegen das Vorurteil vom ewig heiteren Rokoko-Komponisten auf das nachdrücklichste. Wie weggewischt sind alle gesellschaftlichen Konventionen des Wiener Konzertlebens – Trauer, Pathos und Leidenschaft beherrschen die Musik. Das c-Moll-Konzert erscheint als der düstere Gegenentwurf zur Oper »Figaros Hochzeit«, die in diesen Tagen ebenfalls vollendet wurde.

Im ungewöhnlichen Dreiertakt und in leisem Unisono setzt das Orchester ein,

bevor es im Tutti mit seinem ganzen symphonischen Gewicht auftrumpft, das unheimliche Thema mit seinen expressiven Intervallen überhöht, wiederholt und weiter- oder besser: durchführt. Die ganze Orchesterexposition ist motivisch ungemein dicht gearbeitet, alle Gedanken scheinen sich aus einem gemeinsamen Keim heraus zu entwickeln, der in der Linie des Hauptthemas verborgen ist (Klammer im Notenbeispiel).

Das Orchester ist hier erstmals zur vollen klassischen Stärke angewachsen, also mit Oboen und Klarinetten, zu jener Standardbesetzung, die dann auch für Beethoven Gültigkeit haben sollte. Und alle Instrumente sind gleichberechtigt am musikalischen Geschehen beteiligt. Die Seitenthemen in beiden Expositionen ordnen sich dem Hauptthema auffällig unter; und wie im d-Moll-Konzert beginnt der Solist seine Exposition mit einer eigenständigen, melodisch-beredten Phrase, bevor das erste Thema wiederkehrt; sie eröffnet später auch die Durchführung. Symphonisches und konzertantes Prinzip halten einander in zuvor nicht erreichter Ausgewogenheit die Balance; alle zweifellos vorhandenen virtuosen Ansprüche treten in den Hintergrund.

Wirkte das Orchester im Kopfsatz eher als geschlossenes mächtiges Ganzes, so beginnen im *Larghetto* die individuellen Holzbläserfarben zu leuchten. Dabei werden gerade die Oboen- und Klarinettenpaare auf höchst unterschiedliche und jeweils charakteristische Weise eingesetzt. Wie ein schlichtes, innig verklärtes Lied tragen Klavier und Orchester zunächst die dreiteilige Hauptmelodie vor. Darauf folgt, angeführt von den Oboen, eine erste Episode in c-Moll. Bevor sich ihr eine zweite in weichen Klarinettenterzen anschließt, klingt kurz, wie eine Erinnerung, das Anfangsritornell auf. Seine abschließende ausführliche Wiederkehr mit Coda rundet die Form unmerklich rondoartig ab.

Alfred Einstein nannte das *Finale* einen »revolutionären, unheimlichen Geschwindmarsch«. Sein fatalistisches Moll-Thema wird zunächst vom Orchester allein vorgestellt, und dann beginnt eine Reihe von Variationen, die phantasievoll die unterschiedlichsten Ausdrucksregionen ausloten; zum Teil sind sie als Doppelvariationen angelegt, im Wechsel zwischen Solo und Orchester. Die weitgespannte Ausdrucksskala bewegt sich zwischen spielerischen Figurationen (Variation 2), mächtigem pathetischem Auftrumpfen (Variation 3) und unschuldig heiteren Dur-Lichtblicken nach Bläserserenadenart (Variation 4), polyphoner Vielschichtigkeit und Akkordik (Variation 5) und fast zärtlichen C-Dur-Klängen (Variation 6). Doch die c-Moll-Düsterkeit kehrt schließlich unerbittlich zurück, noch bevor das Metrum in eine nur scheinbar spielerische 6/8-Bewegung umschlägt, als keineswegs versöhnliche heitere Stretta: Anders als im d-Moll-Konzert bleibt die Musik kompromißlos bei Moll. Beethoven nahm Jahre später dieses Werk erkennbar zum Vorbild seines eigenen (dritten) c-Moll-Konzertes (op. 37).

Konzert C-Dur (KV 503)

Komponiert am 14. Dezember 1786. Allegro maestoso, 4/4 – Andante F-Dur, 3/4 – Allegretto, 2/4

Die große Serie der Wiener Klavierkonzerte endet vorerst mit diesem C-Dur-Werk. Mozarts erfolgreiche Zeit als Klaviervirtuose ging zu Ende, es bestand kein Bedarf mehr an neuen Konzerten für den eigenen Gebrauch – so profan sind die Gründe für das (vorläufige) Ende der Gattung in seinem Lebenswerk! Dieses Konzert führt in aller Vielseitigkeit die Ausdrucksweite der Tonart vor, wie sie uns bereits in KV 467 begegnet ist. Anders als im c-Moll-Konzert (KV 491) fehlen nun wieder – sehr bewußt! – die Klarinetten. In großartiger Tutti-Festlichkeit wird gleich zu Beginn strahlendes C-Dur ausgebreitet, in einer fast unthematischen Einleitung des großen Orchesters. Erst allmählich fächern sich die Instrumentengruppen auf, und es kristallisiert sich ein zunächst fünftöniges, später dann auf vier Töne reduziertes Motiv heraus, das weite Strecken des ganzen Kopfsatzes beherrschen wird (Takt 18 ff.).

Es ist das gleiche Vier-Noten-Motiv, das dann später durch Beethovens »Fünfte Symphonie« zu so großer Popularität gelangen sollte. Hier, im Klavierkonzert, spielt es eine durchaus vergleichbare konstruktive Rolle. Bezeichnenderweise stellt es sich auch weniger als integraler Bestandteil eines festgefügten Themas vor, sondern sogleich in imitatorisch dichtem, durchführungsähnlichem Orchestersatz – ein eigentliches Hauptthema hat dieser Satz paradoxerweise gar nicht! Die nächste Überraschung beschert das Seitenthema der Orchesterexposition: Es beginnt mit dem gleichen Motiv und nimmt zunächst den unerwarteten Umweg über c-Moll, bevor es bei seiner Bläserwiederholung nach C-Dur zurückkehrt. Das Klavier »mogelt« sich dann eher beiläufig ins Geschehen hinein, rhapsodisch frei und wie improvisierend, bis das Tutti mit den wiederholten Anfangsfanfaren energisch den zweiten Beginn markiert. Wieder bringt die zweite (Solo-)Exposition neue melodische Einfälle und damit auch ein eigenes Seitenthema (Takt 170). Doch zuvor weicht ein weiterer charakteristischer Gedanke erstaunlicherweise nach Es-Dur aus (Takt 148), und er kehrt auch in der gleichen Tonart in der Reprise wieder. In ihr ist im übrigen die Reihenfolge der Themen ein wenig abgeändert: Der von Moll nach Dur wandernde zweite Gedanke der Exposition erscheint nämlich jetzt erst nach dem zweiten (Klavier-)Thema! In der durchsichtigen Durchführung dominiert unangefochten das Vier-Töne-Motiv in immer neuen imitatorischen Farbkombinationen der Orchesterinstrumente und pianistischer Figurationen.

Auch das F-Dur-*Andante* entfaltet symphonische Dimensionen und nähert sich den Konturen eines Sonatensatzes, mit zwei Expositionen, angedeuteter Durchführung, zusammenfassender Reprise und zart verklingender Coda. Das Soloinstrument ist völlig in den Orchesterapparat integriert, man könnte von einer neuen Homogenität der ganzen Farbpalette sprechen. Gerade dieser Satz weist nachdrücklich auf die kommenden bedeutenden Symphoniesätze voraus (als nächstes Werk entstand die »Prager Symphonie« KV 504). Übrigens kann man, wenn man will, auch hier jene motivische Vier-Töne-Keimzelle aus dem Kopfsatz wiedererkennen: als Vergrößerung im Hauptthema (a) und an vielen Stellen als Begleit- und Überleitungsfigur, etwa im Horn (Takt 4, 26, 77, 85) oder in den Holzbläsern (Takt 42, 68 f.) und besonders hörbar in der Coda (ab Takt 102).

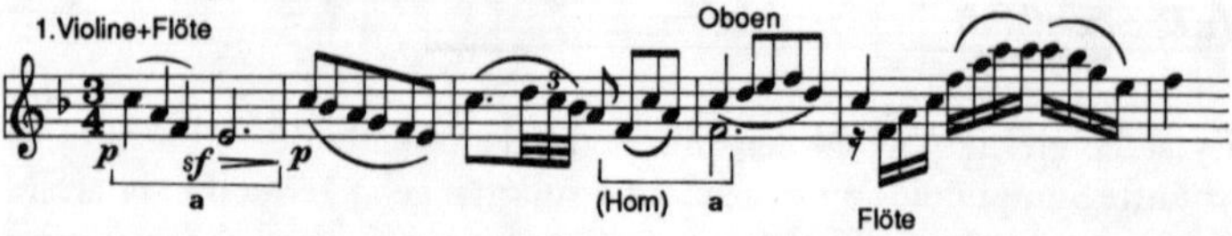

Das unbekümmert naive Anfangsthema des *Schlußsatzes* verrät nichts von der Vielgestaltigkeit und den Dimensionen des folgenden ausführlichen Rondos, eines Satzes von wahrhaft klassischer Ausgewogenheit. Sein Mittelteil (a-Moll/F-Dur) streift entlegenere Ausdrucksregionen. Form, harmonische Beweglichkeit, konzertantes Miteinander und nun auch Virtuosität gehen hier eine ideale Verbindung ein. Man könnte auch sagen: die alten Antipoden »galant« und »gelehrt« vermählen sich noch einmal auf allerhöchster Anspruchsebene.

Konzert D-Dur (KV 537, »Krönungskonzert«)

Komponiert im Februar 1788. Allegro, 4/4 – Larghetto A-Dur, ¢ – Allegretto, 2/4

Das Jahr 1787 brachte Mozart keine weiteren Konzert-Akademien, dafür aber den überwältigenden Triumph des »Don Giovanni« in Prag. Im Februar 1788 versuchte er es wieder mit einem Klavierkonzert für Wien, jedoch ohne Erfolg: in der Hauptstadt kam es zu keiner Aufführung. Erst auf der Berlin-Reise 1789 konnte der Komponist das neue Konzert in Dresden spielen und wohl auch am 15. Oktober 1790 in Frankfurt anläßlich der Krönung Leopolds II. (neben KV 459); deshalb trägt dieses Werk ebenfalls den Beinamen »Krönungskonzert«.
Die Zweckbestimmung dieser Musik für den eigenen konzertierenden Gebrauch prägt denn auch wieder und mehr noch als zuvor den Notentext. In keinem anderen Klavierkonzert Mozarts ist die Solostimme so skizzenhaft unvollständig notiert wie hier. Über lange Passagen hin fehlt die linke Hand, Auszierungen und Füllstimmen sind ausgespart. 1794 veröffentlichte der Offenbacher Verleger J. André die Noten und ergänzte (persönlich?) alles Fehlende mit mehr oder weniger glücklicher Hand. In dieser Fassung wird das Konzert heute noch gedruckt und meistens auch aufgeführt.
Nichtsdestoweniger aber handelt es sich, trotz mancher verschwimmender Konturen, um ein vollgültiges Mozart-Konzert, denn über alle

wesentlichen Einzelheiten hat der Komponist keinen Zweifel gelassen. Die Orchesterpartitur nennt zwar große Besetzung mit Pauken und Trompeten (ohne Klarinetten), doch vermerkte Mozart im »Verzeichnis aller meiner Werke« ausdrücklich hinter allen Bläsern und den Pauken »ad libitum«. Und selbst wenn dieser Hinweis nicht bekannt wäre, müßte die Anlage der Partitur unmißverständlich über die Möglichkeit belehren, nur mit einem Streichorchester auszukommen. Anders als in allen vorangehenden Konzerten sind die Bläserstimmen nämlich lediglich registerartig färbend eingesetzt, an keiner Stelle selbständig thematisch. Ein Vergleich mit früheren Konzerten belegt allerdings dennoch deutlich Mozarts Souveränität auch in der selbstauferlegten Beschränkung.

Der *Kopfsatz* beginnt marschartig im Piano und ist auf glanzvolle Steigerung hin angelegt. Eine solistische improvisatorische Passage der ersten Violinen führt nach sechs überleitenden Takten zum verspielteren Seitenthema (Takt 38), dem nach wenigen Tutti-Takten überraschend gleich noch ein weiterer dritter Gedanke angefügt wird (Takt 59); alles spielt sich der Regel gemäß in der Tonika ab. Erst das Soloklavier steuert dann, nach seinem »korrekten« Einsatz mit dem Hauptthema, ein eigenes Dominant-Seitenthema bei (Takt 128). Die Durchführung beginnt kadenzierend in a-Moll mit einem charakteristischen Motiv,

das den Schlußtakten der Exposition entstammt und das den weiteren Verlauf zunächst modulierend prägt. Die Reprise reiht schließlich alle Themen aus beiden Expositionen in neuer Folge noch einmal aneinander.

Die Tempobezeichnungen der beiden nächsten Sätze sind von fremder Hand in das Autograph eingetragen worden. Eine Skizze zum *langsamen Satz* überschrieb Mozart »Romance« (vgl. KV 466, S. 140). Und sein Hauptthema ist denn auch, dazu passend, von verträumter Verspieltheit. Die angedeutete Imitation der linken Hand stammt zwar nicht von Mozart, lehnt sich jedoch recht geschickt an die nachfolgende Wiederholung im Orchester-Tutti an. Die Form dieses schlichten, zarten Satzes ist dreiteilig, mit einem ausdrucksvollen Solo der rechten Klavierhand über dezenter Streicherbegleitung im Mittelteil. Zwei Fermatentakte leiten zur Reprise des A-Teils, doch der hier zu spielende

»Eingang« ist nicht überliefert (so wenig wie die Kadenzen und Eingänge der Ecksätze).
Das *Finale* beginnt, wie in KV 503, mit einem recht unscheinbaren, liedhaften Thema und weitet sich doch in seinem Verlauf zu prächtiger Klangfülle und großem Einfallsreichtum aus. Formal steht er phantasievoll zwischen Rondo und Sonatensatz, ohne sich auf eines der beiden Modelle festlegen zu lassen: In jedem Fall fehlt ihm »zur Erfüllung der Regel« ein deutlich abgehobener Mittelteil, doch gibt es immer wieder kleine Durchführungsansätze und eine rondogemäße Reihung der vielen Einfälle.

Konzert B-Dur (KV 595)

Komponiert Anfang 1791. Allegro, 4/4 – Larghetto Es-Dur, ¢ – Allegro, 6/8

Kurz vor seinem letzten, dem 35. Geburtstag, schrieb Mozart noch ein Klavierkonzert, das er auch wenig später, am 4. März, eigenhändig aufführte. Es ist ein Nachkömmling, außer der Reihe stehend und andersartig, verglichen mit der facettenreichen, glanzvollen Kette seiner erfolgreichen Wiener Konzerte. Wenn es nicht unpassend schiene, bei einem Fünfunddreißigjährigen von Altersweisheit zu sprechen, hier wäre es angebracht, so abgeklärt und von makelloser Schönheit ist diese Musik. Nicht daß sie an Ausdruckstiefe und Aussagereichtum den vorangehenden Konzerten im mindesten nachstünde, aber nun scheint alle Leidenschaft gebändigt und letztes Ebenmaß in empfindlichster Balance aller Stilmittel erreicht zu sein. Es ist eine Ahnung von Abschied, nicht nur von dieser – Mozarts bedeutendster – Instrumentalgattung, sondern gewiß auch ein weiterreichender, menschlich allzu menschlicher, bei aller Skepsis vor poetisierenden Ausdeutungen. Auch der äußere Aufwand ist geradezu demonstrativ zurückgenommen; das Instrumentarium kehrt (fast) zurück zur Sparsamkeit der frühen Konzerte, denn es fehlen alle Vertreter des äußeren Glanzes (Pauken und Trompeten), und auch auf Klarinetten verzichtet Mozart zugunsten der zarteren Oboen. Friedrich Blume nannte es ein »Stilles Konzert« (in der Einführung zur Eulenburg-Taschenpartitur).
Mit einem weich pulsierenden Klangteppich der Streicher bereitet der erste Takt den Einsatz des Themas vor, ähnlich wie wenig früher schon einmal (und nur dort!) zu Beginn der großen g-Moll-Symphonie (KV 550). Dieses Konzert scheint ihr lichteres Pendant zu sein, nicht nur wegen der direkten Tonart-Verwandtschaft. Doch der Zug zum Symphonischen, zur konzertanten Großform ist ganz zurückgedrängt

zugunsten fast kammermusikalischer Feingliedrigkeit und Durchsichtigkeit. Das Hauptthema selber

zeichnet sich durch den gleichen liedhaften, schwerelos schwebenden Gestus aus wie der Beginn des A-Dur-Klavierkonzertes (KV 488) oder auch der beiden späten Klarinetten-Werke (Quintett KV 581, Konzert KV 622). Bläserrufe im Forte gliedern den natürlichen Fluß der Melodie, und ebenso organisch wächst jeweils ein neuer Gedanke aus dem vorigen hervor, in feiner »durchbrochener« Arbeit zwischen Bläsern und Streichern. Einen kleinen »weltlich«-kecken Akzent setzt das Seitenthema mit seinen verspielten Vorschlägen. Es mündet in ein kleines Sechzehntel-Motiv,

das hier zur überleitenden Steigerung eingesetzt wird und das einen weiteren, sehr direkten Bezug zur späten g-Moll-Symphonie (KV 550) herstellt. Es taucht dort an zentraler Stelle im Finale auf. Wenig später ziehen Moll-Schatten vorüber, ohne das Bild nachhaltig zu trüben. Die zweite (Klavier-)Exposition folgt als phantasievolle Variation doch getreulich der Orchesterexposition. Die Durchführung basiert ganz auf dem Hauptthema; sie reiht es zunächst modulierend mehrmals aneinander und wandert so von h-Moll über C-Dur und es-Moll, enharmonisch verwechselnd und Septklänge ausspielend, bis G-Dur. Ihr zweiter Teil setzt dann behutsame kontrapunktische Akzente, indem hinter zarten Klavierfigurationen das Hauptthema imitiert wird. Die Kadenz von Mozart ist erhalten und erweist sich als Musterbeispiel eines organisch sich einfügenden, Thematisches und (mit Maßen) Virtuoses verbindenden Formgliedes.
Mozart meidet in diesem Konzert alle äußeren Effekte und Kontraste. So wird das *Larghetto* zum träumenden, fast verklärten Mittelpunkt des Werkes. Es steht in zwanglos freier dreiteiliger Liedform, in deren Mittelteil das Klavier melodisch dominiert. Bei der Wiederkehr des Anfangsteils variiert Mozart behutsam die Farbaufteilung melodischen Fließens. Einen Extremwert, wo farbliche Nuancierung fast in spröde

Kargheit umschlägt, erreicht er in der gleichsam fundamentlosen Schwerelosigkeit einer dreifachen Koppelung von Flöte, erster Violine und Klavieroberstimme, wenn das Hauptthema letztmals in den Takten 103 ff. erklingt – fast scheint das musikalische Geschehen entmaterialisiert stehenzubleiben.

Ein wenig mehr Diesseitigkeit, jedoch ohne alle Ausgelassenheit, bringt dann das *Finale* mit jenem so populären Thema, das Mozart wenig später noch einmal im Lied »Komm, lieber Mai, und mache ...« (KV 596) aufgriff. Keinerlei Jagd-Assoziationen weckt hier, im Gegensatz zu früher, das beschwingte 6/8-Metrum, und auch die Virtuosität hält sich in relativ engen Grenzen. Das Rondo »mit einigen Freiheiten« (wie Beethoven so etwas später genannt hätte) wird durch das immer wieder sich einstellende Liedthema übersichtlich gegliedert. Behutsame durchführungsartige Ansätze schieben sich dazwischen, woran die Bläser mit dem Klavier alternierend solistisch beteiligt sind.

In scheinbarer Problemlosigkeit endet Mozarts Klavierkonzertschaffen, so gar nicht passend zur desolaten Lebenssituation jener Jahre. Sie ist im extremen Paradox gekennzeichnet durch äußere Erfolglosigkeit gerade in der Gattung, die seinen bedeutendsten musikgeschichtlichen Beitrag in der Instrumentalmusik darstellt. Selten wurde wohl so evident, daß ein Künstler seiner Zeit voraus war!

*

Auf das **Rondo** für Klavier und Orchester **D-Dur (KV 382)** (Allegro) wurde bereits S. 125 hingewiesen. Es handelt sich hierbei um die Alternativfassung des Finalsatzes von KV 175, die er für das Wiener Publikum 1782 neu komponierte: ein Variationensatz voll sprühender humorvoller Phantasie und Spielwitz und zugleich ein krasser Gegensatz zum originalen, kontrapunktisch durchgearbeiteten Schlußsatz.

Auch das zweite einzeln stehende **Rondo, A-Dur (KV 386)** ist die Variante eines Finalsatzes, nämlich zum Konzert KV 414, vgl. S. 130; dieses liebenswürdige Rondo (Allegretto grazioso) liegt in einer weitgehend vollständigen Skizze vor und wird in leicht ergänzter und vervollständigter Fassung ebenfalls gelegentlich aufgeführt – mit Recht, denn es steht dem endgültigen Schlußsatz des Konzertes an Wert nicht nach.

Konzerte und Rondos für Violine und Orchester

Es fällt auf, daß sich Mozart – leider! – nur einmal in seinem Leben dem Violinkonzert zugewandt hat, nämlich 1775 in Salzburg. Äußerer Anlaß war seine Anstellung als fürstbischöflicher Konzertmeister. Er komponierte sich also die fünf Violinkonzerte – wie in den folgenden Jahren die Serie der Klavierkonzerte – »auf den Leib«. Es ist aber auch denkbar, daß er sie für Antonio Brunetti, den späteren Konzertmeister der Salzburger Hofkapelle, schrieb.
Auch innerhalb dieser kurzen Konzertreihe läßt sich eine Entwicklung beobachten. Die beiden ersten Opera erreichen noch nicht jene Meisterschaft und Selbstverständlichkeit, welche dann die drei nachfolgenden auszeichnen.
Das erste **Violinkonzert, B-Dur (KV 207)**, ist auf den 14. April 1775 datiert. Zum Streichorchester treten hier, wie in allen folgenden Konzerten, je zwei Oboen und zwei Hörner. Mozart kannte von seinen Reisen her recht genau die Werke der zeitgenössischen italienischen Violinkomponisten, und man merkt gerade diesem Werk den Einfluß der Vorbilder noch an, am Tonfall, an den Einfällen und an den Figurationen. Der Beginn des Kopfsatzes (*Allegro moderato*)

ist ungemein kennzeichnend für diesen Stil und zugleich doch deutlich vorausweisend auf die folgenden Schwesterkonzerte. Der Mittelsatz ist ein zartes Es-Dur-*Adagio*. Das Finale, einen Sonatensatz im *Presto*, hat Mozart Ende des folgenden Jahres (1776) dann vielleicht durch ein **Rondo** für den Geiger Brunetti **(KV 269)** ersetzt. Die Zusammenhänge sind wissenschaftlich nicht geklärt, und zumindest fällt auf, daß der neue Satz sich nicht so recht dem alten Konzert anfügen will.

Das zweite Konzert, **D-Dur (KV 211)**, stammt vom 14. Juni 1775. Es besitzt gleich von Anfang an ein der damaligen Mode folgendes französisches *Rondeau* als Finalsatz. Dieses ist zugleich der mit Abstand bedeutendste Satz des Werkes, mit einem charmanten, chromatisch eingefärbten Menuett-Thema und zwei recht gegensätzlichen Mittelteilen, deren einer nach Moll ausweicht. Ihm gehen ein *Allegro mode-*

rato und ein sanft singendes *Andante* in der Subdominante G-Dur voraus.

Groß ist dann der Schritt zum ersten der drei Meisterwerke für Violine und Orchester: **G-Dur (KV 216)** vom 12. September 1775; wir wissen nicht, wodurch dieser Entwicklungssprung bei Mozart ausgelöst worden sein könnte. Überwältigend ist nun die Fülle der melodischen Einfälle, die sich in den beiden (Orchester- und Solo-)Expositionen des ersten Satzes (*Allegro*, 4/4) aneinanderreihen. Staunenswert ist auch die Subtilität, mit der das sparsame Instrumentarium nuanciert aufeinander abgestimmt ist, wie vor allem die beiden Bläserpaare immer wieder die Palette aufhellen und bereichern. Die Durchführung kümmert sich kaum um das zuvor aufgestellte Material und befaßt sich statt dessen mit einem neuen spielerischen Moll-Gedanken. Eine besondere Überraschung bedeuten im Kopfsatz jene fünf Takte vor der Reprise, in denen die Solovioline in der Art eines »Recitativo in tempo« auf einmal zu deklamieren beginnt.
Im *Adagio* (D-Dur, 4/4) tauscht Mozart fast unvermutet die beiden Oboen gegen Flöten aus (ein aus heutiger Sicht ungewöhnlicher Fall, vergleichbar dem Klavierkonzert B-Dur KV 238; zur Mozartzeit konnten manche Bläser durchaus sowohl Oboe wie Flöte spielen). Er läßt die Bässe ständig zupfen und dämpft alle übrigen Streicher. Auf diese Weise erzielt er einen betörend weichen Orchesterklang in fließend vibrierender Triolenbewegung, über der die Sologeige ihr sehnsüchtiges Melos ausbreitet. Entgegen aller Regel behält der Solist in diesem Satz auch das letzte Wort.
Das *Rondo* (3/8) entspricht französischem Gusto und glänzt, ohne allzu hohe Virtuosität, mit Spiellaune und Humor. Sein kontrastierender Mittelteil (Andante, ¢) führt zunächst in ein exotisch gefärbtes g-Moll mit Pizzicato-Begleitung der Streicher, auf das sogleich ein tänzerisches Allegretto in Dur folgt – beides möglicherweise französische Zitate, zur Erbauung des Publikums in den Rondo-Ablauf hineinmontiert. Gleichsam mit einem Augenzwinkern beenden die Bläser den Satz allein.

Wie ein Marsch beginnt das zweite Werk der Konzert-Trias, **D-Dur (KV 218)**; es entstand im Oktober 1775. Das Seitenthema im *Allegro* (4/4) ist danach wesentlich biegsamer, persönlicher als der gleichsam offizielle Anfang.

Auch hier geht die Durchführung wieder eigene Wege und bezieht sich kaum auf die Expositionen. Die Reprise verzichtet auf eine wörtliche Zitierung des Anfangs und mogelt sich sozusagen durch die Hintertür herein.

Das *Andante cantabile* (A-Dur, 3/4) lebt von der innigen Vorhaltsseligkeit seines Themas; bis auf das Vorspiel führt ständig die ausdrucksvolle Gesangslinie der Solovioline.

Und das Rondo (*Andante grazioso*, 2/4) wartet wieder mit einigen unterhaltenden Überraschungen auf: Zunächst, nach wenigen Takten, kippt die Bewegung in einen ausgelassenen 6/8-Tanz (Allegro ma non troppo) um, der danach noch ein zweites Mal mit dem Anfangs-Ritornell alterniert. Es folgt im Grundtempo, aber alla breve, ein gavotte-artiger Teil, der seinerseits wiederum durch eine kurze Musette unterbrochen wird – unterhaltend spielerische Vielfalt in rondogemäßer Reihung!

Ohne seinen beiden Vorgängern Unrecht tun zu wollen, möchte man doch dem **A-Dur-Konzert (KV 219)** vom Dezember 1775 die Krone zusprechen. Noch charakteristischer und ausgeprägter ist die thematische Struktur des Kopfsatzes (*Allegro aperto*, 4/4) mit seinem in energischer Dreiklangsbrechung aufstrebenden ersten und dem eher spielerischen, Dreiklang und Tonleiter verbindenden zweiten Thema. Eine Überraschung bedeutet dann der Eintritt der Sologeige mit einer vorgeschalteten ausdrucksstarken Adagio-Kantilene über murmelnden Streicher-Zweiunddreißigsteln; erst danach beginnt die reguläre Soloexposition.

Das *Adagio* (E-Dur, 2/4) stellt dem Soloeinsatz ebenfalls eine ausführliche Orchesterexposition voran und überläßt die Führung im weiteren Verlauf ganz der Violine. Ende 1776 komponierte Mozart für den Geiger Brunetti einen neuen Mittelsatz (**Adagio, KV 261**), der im direkten Vergleich wohl nicht ganz die homogene Ausdrucksstärke des Originalsatzes erreicht, jedoch als Einzelstück häufigere Aufführungen verdient hätte.

Ein Unikum ist danach das Finale (*Tempo di Menuetto*, 3/4), denn auf launige Weise verschmelzen hier das altertümliche Menuett und französische Rondo-Gestalt. Sein Mittelteil unterhält diesmal nicht mit kuriosen Fremdzitaten, sondern erscheint als alla-turca-Effekt im exotisch klingenden a-Moll, mehrteilig gegliedert in abwechselnde Solo- und Tutti-Passagen, voll von ruppigen Kontrasten und chromatisch getönten Auf- und Abgängen. Das Ganze fungiert zugleich als eine Art ausgedehnten Trios inmitten des liebenswürdigen Menuett-Rahmens.

Das **D-Dur-Konzert (KV 271 i)** stammt, zumindest in seiner überlieferten Fassung, nicht von Mozart; die Authentizität wird von der Wissenschaft insgesamt mit gewichtigen Argumenten angezweifelt. Und auch der vermutete Entstehungstag (16. Juli 1777) ist umstritten. Vor allem Höhenlage und Figurationen der Solostimme geben manchen Anlaß zu stilistischen Zweifeln und deuten eigentlich eher auf eine zumindest eingreifende Umarbeitung im 19. Jahrhundert. Das Konzert verfügt über die gleiche Orchesterbesetzung wie die gesicherten Violinkonzerte, und es weist ebenfalls die Standardreihenfolge der Sätze auf: Allegro maestoso – Andante (G-Dur, 3/4) – Rondo: Allegro.

Noch umstrittener ist die Echtheit des **Es-Dur-Konzertes (KV 268/ Anh. C 14.04)**; seine Existenz wird bis heute von einer anhaltenden und kontroversen wissenschaftlichen Diskussion begleitet. Sicher ist zumindest, daß die vorliegende Fassung nicht von Mozarts Hand stammt. Es spricht aber einiges dafür, daß zumindest Skizzen aus der Feder des Komponisten zugrunde gelegen haben, vor allem für den ersten Satz. Ihm folgen ein Mittelsatz in B-Dur (Un poco adagio, 3/4) und ein Allegretto-Rondo (2/4); das Orchester ist gegenüber den anderen Violinkonzerten mit Flöte und Fagottpaar zusätzlich zu Oboen und Hörnern reicher besetzt.

Von den Einzelsätzen für Violine und Orchester wurden zwei bereits dort erwähnt, wo sie als Alternativen hingehören (KV 261 zu KV 219 und KV 269 zu KV 207; vgl. S. 157 und 155). In Wien komponierte Mozart dann noch zwei weitere Sätze, zunächst – wiederum für Brunetti – das **Rondo C-Dur (KV 373)** vom April 1781. 1785 folgte dann noch ein **Andante in A-Dur (KV 470)**, von dem sich leider nur vier Takte erhalten haben. Möglicherweise, so vermutete Alfred Einstein, handelt es sich um einen Alternativsatz zu KV 218 (vgl. S. 156) anläßlich einer (nicht belegbaren) Wiener Wiederaufführung des Werkes.

Konzerte für ein Blasinstrument und Orchester

Alle Instrumentalkonzerte Mozarts sind an einen Anlaß gebunden: Sie wurden entweder zum eigenen Konzertgebrauch komponiert (Violin- und Klavierkonzerte) oder für bekannte oder durchreisende Solisten. Meist sind es die Bläserkonzerte, die am deutlichsten den Stempel von Gelegenheitswerken tragen, entstanden aus kurzfristigem aktuellem Anstoß und eher ohne großes inneres Engagement geschrieben. Doch gerade bei den solistisch eingesetzten Blasinstrumenten hatte Mozart größere technische Rücksichten zu nehmen: Bau und Spieltechnik waren noch entwicklungsfähig; die begrenzten Möglichkeiten der Instrumente (und auch die ihrer Spieler!) kannte und beachtete Mozart sehr genau. Das gilt natürlich im ganz besonderen Maße für das Horn, das zu jener Zeit (und weiterhin bis etwa 1820) noch ohne Ventile auskommen mußte und deshalb auf die höheren Naturtöne beschränkt war, ergänzt durch Spielhilfen wie das Stopfen (Inventionshorn). Das wirkte sich selbstverständlich auch auf die musikalische Erfindung aus, denn der modulatorische Spielraum blieb enger begrenzt. Um so staunenswerter ist die phantasievolle Meisterschaft, die Mozart in der Beschränkung zeigte. Er schrieb die meisten seiner **Hornkonzerte** für den befreundeten Salzburger Hornisten Joseph Leutgeb, der zugleich ständig als Opfer von Mozarts mehrdeutigem und bisweilen recht grobem Humor herhalten mußte: Mozart versah die Noten mit anzuglichen verbalen Kommentaren und schrieb gar das Autograph des letzten Konzertes (KV 495) gleichzeitig mit den verschiedensten Tintenfarben.

Die Reihe für das Horn beginnt mit einem einzelnen **Rondo (Es-Dur, KV 371)**, komponiert in der ersten Wiener Zeit (31. März 1781), das in vollständiger Skizze vorliegt und durch Bruchstücke eines Kopfsatzes ergänzt wird.
Das **Hornkonzert D-Dur (KV 412** und **514)** ist in der vorliegenden Gestalt kein Original, sondern besteht aus zwei später von dritter Seite zusammengestellten Sätzen (Allegro und Rondo: Allegro). Gegen ihre Zusammengehörigkeit spricht vor allem die abweichende Orchesterbesetzung (Fagotte nur im ersten Satz). Das Rondo überarbeitete Mozart 1787 gründlich. Trotz dieser problematischen Gestalt hat sich dieses Werk seinen Platz im Repertoire der Hornisten neben den anderen Konzerten gesichert, nicht zuletzt wegen seiner volkstümlich-eingängigen Themen.

Die vollständigen Hornkonzerte (KV 417, 447 und 495) stehen alle in der »Horn-Tonart« Es-Dur. Alle drei sind dreisätzig, mit je einer beseelten Hornkantilene im Mittelpunkt, denn Leutgeb war nicht nur ein exzellenter Virtuose, sondern wurde vor allem auch gerühmt für sein ausdrucksvoll-kantables Melodiespiel. In **KV 417** (27. Mai 1783) folgt auf ein *Allegro maestoso* ein sehr verinnerlichtes ³⁄₈-*Andante* (B-Dur). – **KV 447** entstand vermutlich im gleichen Wiener Jahr, doch sind die Umstände nicht ganz geklärt. Auch ist es auffällig, daß die Orchesterbesetzung von den Schwesterwerken abweicht: Statt der Standardbesetzung mit Oboen und Hörnern setzt Mozart hier Klarinetten und Fagotte ein und erzielt damit eine völlig andere Klangpalette. Die spieltechnischen Anforderungen sind etwas anderer Art als in den beiden übrigen Konzerten, was auch auf einen anderen zeitgenössischen Hornisten als Leutgeb als Adressaten deuten könnte. Der Tonfall des Werkes ist tiefsinniger, ambitionierter, besonders in der zauberhaften As-Dur-*»Romance«* (Larghetto, ¢). – Auch **KV 495** (26. Juni 1786) umschließt einen *»Romance«* benannten Mittelsatz (Andante, ³⁄₄) voller Waldhornpoesie. Daß ein Hornkonzert Jagdassoziationen wecken sollte, war zumindest in der Mozartzeit allzu naheliegend. Und so enden denn auch alle drei (bzw. vier) Konzerte mit fröhlich schmetternden Jagdhornklängen; hier die vier charakteristischen Anfänge der Final-Rondos in direktem Vergleich:

Das erste Konzert für ein Holzblasinstrument ist das **Konzert für Fagott und Orchester B-Dur (KV 191)**, fertiggestellt im Juni 1774. Es verdankt seine (relative) Beliebtheit keineswegs nur der Tatsache, daß es kaum Solokonzerte für dieses Instrument gibt. Vielmehr gelang hier Mozart genau die rechte Mischung für die Charaktereigenschaften des Fagotts: Es erhält in den drei Sätzen Gelegenheit sowohl zu angemessener Virtuosität wie zu kantablem Melodiespiel vor allem im *»Andante ma adagio«* und zu gemäßigt parodistischkomischen Ansätzen (das Finale ist ein *Rondo* im »Tempo di Menuetto«). So ergibt sich eine vom ersten bis zum letzten Takt dankbare Aufgabe für die Solo-Fagottisten aller Orchester. Einfallsreichtum und Spielfreude der Komposition übertragen sich umweglos auch auf die Zuhörer. Zugleich ist dieses Konzert eine willkommene Rehabilitation des Fagotts vom landläufigen Klischee des lediglich baßunterstützenden, gelegentlich als Spaßmacher auftretenden reinen Orchesterinstruments.

Daß Mozart die Flöte nicht geliebt hat, ist zwar durch briefliche Äußerungen durchaus belegbar (14. Februar 1778 an den Vater: »wenn ich immer für ein Instrument, das ich nicht leiden kann, schreiben soll . . .«), doch hat ihn das nicht gehindert, eine »Zauberflöte« zu komponieren und dieses Instrument darüber hinaus im Orchester mit überaus dankbaren Aufgaben zu betrauen. Die konzertanten Werke für Flöte und Orchester allerdings haben eher Gelegenheitscharakter, und man weiß, wie widerwillig und unvollständig Mozart den Auftrag eines reichen Holländers ausführte, der bei ihm »drei kleine, leichte und kurze Concertln und ein Paar quattro auf die flötte« bestellt hatte. Neben den Flötenquartetten entstanden auf diese Weise ganze zwei Flötenkonzerte, von denen das zweite obendrein wohl nur eine Umarbeitung des bereits existierenden Oboen-Konzertes KV 314 ist.

Das **Konzert G-Dur (KV 313) für Flöte und Orchester** wurde aller Wahrscheinlichkeit nach Anfang 1778 in Mannheim komponiert. Ein *Allegro maestoso* steht am Beginn und gibt dem Solisten ganz ausgewogen Gelegenheit, sowohl kantables Spiel wie Geläufigkeit unter Beweis zu stellen.

Um so mehr wundert man sich dann, daß Mozart den langsamen Satz (*Adagio ma non troppo*) angeblich durch das nachkomponierte **Andante KV 315** ersetzt haben soll, weil dem Auftraggeber das ursprüngliche Adagio zu schwer gewesen sein soll – hätte er sich dann überhaupt je an den ersten und letzten Satz wagen können? Das Finale ist ein stilisiertes *Menuett* in Rondoform.

Das **D-Dur-Konzert (KV 314)** ist auch in einer früheren Fassung, wahrscheinlich vom Sommer 1777, für Oboe in C-Dur überliefert, und auch aufgrund textkritischer Vergleiche (etwa der genutzten Tonumfänge von Flöte und Oboe) ist der Verdacht nahezu zur Gewißheit erhärtet worden, daß Mozart in Eile und ohne Lust sich des Auftrages einfach durch ein Neuarrangement entledigt hat. Jedenfalls ist dieses Konzert, für Flöte oder Oboe, ein dankbares Virtuosenstück für den Solobläser, und es hat, zumal in der Oboenfassung, auch recht große Popularität erlangt. Es beginnt mit einem abwechslungsreichen und ungetrübt heiteren *Allegro aperto*; ihm folgen ein *Adagio ma non troppo* und wiederum, wie in KV 313, ein *»Rondeau«*. Sein Ritornell-Thema klingt wie eine instrumentale Paraphrase von Blondchens Arie »Welche Wonne, welche Lust« aus dem zweiten Akt der »Entführung aus dem Serail«:

Zu Mozarts bedeutendsten und reifsten Werken gehört ohne Zweifel das **Klarinettenkonzert A-Dur (KV 622)** aus seinem Todesjahr 1791. Es ist das konzertante Gegenstück zum intimeren Klarinettenquintett und wie dieses für den befreundeten Klarinettisten Anton Stadler geschrieben. Ursprünglich dachte Mozart an das geliebte Bassetthorn (oder eine sogenannte Bassettklarinette mit größerem Umfang in der Tiefe) als Soloinstrument, wie eine Skizze des ersten Satzes von Ende 1789 belegt (in G-Dur, **KV 621 b**). Man hat diese Tatsache in unseren Tagen zum Anlaß genommen, eine »Ur- oder Original-Fassung« des Konzertes zu rekonstruieren und alle drei Sätze so umzuschreiben, wie Mozart sich das möglicherweise zunächst vorgestellt haben könnte – eine reizvolle Alternative, aber eben nicht das Original.
Bedenkt man das junge Lebensalter der damals neuen Klarinette, dann ist die Souveränität, mit der Mozart bereits alle Möglichkeiten dieses Instrumentes beherrscht und vorführt, kaum zu begreifen: seine verschiedenartigen Lagen, seine melodische Ausdruckskraft und seine spielerische Beweglichkeit. Und doch ordnet sich all dies der ausgewogenen konzertanten Großform wie selbstverständlich unter und wird nie auch nur andeutungsweise zum virtuosen Selbstzweck. In der inneren und äußeren Balance aller kompositorischen Einzelheiten ist dieses Konzert ein Gegenstück zum letzten der Klavierkonzerte (KV 595). Gleich jenem fehlen ihm alle starken Kontraste, und wie dort spricht aus

seinen Melodiebögen eine sehr große Intensität und Verinnerlichung des Ausdrucks. Allerdings wirkt das Klarinettenkonzert insgesamt ein wenig diesseitiger, vorsichtig optimistischer. Ihm fehlen fast ganz die unvermittelten melancholischen Eintrübungen, der Zug zur Resignation und zum Fatalismus. Im Orchester treten Flöten, Fagotte und Hörner an die Seite der Streicher. Überraschenderweise ist der erste Satz (*Allegro*, 4/4) genau besehen monothematisch, denn an der Stelle des vorgesehenen Seitensatzes erklingt statt dessen in dreifacher Imitation das Hauptthema.

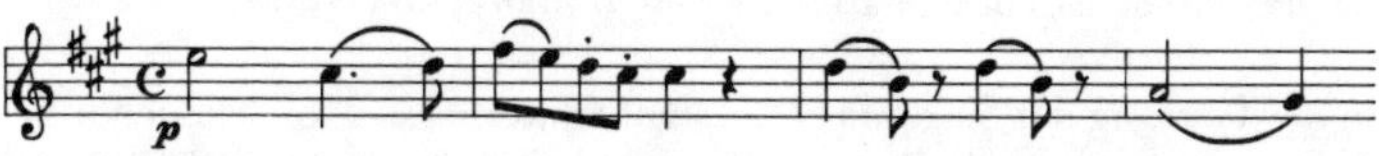

Unmittelbar darauf wird ein kleines spielerisches Trillermotiv als doch noch neuer Gedanke, ebenfalls sich selber imitierend, nachgereicht. Das *Adagio* (D-Dur, 3/4) ist ein einziger ausdrucksstarker Sologesang in schlichter dreiteiliger Liedform. Bemerkenswerterweise trennt Mozart hier die Violoncelli von den Kontrabässen und setzt letztere nur sehr sparsam ein. Das führt zu einer deutlichen Auflichtung des Orchestersatzes und ist zugleich ein Pionierblick in die Zukunft, denn erst Beethoven ging konsequent zur Trennung und selbständigen Behandlung der beiden Baßstimmen über. Nur hier, im langsamen Satz, gibt es für den Solisten Gelegenheit zu einer Kadenz; in den Ecksätzen ist alle Virtuosität so selbstverständlich integriert, daß Mozart auf Kadenzen erstmals ganz verzichtet.
Ein lebenslustiges unbekümmertes 6/8-Thema, das immer wieder leicht variiert auftaucht, beherrscht das *Rondo-Finale*. In der Mitte gibt es einen Ausflug nach a-Moll, ohne daß deshalb ernsthafte Schatten aufzögen. Im strahlenden A-Dur endet das Werk, das mit Recht zum Paradestück aller Klarinettisten geworden ist.

Sinfonie concertanti

Mehrere Jahre vor der Gruppe der Violinkonzerte schrieb Mozart das selten aufgeführte **Concertone** (ital. ›großes Konzert‹) **für zwei Violinen (C-Dur, KV 190)**, datiert 31. Mai 1774. Den beiden Solo-Geigen stehen noch eine solistisch geführte Oboe und ein Solo-Violoncello zur

Seite, das im ersten Satz allerdings kaum in Erscheinung tritt. Auch die Orchesterbesetzung ist recht ungewöhnlich, denn die Bratschenstimme ist verdoppelt (wie in KV 364), und im Blech schreibt Mozart neben den Hörnern noch zwei »trombe lunghe« vor. Der unbekümmerte Einfallsreichtum des siebzehnjährigen Komponisten ist beachtlich; das Werk hat deutliche Wurzeln im barocken Concerto grosso, steht stilistisch zugleich näher bei Serenaden und Divertimenti als beim Solokonzert und ist entsprechend spielerisch und unterhaltend angelegt. Auf das eröffnende *Allegro spiritoso* (4/4) folgt ein *Andantino grazioso* (F-Dur, 3/4); das Finale ist ein lebhaftes *Tempo di Menuetto* (vivace).

In der Gattung der Sinfonia concertante unternahm Mozart noch mindestens vier weitere Anläufe, von denen lediglich einer vollständig und auch gesichert überliefert ist. Eine A-Dur-Komposition für Violine, Viola und Violoncello mit Orchester vom Herbst 1779 (**KV 320 e, Anh. 104**) blieb allerdings Fragment. Im Jahre zuvor (November 1778) versuchte sich Mozart in Mannheim auf der Durchreise von Paris an einem Konzert für Klavier, Violine und Orchester (**KV 315 f / Anh. 56**), das leider ebenfalls nicht über vielversprechende 120 Takte im ersten Satz hinausgediehen ist. Warum Mozart diesen so bedeutenden Ansatz beiseite legte, ist unbekannt.

Das Hauptwerk der Gattung Sinfonia concertante aber ist das **Es-Dur-Konzert für Violine, Viola und Orchester (KV 364)**, das Schwesterwerk zum Doppelkonzert für zwei Klaviere (KV 365). Hier haben wir ein veritables Konzert vor uns, das seine serenadenhaften Gattungswurzeln weit hinter sich gelassen hat. Ein monumentales, ungemein vielgestaltiges und zugleich homogenes *Allegro maestoso* (4/4) steht zu Beginn. Die klangprächtige Orchestereinleitung mit ihren die Tonalität festigenden zwei Tutti-Takten breitet in aller Ausführlichkeit das thematische Material aus. Besonders originell und klangschön ist das Seitenthema präsentiert: Das alternierende Solo der Hörner- und Oboenpaare wird vom Pizzicato der Streicher rhythmisiert. Darauf folgt eine ausgedehnte Steigerungspassage, in der sich vom Piano in den Streichern aus aufsteigende Triller immer mehr verdichten. Unmerklich setzen die beiden Solo-Streicher in hoher Lage ein und steigen im Unisono zu ihren ersten Einzeleinsätzen herab, einander ständig imitierend. Die Bratsche ist aus Gründen der klanglichen Brillanz übrigens im Original in D-Dur, also für einen Halbton höher gestimmte Saiten, notiert. Und im Orchester (mit je zwei Oboen und Hörnern) erhält sie klangliche

Unterstützung durch die ständige Zweiteilung der Bratschenstimme – ein seltener und offensichtlich sehr überlegter Sonderfall in Mozarts Orchesterpartituren! Durch diesen Kunstgriff verbreitert sich die Farbpalette unmerklich nach der Tiefe hin und nimmt an Fülligkeit zu. Die Satzdimensionen wachsen naturgemäß insgesamt gegenüber einem Solokonzert an, weil alle Gedanken nacheinander von beiden Solisten vorgestellt und durchgeführt werden. Die Kadenz ist von Mozart für beide Instrumente auskomponiert und stellt auf diese Weise einen integralen Bestandteil des Satzzusammenhanges dar.

Das *Andante* (3/4) ist einer von Mozarts tiefsinnigsten und schwermütigsten c-Moll-Sätzen, mit seinem motivisch seufzenden Beginn im Tutti

und im ständig sich imitierenden Nacheinander der beredt deklamierenden Solostimme. Auch hierzu gibt es eine imitatorisch ungemein durchstrukturierte Originalkadenz. Ihr folgt noch ein Epilog von großer melodischer Intensität, abgeleitet vom Hauptthema.

Das Finale (*Presto*, 2/4) bietet danach den erlösenden spielerisch-virtuosen Kontrast. Auch hier werden, wie im Kopfsatz, Oboen und Hörner solistisch zur thematischen Gestaltung mit herangezogen. Verglichen mit den Violinkonzerten stellen die beiden Solostimmen deutlich höhere Ansprüche an das technische Können und erfordern darüber hinaus eine minuziöse gegenseitige Feinabstimmung. Leider finden sich im Konzertleben – anders als auf der Schallplatte – viel zu selten zwei gleichrangige, hochkarätige Solisten für dieses einzigartige Kabinettstück.

Problematisch ist dagegen in mancher Hinsicht die Sinfonia concertante **Es-Dur für vier Bläser und Orchester (KV 297 b / Anh. C 14.01).** Sicher ist immerhin, daß Mozart, wahrscheinlich im August 1778 in Paris, ein Werk in der Besetzung für Flöte, Oboe, Horn und Fagott komponierte, denn er äußerte sich brieflich darüber an seinen Vater (5. April 1778). Dieses Original blieb jedoch bis zum heutigen Tage verschollen. Ungesichert ist außerdem bislang, ob die vorliegende Fassung für Oboe, Klarinette, Horn und Fagott wirklich eine Umarbeitung der Pariser Komposition darstellt, und wie stark sie, wenn sie denn in der Substanz überhaupt echt ist, von der originalen Vorlage abweicht.

In jedem Fall aber handelt es sich hier um eine bedeutende und originelle Komposition, die zu Recht relativ häufig aufgeführt wird, hält sie doch für die Solobläser eines Orchesters äußerst dankbare Aufgaben bereit. Der ausgedehnte Kopfsatz (*Allegro*, 4/4) stellt das thematische Material zunächst im Orchester-Tutti allein vor, unisono beginnend und sogleich vielfarbig aufgefächert im Hauptthema, mit einem zart singenden Seitenthema und einigen zusätzlichen, reizvollen melodischen Einfällen. Die vier Solisten treten nun sowohl als eigenständiger Tutti-Block wie als einzelne Solisten dem Orchester gegenüber. Die Kadenz ist minuziös auskomponiert und dient weniger der virtuosen Selbstdarstellung als dem ausgefeilten serenadenhaften Ensemblespiel.
Gegen Mozarts Autorschaft spricht die Tatsache, daß auch der melodienselige Mittelsatz (*Adagio*, 4/4) in der Grundtonart steht. Seine Form ist dreiteilig mit Exposition und Reprise sowie nach Moll ausweichendem Mittelteil. Exposition und Reprise enden jeweils über einem pochendem Achtel-Orgelpunkt mit einer zarten Melodie von großer Innigkeit.

Das Finale (*Andantino*, 2/4) gibt mit 10 Variationen über ein volkstümlich naives Thema allen Solisten allein und in wechselnden Kombinationen Gelegenheit zu glänzen, wobei sich auch das Horn wohldosiert im Rahmen seiner begrenzten spieltechnischen Möglichkeiten an den Figurationen beteiligt. Dem Thema und allen Variationen (mit Ausnahme des obligatorischen, jedoch stark verkürzten Adagio-Teils) folgt jeweils ein Tutti-Refrain, der den formalen Ablauf überschaubar gliedert. Zum Ausklang ändert sich das Metrum zum 6/8-Allegro und steigert sich am Schluß weiter (più mosso) zur Stretta.

Obwohl »Konzert« benannt, gehört das mit Recht bei Solisten und Hörern beliebte **Konzert für Flöte, Harfe und Orchester C-Dur (KV 299)** eigentlich ebenfalls zur Gattung der Sinfonia concertante. Allerdings sind gerade bei Mozart die Grenzen sehr fließend, wie ein direkter Vergleich der Es-Dur-Sinfonia (KV 364) mit dem vorliegenden Werk zeigt: Es dürfte sehr schwierig sein, gattungstypische Unterschiede zwischen beiden festzustellen. Mozart komponierte das Konzert 1778 für einen Flöte spielenden Herzog am Pariser Hof und dessen Tochter, die neben dem Klavier auch Harfe spielte und die seine Kom-

positionsschülerin war. Es ist bekannt, daß Mozart nicht mit allzu großer Begeisterung an die Arbeit ging, denn seine Neigung gehörte weder den beiden Soloinstrumenten noch seiner unbegabten Kompositionsschülerin; er hat sich darüber in Briefen an den Vater deutlich ausgesprochen. Gleichwohl geriet ihm ein Meisterwerk, dessen inspirierte Erfindung und subtile Ausarbeitung alle anlaßbedingten Bedenken des Komponisten zur Nebensache machen.
In zweimaliger Unisono-Dreiklangsbrechung bekräftigt das Orchester die Tonart C-Dur (*Allegro*, 4/4). Die Exposition begnügt sich nicht mit zwei gegeneinander abgegrenzten Themen, sondern ist reich an melodischen Einfällen. Besonders das (erste) Seitenthema lebt ganz von seiner durchsichtig instrumentierten vielschichtigen Struktur, an der alle Orchesterinstrumente beteiligt sind – man muß sich diese Stelle einmal in der Partitur ansehen, um die ganze Meisterschaft des jungen Mozart bei der klanglichen Umsetzung seiner Einfälle würdigen zu können (Takt 21 ff.). In der folgenden Solo-Exposition tritt ein weiteres charakteristisches Thema im Dominantbereich hinzu, das die Flöte harfenbegleitet vorstellt; somit kann man rechtens von zwei selbständigen und gleichberechtigten Seitenthemen sprechen, denn auch das Seitenthema aus der Orchestereinleitung tritt alsbald in der Dominante wieder auf. Insgesamt dominieren die beiden Soloinstrumente sehr stark; ihr paralleles und alternierendes Spiel wird kaum einmal unterbrochen, so als solle dadurch der typische Mangel an Lautstärke kompensiert werden. Dabei werden beide unterschiedlich behandelt: die Flöte mit deutlich höherem solistischem Anteil, die Harfe, ihrer Natur gemäß, eher begleitend. Um so überraschender heben sich demzufolge deren seltenere melodische Soli hervor.
Das melodienselige *Andantino* (F-Dur, 3/4) lebt noch stärker vom zarten Timbre der Soloinstrumente als die Ecksätze; Mozart verzichtet hier zusätzlich auf die beiden Blasinstrumentenpaare des Orchesters (Oboen und Hörner) und beschränkt sich auf das Streichorchester.
Das Rondo (*Allegro*, ¢) folgt französischem Gusto mit einem stilisiert tänzerischen Gavotte-Thema,

kaum kontrastierenden Mittelteilen und nur einem ganz kurzen Ausflug nach (c-)Moll. Die Kadenzen, die Mozart für die beiden adligen Musikliebhaber aufgeschrieben hatte, sind leider verlorengegangen.

Symphonien

Weit ist der Weg, den die junge Gattung »Symphonie« zwischen Mozarts Erstling KV 16 und der »Jupiter-Symphonie« (KV 551) zurücklegte, obwohl es an Jahren nur ganze zwei Dutzend sind. Aber genau in dieser Zeitspanne und ganz entscheidend durch Mozarts Schaffen reifte sie vom eher beiläufigen ouvertürenartigen Konzertstück der »Sinfonia« heran zur gewichtigen »Symphonie«, die fortan mehr als ein Jahrhundert lang dominieren sollte, bis zu Bruckner, Mahler und Sibelius.

Parallel zu diesem Bedeutungszuwachs verringerte sich zugleich auffällig die Zahl der Symphonien, die einzelne Komponisten hinterließen: Haydn mehr als 104, Mozart mehr als 50 in halb soviel Lebensjahren, Beethoven 9, Schubert 9, Schumann und Brahms je 4, Bruckner, Dvořák und Mahler je 9. Im heutigen Konzertbetrieb spielen von Mozarts Symphonien jedoch nur sechs bis acht eine Rolle, und nur vier von ihnen werden häufig aufgeführt. Aus diesen Zahlen läßt sich symbolisch die gewandelte Bedeutung der Symphonie ableiten: Mozarts letzte vier Symphonien (ab 1786) sind neben Haydns späten Londoner Symphonien die ersten Dokumente dieser zentralen Gattung des kommenden Jahrhunderts. In den Jahren zuvor, ab 1773, entstanden jene auffällig heterogenen Werke, die als Vorstufe zur Meisterschaft anzusehen sind: angefangen mit dem düsteren Paukenschlag der frühen g-Moll-Symphonie (KV 183) über das kammermusikalisch fein ziselierte A-Dur-Werk (KV 201), die »Pariser«, »Linzer« und »Haffner-Symphonie« und einige zwischen ihnen angesiedelte, fast ein wenig experimentelle Kompositionen (KV 318, 319, 338). Die erste Phase schließlich, zwischen 1764/65 (KV 16) und 1773 (KV 182) umfaßt im engeren die Jugendwerke, die heute in erster Linie auf philologisches Interesse stoßen, die inzwischen in einigen Schallplattenaufzeichnungen vorliegen, im Konzertleben jedoch so gut wie vergessen werden.

Die Wurzeln der Symphonik führen paradoxerweise gerade nach Italien, in jenes Land, das im weiteren Verlauf der Gattungsgeschichte dann völlig bedeutungslos bleiben sollte. »Sinfonia« hieß dort die dreiteilige instrumentale Einleitung zur Opera buffa, und unter Mozarts frühen Symphonien finden sich einige solcher Kompositionen, deren drei Teile (schnell – langsam – schnell) entweder pausenlos ineinander übergehen oder »attacca« aneinander anschließen. In der Mitte steht in aller Regel ein empfindsamer Andante-Satz, den Abschluß bildet zumeist ein zum Presto tendierendes Stückchen im 2/4-, 3/8- oder 6/8-Takt. In Deutschland (»Wiener Symphonie«) entwickelt sich parallel dazu der viersätzige Typus mit einem Menuett an dritter Stelle; gleichzeitig ist mit dieser Ausweitung auch eine allmähliche Vertiefung des Ausdrucks und des Anspruchs zu beobachten. Von Mozart kennen wir beide Varianten, wobei sich die Charaktere jedoch nicht immer trennen lassen; zunehmend fand er zum eigenen Weg, der die beiden Wurzeln überwindet und überhöht. Als künstlerische Paten auf diesem schöpferischen Pfad sind vor allem zwei Persönlichkeiten zu nennen: zunächst Johann Christian Bach, der dem neunjährigen Mozart bereits 1765 in London als Vorbild aufleuchtete und ihn in den folgenden Jahren durch seinen von deutscher Individualität gefärbten italienischen Stil nachhaltig beeinflußte. Ihn löste Joseph Haydn ab, der ältere Freund und Lehrmeister, mit dem sich eine lebenslange künstlerische Partnerschaft im Sinne einer fruchtbaren Wechselwirkung anbahnte; zunächst allerdings war Haydn, der Ältere, naturgemäß der Gebende.

Mozarts frühe Symphonien entstanden in jährlichen Schüben zunächst bis 1773, zumeist in bescheidener Besetzung für Streicher und je zwei Oboen und Hörner. Das erste Symphonienjahr war 1765; allerdings ist die genaue Anzahl unsicher, da manche Werke sich nur als Fragment von wenigen Takten erhalten haben. Neben dem Erstling **KV 16 (Es-Dur)** sind auch **KV 19 (D-Dur)** und **KV 22 (B-Dur)** dreisätzig, wobei der langsame g-Moll-Mittelsatz (*Andante*) der B-Dur-Symphonie KV 22 (Ende Dezember 1765 in Den Haag entstanden) bereits eine frühe chromatisch gefärbte Vorahnung späterer gewichtiger g-Moll-Kompositionen ist. Im übernächsten Herbst, 1767, besucht Mozart Wien, und neue Eindrücke schlagen sich auch in vier Symphonien nieder. Die **F-Dur-Symphonie (KV 76)** ist bereits viersätzig, und ihr *Menuett* umschließt ein überraschendes d-Moll-Trio. Auch das folgende Werk **(KV 43)** gleicher Tonart ist viersätzig; es tauscht im *Andante* die Oboen gegen Flöten aus und teilt darüber hinaus die Violastimme.

Das Jahr 1768 bringt vier neue Symphonien, deren erste – **D-Dur (KV 45)** – wenig später umgearbeitet, mit einigen Änderungen und Kürzungen, als Ouvertüre zur Oper »La finta semplice« erneute Verwendung findet. **KV 45 a (G-Dur)**, nach ihrem Fundort die **»Alte Lambacher«** genannt, ist dann wieder dreisätzig, mit einem pompösen

Allegro maestoso zu Beginn. Die zweite in Lambach bei Wels gefundene Symphonie – die sogenannte **»Neue Lambacher« (G-Dur)**, weil erst 1965 entdeckt – dürfte ebenso wie KV 45 a auf der Durchreise für das Orchester des Lambacher Klosters geschrieben worden sein; sie ist viersätzig (ohne KV-Nr.). Auch die beiden folgenden Symphonien sind wieder viersätzig: **KV 45 b (B-Dur)**, im G-Dur-*Andante* mit der entfernten Vorahnung einer späteren »Figaro«-Wendung (aus dem Duettino Graf/Susanna zu Beginn des dritten Aufzuges);

in **KV 48 (D-Dur)** erweitert Mozart das Instrumentarium erstmals um Trompeten und Pauken.

Von den drei Salzburger Symphonien des Jahres 1769 sind leider nur die Anfangstakte erhalten; lediglich **KV 73 (C-Dur)** ist viersätzig und in großer Besetzung, mit Trompeten und Pauken, überliefert; gelegentlich wird diese Symphonie auch auf 1771 datiert.

In den nächsten vier Jahren allerdings steigt die Zahl deutlich an – Mozart benötigte offensichtlich Symphonien für seine Italienreisen. So sind KV 74, 81, 84, 95 und 97 in Bologna und Rom entstanden und wieder auf ganz souveräne Weise den stilistischen Gepflogenheiten des Gastlandes angepaßt: voll unterhaltender Eleganz in der thematischen Erfindung, locker und zugleich kontrastreich gefügt und behutsam im Umgang mit durchführungshaften und kontrapunktischen Ansätzen. Dreisätzig gehalten sind **KV 74 (G-Dur)**, **KV 81** und **84** (beide **D-Dur**), wobei erster und zweiter Satz in der G-Dur-Symphonie ohne Pause aneinander anschließen. Sonatensätze sind in diesen Werken gelegentlich unvollständig, so als wolle Mozart sein italienisches Publikum nicht überfordern: Die Finali der D-Dur-Werke **KV 95** und **97** verzichten auf die Durchführung; der *Kopfsatz* von KV 95 bringt statt der Reprise sofort das *Andante*, und im *Menuett* gibt es ein d-Moll-Trio. KV 81 wird von einigen Forschern dem Vater Leopold Mozart zugeschrieben.

Zwischen dieser und der nächsten Italienreise hielt sich Mozart 1771 fünf Monate lang in Salzburg auf und nutzte diese Zeitspanne zur Komposition von zwei weiteren Symphonien (KV 75 und KV 110). Die **F-Dur-Symphonie (KV 75)** rückt das *Menuett* an die zweite Stelle vor; seine absteigende Tonleitermelodik kontrastiert auf subtile Weise zur aufstrebenden Dreiklangsgebärde des vorangehenden ausgebauten *Sonatensatzes*. Die vertauschte Reihenfolge der beiden *Mittelsätze* hat ihren künstlerischen Anlaß möglicherweise darin, daß das *Finale* in seinem tänzerischen Dreiertakt der Dreierbewegung des Menuetts zu nahe gekommen wäre. Die **G-Dur-Symphonie (KV 110)** vom Juli 1771 überrascht dann durch kanonische Stimmführungskunststücke, vor allem im *Andante* und im *Menuett*, aber andeutungsweise auch im *Finale*. Das Trio weicht ins ungewohnte parallele e-Moll aus und ist dezent chromatisch gefärbt.

Am *ersten Sonatensatz* wiederum ist die Dominanz des Hauptthemas bemerkenswert, das in Exposition und Reprise jeweils noch einmal nach dem Seitensatz wiederkehrt.

Zwei weitere Symphonien schrieb Mozart im Spätherbst des gleichen Jahres 1771 in Mailand: **KV 96 (C-Dur)** mit einem ungewöhnlich düsteren c-Moll-*Andante* voller widerspenstiger Ausdrucksakzente;

KV 112 (F-Dur), ebenfalls viersätzig, jedoch ohne Trompeten und Pauken.

Die **Symphonie A-Dur (KV 114)** schließlich trägt das Entstehungsdatum 30. Dezember 1771, nach der Rückkehr in die Heimat. Sie eröffnet eine Reihe von acht Symphonien, die bis August des folgenden Jahres abgeschlossen sein sollten und die insgesamt doch zunehmend den Wiener Einfluß und vor allem den Joseph Haydns spüren lassen, wie sich etwa am wachsenden Gewicht der Finalsätze ablesen läßt. In KV 114 begegnen uns Imitationsansätze sowohl im *Kopfsatz* im Bereich des zweiten Themas wie im empfindsamen *Andante* und im *Menuett*, das darüber hinaus durch sein phantasievolles triolendurchwirktes a-Moll-Trio ausgezeichnet ist.

Das **G-Dur**-Werk **(KV 124)** vom Februar 1772 enthält mitten in der Durchführung des ersten *Allegros* eine Scheinreprise in der Paralleltonart g-Moll. Im leicht chromatisch gefärbten *Andante* beginnen auch die Bläserfarben zu leuchten; und das *Menuett* im Ländler-Stil überrascht durch eine unvermutete zweitaktige Dehnung des ersten Achttakters.

Im Mai 1772 folgte die dreisätzige **C-Dur-Symphonie (KV 128)** mit einem sehr gewichtig und seriös klingenden *Kopfsatz*, der großräumig vom Gegensatz zwischen Triolen und Achtelbewegung lebt; im dichten Orchestersatz fallen im Bereich des Seitensatzes die Oktavversetzungen der Melodik auf. Zur Durchführung hin gibt es eine unerwartete harmonische Rückung nach Es-Dur; die Reprise geht dann noch einmal überraschende eigene Wege in harmonischer Hinsicht. Das *Andante* für Streicher allein ist ein zierlich stilisierter Schreittanz mit imitatorischem Anfang. Das *Finale* ist rondomäßig angelegt mit einer solistischen Hörnereinlage im Mittelteil.
Ebenfalls drei Sätze hat die **G-Dur-Symphonie (KV 129)**, die im gleichen Monat entstand. Im *Kopfsatz* verrät ein seltenes Orchestercrescendo Mannheimer Einfluß, gepaart mit italienischem Temperament. Und im *Finale* verweist das aufstrebende Dreiklangsthema

weit voraus auf den Schlußsatz der D-Dur-Klaviersonate KV 576.
KV 130 (F-Dur), die dritte Symphonie vom Mai 1772, beginnt mit einem synkopisch vibrierenden *Allegro*, dessen Seitensatz ein ständiges Spiel mit Triller-Figuren ist. Nach einem intimen *Andante* »con sordino« folgen ein imitatorisch angelegtes *Menuett* und ein ausgedehntes, anspruchsvolles Sonatensatz-*Finale*. Erstmals setzt Mozart in diesem Werk zwei Hörnerpaare ein.
Ebenfalls vier Hörner hat dann auch die **Es-Dur-Symphonie (KV 132)** vom Juli 1772, deren Beginn

wie eine Vorahnung spätere symphonische Es-Dur-Klänge vorwegnimmt. In diesem ersten *Allegro* fehlen überraschenderweise alle Wiederholungszeichen. Im *Andante* läßt ein neuer Ton größerer Ausdrucksintensität aufhorchen; weit spannen sich die Melodiebögen der ersten Violine, bisweilen dezent chromatisch eingetrübt. Das *Menuett* treibt ein ständiges imitatorisch-motivisches Spiel mit der Dreiklangsbrechung und umrahmt ein geheimnisvoll modulierendes c-Moll-Trio für

Streicher allein. Im *Finale* reihen sich rondohaft und voller dynamischer Abstufungen mehrere Episoden.
Die zweite Symphonie vom Juli 1772 (**KV 133**) steht wieder in **D-Dur** und setzt nun auch Trompetenglanz ein, der gleich im *ersten Sonatensatz* für ein festlich strahlendes Tutti sorgt. Ungemein dicht und voll motivisch-harmonischer Weiterführungen ist hier die lange Durchführung, die überraschend erst in das Seitenthema mündet; das Hauptthema erklingt dann nachträglich am Ende der Reprise. Im zarten *Andante* mit seiner filigranen Begleitung zu gedämpfter Geigenmelodik schreibt Mozart eine einzelne »Flauto traverso obligato« vor, die meistens mit der ersten Violine parallel geführt ist. Im Trio des *Menuetts* spielt Mozart rhythmisch Versteck, indem er die Oberstimme im scheinbaren Zweiermetrum gegen den Dreiertakt der übrigen Instrumente führt. Das temperamentvolle *Finale* wirkt wie eine konsequente 12/8-Studie in seiner radikalen rhythmischen Einseitigkeit.
Im Monat darauf, August 1772, komponierte Mozart eine **A-Dur-Symphonie (KV 134)**. Alfred Einstein nannte sie »kokett« und sprach von einem neuen »Typ der Kantabilität« und einem feineren Sinn für Imitation. Diese Kantabilität klingt sogleich im »singenden *Allegro*« an. Der rhythmisierte aufsteigende Dreiklang (Takt 1)

prägt den ganzen federnden ersten Satz: Er kehrt nach dem Seitenthema wieder, beherrscht die Durchführung und auch Teile der Reprise, die überraschend mit dem Seitensatz beginnt und das markante Hauptthema nachstellt, im Piano und von einem neuen Kontrapunkt begleitet. Voller zärtlicher Untertöne steckt das filigrane *Andante* (D-Dur, 2/4) in Sonatensatzform. Kontrapunktischer Ernst spricht aus dem *Menuett*, dessen Trio im Mittelteil auf reizvolle Weise über einem pochenden Viola-Ostinato Bläsereinwürfe und Streicher-Pizzicato alternieren läßt. Auch das Alla-breve-*Finale* ist über weite Strecken kontrapunktisch angelegt, darüber hinaus sind Hauptthema und Schlußgruppe in Exposition und Reprise motivisch miteinander verknüpft.

Im Jahr 1773 entstanden sieben Symphonien (KV 162, 184, 199, 181, 182, 183, 200), von denen sechs dem dreisätzigen Ouvertüren-Typus angehören, gelegentlich mit ineinander übergehenden Sätzen und for-

malen Verkürzungen, die vermuten lassen, Mozart habe tatsächlich an eine Opernverwendung gedacht.
In der **C-Dur-Symphonie (KV 162)** wird dieser Ouvertürencharakter durch die motivische Verklammerung von erstem und letztem Satzanfang unterstrichen. Auch die nächsten vier Werke entstanden im Salzburger Frühjahr 1773: **KV 184 (Es-Dur)** trumpft in großer Orchesterbesetzung mit Flöten, Oboen, Fagotten, Hörnern und Trompeten auf. Das c-Moll-*Andante*

überrascht durch seine eindringlich flehenden Melodie-Gebärden, die sich aus einem kleinen, ständig wiederkehrenden Motivgebilde zusammenfügen. Der Satz mündet unmittelbar in das ⁶⁄₈-*Finale*.
In **KV 199 (G-Dur)** wird das *Andantino grazioso* zum Ereignis: Es lebt zunächst vom zarten Terzengesang über dem Pizzicato der tiefen Streicher und führt dann mehrmals in ganz eigentümliche harmonisch fremdartige Ausdrucksregionen; die einzelnen Formabschnitte enden jeweils ungewöhnlich im einstimmigen Spiel mit Oktavschritten – ein seltsam exotisch anmutender Satz inmitten der beiden schnellen *Ecksätze*.
KV 181 (D-Dur) setzt in den temperamentvollen *Ecksätzen* wieder Trompeten als festliche Farbakzente ein. Das *Andantino grazioso* (³⁄₈) fügt sich übergangslos als zart wiegendes Intermezzo dazwischen und entpuppt sich als Ständchen mit einer Solo-Flöte.
Auch in **KV 182 (B-Dur)** vom Oktober 1773 wird das *Andantino grazioso* zu einem zarten Ständchen mit gedämpften Streichern über Baß-Pizzicato, gefärbt durch die Flöten, die in den *Ecksätzen* ihren Platz an die Oboen abgeben.
Völlig unvermutet erschien danach, noch im gleichen Monat, mit der »kleinen« **g-Moll-Symphonie (KV 183)** Mozarts erstes symphonisches Meisterwerk auf dem Plan, eine Überraschung, die um so eindrucksvoller ist, je mehr man sie an der unterhaltenden Reihe von Ouvertüren-Symphonien mißt, die ihr unmittelbar vorangingen. Es handelt sich um Mozarts erste Moll-Symphonie, und es ist gewiß mehr als ein Zufall, daß sie sich ausgerechnet jener Tonart bedient, die er später (1788) in seiner vorletzten und persönlichsten Symphonie, g-Moll (KV 550), wieder aufgreifen sollte.

Anders als jenes spätere, eher resigniert verinnerlichte Dokument ist die frühe g-Moll-Symphonie jedoch von trotzigem Aufbegehren und von großer Dramatik gekennzeichnet: Leidenschaftliche Bewegtheit zeigt sich sogleich zu Beginn

in synkopischer Unruhe, Tremolo-Effekten und starken dynamischen Gegensätzen. Durch den bewußt dosierten Einsatz dieser kompositorischen Mittel ergibt sich gerade für den Kopfsatz (*Allegro con brio*, 4/4) so etwas wie ein neuartiges, ganz variables Zeitgefühl: Ruhemomente, in denen das musikalische Geschehen sich verlangsamt und fast stillzustehen scheint, wechseln mit Phasen des Beschleunigens und Voranstürmens. Zugleich wird die schematische Sonatensatzform relativiert und eigentlich auf ihren Kern reduziert, nämlich auf die Harmonienabfolge von Moll-Tonika und Dur-Parallele. Die Zuordnung von erstem und zweitem Thema wird dagegen eher zweitrangig: Anstelle des erwarteten Seitensatzes beginnt zunächst eine Entwicklungsphase, die durch ein einziges charakteristisches Motiv vorangetrieben wird.

Die Durchführung ist kurz, modulatorisch angelegt und gegen Ende fast entspannt, denn das eigentliche Geschehen ereignet sich in Exposition und Reprise. Entspannung bedeutet dann auch das intermezzoartige, stille *Andante* (Es-Dur, 2/4), bevor das *Menuett* fernab jeglicher höfischer Tanzstilisierung düster, trotzig und kontrastreich einsetzt, mit einem lyrischen Bläsertrio in der Mitte. Das Alla-breve-*Finale* (Allegro, 4/4) schließlich wird durch rhythmische und motivische Verwandtschaft mit dem Kopfsatz verknüpft; es setzt im geheimnisvollen Piano-Unisono der Streicher ein und führt knapp und gegensatzreich die Konturen des Sonatensatzmodells vor. Unerbittlich endet das Werk auch in Moll.

Genau wie bei den drei späten Wiener Symphonien gehören zum Umkreis des g-Moll-Nachtstückes zwei lichtere Dur-Geschwister, KV 200 und KV 201.

Kurz nach KV 183 entstand im November 1773 zunächst die **C-Dur-Symphonie (KV 200)**. Sie schlägt, trotz einer gewissen der Tonart innewohnenden und auch trompetenunterstützten Festlichkeit, durchaus auch intime, kammermusikalische Zwischentöne an, etwa im getragenen F-Dur-*Andante* mit seinen gedämpften Violinen und sparsam eingesetzten Holzbläserfarben. Der *Kopfsatz* lebt von temperamentvoller ¾-Takt-Motorik und vom wohldosiert eingesetzten dynamischen und melodischen Kontrast: Zwei Tutti-Takte zu Beginn werden sogleich von einer imitatorischen Trillerfigur beantwortet,

die dann auch die kurze Durchführung und die Coda prägt; der Seitensatz bringt den lyrischen Gegensatz in zart durchbrochenem Bläser-Streicher-Satz. Das *Menuett* wird durch einen Hornruf markant gegliedert und reduziert im Trio die Orchesterbesetzung auf die Streicher allein. Der abschließende Sonatensatz (*Presto*, ¢) ist äußerst durchsichtig und zugleich von virtuoser Lebhaftigkeit. Sein viertaktiges, piano einsetzendes Hauptthema bedient sich wiederum des Trillermotivs und weitet sich in der Durchführung überraschend zur Fünftaktigkeit aus, ohne daß diese Asymmetrie dem Hörer so recht bewußt würde.

Im April 1774 folgte die **A-Dur-Symphonie (KV 201)** als dritte dieser frühen Trias und als eigentliches, meisterhaftes Gegenstück zum g-Moll-Werk. Alfred Einstein sprach von der »Notwendigkeit der Vertiefung der Sinfonie durch imitatorische Belebung, ihrer Rettung aus dem bloß Dekorativen durch kammermusikalische Feinheit« und charakterisierte damit sehr präzise die außergewöhnliche Bedeutung der A-Dur-Symphonie. Trotz – oder doch gerade wegen? – sparsamster Orchesterbesetzung (mit je zwei Oboen und Hörnern) erreichte Mozart die höchste Dichte und Konzentration seiner Tonsprache, verglichen mit allen bisherigen Symphonien, und er bediente sich dazu sehr entschieden auch kontrapunktischer Stilmittel.

Das motivisch-strukturierte Hauptthema des Kopfsatzes (*Allegro moderato*, ¢)

wird bereits bei seiner ersten Forte-Wiederkehr nachdrücklich enggeführt, und auch die Durchführung beginnt mit einer durchsichtigen polyphonen Triller- und Tonleiterpassage. Der vielgliedrige Seitensatz schlägt als Gegensatz einen unüberhörbar lyrischen Grundton an, der dann auch den ganzen langsamen Satz prägt.

Auch dieses *Andante* (D-Dur, 2/4) ist, wie die beiden Ecksätze, ein veritabler Sonatensatz, dessen unverwechselbares Timbre von den gedämpften hohen Streichern herrührt. Seinem ersten Thema gesellt sich bei der alsbaldigen Wiederholung ein geradezu schulmäßig sich abhebender Kontrapunkt bei. Ihm folgen zwei weitere sehr individuelle und ebenso ausdrucksvolle Themen auf der Dominante: das erste mit verhaltener Emphase als melodische Geste, das zweite dann eher verspielt serenadenhaft. Unmittelbar darauf in der Schlußgruppe setzt eine Triolenbewegung ein, die neben einer kleinen Trillerfigur die ganze Durchführung beherrscht. Eine wirkungsvolle Überraschung hob sich Mozart bis zum Schluß auf: die letzten sechs Takte der Coda werden von den solistischen Bläsern in kräftigem Forte angeführt, und zwei Takte später fallen die Streicher plötzlich ohne Dämpfer als ganz neue, frische Farbe ein.

Der dritte Satz (*Menuetto*) ist hier gar kein höfisch-zeremonieller Tanz mehr, sondern ein gewichtiger Symphoniesatz. Das Menuett selber wird in seltener Konzentration durch den punktierten Rhythmus seines Themas geprägt, der am Ende jedes Teils in den Bläsern jeweils auf ein monotones rhythmisches Motiv reduziert wird und im Streicherforte unisono den Mittelteil einleitet. Der gleiche Rhythmus versteckt sich darüber hinaus auch im Trio, das fast ganz dem Streichorchester überlassen bleibt und einen melodischen Legato-Kontrast zum energischen Staccato des Hauptteils bildet.

Das Finale (*Allegro con spirito*, 6/8) verlangt vom Orchester höchste Brillanz und Virtuosität. Das Hauptthema mit seinem kecken Achtelauftakt und der abspringenden Oktave

steuert mit zwei kleinen Motivbestandteilen den weiteren Verlauf des ganzen Satzes: der aufstrebende Tonleiterausschnitt (a) weitet sich bald zu eineinhalb Oktaven hinauf oder hinab aus und hebt markant die

Formteile voneinander ab; und die kleine abschließende Achtelgruppe (b) geistert in der Überleitung zum tänzerisch wiegenden Seitenthema mit seinen zärtlichen Vorschlägen herum. Schließlich beendet eine Coda den Satz mit einem der phantasievollsten Mozartschen Schlußeffekte überhaupt.

Stünde die nächste Symphonie – **D-Dur (KV 202)** vom Mai 1774 – nicht im Schatten der vorangehenden bedeutenden Schwestern, würde man gewiß ihren Wert ein wenig höher einschätzen. Insgesamt aber bedeutet sie einen Rückschritt in die Konvention, oder besser: in die »Normalität« der Symphonien vom Frühjahr 1773. Ihre vier Sätze sind im Vergleich unpersönlicher gehalten und eher von Vorbildern (Haydn!) beeinflußt als ihre drei unmittelbaren Vorgängerinnen. Auch das neu gewonnene Gewicht des Finalsatzes wird hier deutlich reduziert, der Akzent liegt noch einmal entschieden auf dem ersten Sonatensatz. Beide Sätze werden allerdings durch ihr punktiertes Kopfmotiv unüberhörbar miteinander verknüpft. Das *Andantino con moto* (A-Dur, 6/8) ist für Streicher allein gesetzt.

Vier Jahre lang schrieb Mozart keine Symphonie, dann boten ihm die berühmten »Concerts spirituels« in Paris die willkommene Gelegenheit, sich wieder der Gattung zu stellen und sie zugleich an den örtlichen Hör- und Musiziertraditionen zu erproben. Es gibt zur Entstehung und Aufführung der **»Pariser Symphonie« D-Dur (KV 297)** eine aufschlußreiche Korrespondenz mit dem Vater: Danach war die erste Aufführung des Werkes (am 18. Juni 1778) ein großer Erfolg »mit allem aplauso«, nachdem Mozart sich zuvor über die unbefriedigende Probensituation geärgert hatte (»ich habe mein lebe-Tag nichts schlechters gehört«, Brief an den Vater vom 3. Juli 1778). Später erfährt man, daß dem Publikum das *Andante* wohl nicht so recht gefallen haben muß (mit Ausnahme einiger »Kenner«). Daraufhin entschloß sich Mozart kurzerhand, auf Anregung des Leiters dieser renommierten Konzertgesellschaft Joseph Le Gros, für die zweite Aufführung (15. August 1778) einen neuen langsamen Satz zu schreiben, der dem breiten Publikum wohl besser einging. Mozart selber erlag zunächst dem Reiz des schlichteren zweiten Andantes und zog es dem ursprünglichen vor. Inzwischen hat man begriffen, daß dieser Tausch keine künstlerische Verbesserung bedeutet, und so wird das Werk heute in der Regel auch wieder in seiner Originalfassung aufgeführt.

Mozart fand in Paris ein für seine Erfahrung ungewohnt großes Orchester vor und war erklärtermaßen begeistert darüber. Seine bekannten brieflichen Äußerungen hierzu müßten allen jenen musikhistorischen

Puristen zu denken geben, die nach wie vor eine kammermusikalisch kleine Orchesterbesetzung (der Streicher) für die einzig stilgerechte Aufführungspraxis halten. Vor allem die beiden Ecksätze des Werkes belegen in ihren rauschenden, kontrastreichen Tutti-Passagen Mozarts Spaß am großen Orchesterklang; und daß er die speziellen Wünsche des Pariser Publikums gut kannte, beweisen auch beide Satzanfänge auf höchst unterschiedliche Weise: der *Kopfsatz* setzt mit jenem berühmten »premier coup d'archet« ein, dem energischen Forte-Ansatz im Unisono mit anschließendem effektvollem Tonleiteranstieg durch die Oktave, den man dort so gern hören wollte.

Im *Finale* dagegen spielt Mozart auf hintersinnige Weise mit dieser Erwartungshaltung, indem er sie zunächst enttäuscht: ein achttaktiges Pianissimo-Geflüster geht dem Tutti-Ausbruch voran. Im Brief an den Vater (3. Juli 1778) amüsiert sich der Komponist nachträglich über seinen gelungenen Scherz: »so fieng ichs mit die 2 violin allein piano nur 8 tact an [...] mit hin machten die zuhörer, wie ichs erwartete beym Piano sch – dann kamm gleich das forte – sie das forte hören, und die Hände zu klatschen war eins«.

Das *Allegro assai* (4/4) überrascht durch eine phantasievolle Fülle von Einfällen; bereits das Hauptthema ist als Forte-Piano-Kontrast angelegt. Seine vier Anfangstakte beherrschen alle Teile des Satzes, wobei sie sich gegen Ende der Exposition zur Imitation verdichten und auch die Durchführung gliedern. Alle Abschnitte des Sonatensatzes gehen ohne Wiederholungszeichen ineinander über; die reiche Holz- und Blechbläserbesetzung (mit je zwei Flöten, Oboen, Klarinetten und Fagotten!) sorgt bisweilen für fast konzertante Vielfarbigkeit. – Das temperamentvolle Finale (*Allegro*, ¢) steigert den Orchestereinsatz ins Spielerisch-Virtuose und arbeitet womöglich noch stärker mit dynamischen Gegensätzen und Steigerungen. Der Seitensatz täuscht in kontrapunktischer Faktur den Beginn einer Fugenexposition vor; er steigert seine polyphone Verflechtung in der Durchführung und entfällt dann zum Ausgleich in der verkürzten Reprise. Das *Andantino* (G-Dur, 6/8) steht ohne Pauken und Trompeten zwischen den Ecksätzen, es lebt ganz von der eindringlich flehenden Geste seines Hauptthemas und von der subtilen Instrumentationskunst, mit der die Bläser- und Streicherfarben gemischt werden. Erst in der durchdachten kontrastreichen Reihung dieser drei Sätze (ohne Menuett!) gewinnt die Symphonie ihre innere Geschlossenheit.

Mozarts drei letzte Salzburger Symphonien (KV 318, 319, 338) verbindet ihre Dreisätzigkeit; allerdings gibt es zu KV 319 ein nachkomponiertes Menuett.
Die **Symphonie G-Dur (KV 318)** vom 26. April 1779 fällt jedoch aus dem Rahmen, weil sie im Grunde eine Opern-Ouvertüre ist. Alfred Einstein hielt sie für die Ouvertüre zu Mozarts fragmentarischem Singspiel »Zaide«, wofür die überraschenden »türkischen« Takte gegen Ende des Werkes ebenso sprechen wie die starken emotionalen Kontraste in der Melodie-Erfindung und im formalen Ablauf. Die drei Teile der Symphonie gehen ohne Pause ineinander über, so daß überhaupt keine Gelegenheit für den nachträglichen Einschub eines Menuetts bleibt. Auch die Orchesterbesetzung ist ungewöhnlich, denn Mozart erweiterte das obligate Hörnerpaar ausnahmsweise zum Quartett. Im äußeren Ablauf werden zwar die gewohnten Regeln der Opern-Sinfonia eingehalten, doch führt Mozart diese Tradition behutsam und charakteristisch weiter, indem er symphonische Elemente mit einbezieht. Der letzte Teil (*Molto allegro*) wiederholt den ersten nicht bloß, sondern variiert und führt ihn auf bezeichnende Weise weiter: Nachdem das theatralische Hauptthema bereits im ersten Abschnitt nicht nur intensiv vorgestellt, sondern auch durchführungsmäßig verarbeitet wurde, kehrt sich, in der späteren Reprise, dann die Reihenfolge der Themen um, so daß das Hauptthema als krönend effektvoller Abschluß erst in der Coda wieder erscheint, nach dem Seitenthema und einer ihm vorangehenden lebhaften Hinführung. An den offenen Schluß des ersten *Allegros* fügt sich das zarte Intermezzo des *Andante*-Mittelteils als wirkungsvoller Kontrast.

Die Salzburger **B-Dur-Symphonie (KV 319)** vom 9. Juli 1779 enthielt ursprünglich, ähnlich wie ihre spätere Schwester KV 338, kein Menuett. Erst 1782 fügte Mozart anläßlich einer Wiener Aufführung den dritten Satz ein, beließ es aber bei der sparsamen Bläserbesetzung des Werkes mit je zwei Oboen, Fagotten und Hörnern. Der Kopfsatz steht, wie später das erste Allegro der Es-Dur-Symphonie (KV 543), im selteneren ¾-Takt (*Allegro assai*). Sein Hauptthema

wird kontrastreich durch Forte-Tutti-Takte gegliedert. Eine bewegte Überleitung voller Akzente vermittelt zur Dominante und zum Seitensatz, dessen Thema vielfältig gegliedert ist: Schmeichelnde Violin-Oktaven werden von spielerischen Bläserterzen und staccato-begleiteten Trillerfiguren weitergeführt und enden wiederum in einer zärtlichen Geigenwendung, die schließlich in einem ganztaktig gedehnten Melodiebogen ausläuft. Und auch die ausführliche Schlußgruppe ist noch reich an motivischen Einfällen und dynamischen Gegensätzen; vor allem aber taucht in ihr als zitierender und verbindender Rückgriff der motivische Achtelabschluß des ersten Themas wieder auf (b). Die Durchführung setzt unvermittelt mit einer neuen melodischen Wendung ein, die zunächst an die diversen Trillerfiguren der Exposition anknüpft und daran jenes viertaktige Ur-Motiv anschließt, das neun Jahre später zum Zentrum des »Jupiter«-Symphonie-Finales werden sollte. Diese charakteristische Tonfolge durchzieht den ganzen Ablauf der Durchführung in durchsichtigem, behutsam polyphonem Stimmgewebe. Ihren Abschluß bildet die Weiterführung des Triller-Themas im dichten Orchestertremolo. Ungewöhnlicherweise gibt es in diesem Satz keine Wiederholungsvorschriften einzelner Teile.

Das *Andante moderato* (Es-Dur, 2/4) beschränkt den Orchesterklang zunächst auf den satten Wohllaut des reinen Streicherensembles, um ihn dann durch die Bläserfarben dezent anzureichern. Seine Form ist dreiteilig, wobei in der Reprise der ursprüngliche Hauptgedanke erst ganz am Ende abrundend nachgereicht wird. Der kurze Mittelteil führt wiederum ein neues melodisches Gebilde ein, das seine Vorbilder in den Figuren barocker Leidensrhetorik zu haben scheint und das zunächst in den Streichern, dann in den Holzbläsern polyphon durchgeführt wird.

Das nachkomponierte *Menuett* pointiert jeweils den Auftakt seiner melodischen Phrasen durch einen witzigen melodischen Akzent und dehnt die Überleitung zur Wiederkehr des A-Teils um vier chromatisch leicht getrübte Takte. Das Trio setzt ganz auf die Wirkung seiner holzbläsergefärbten, an Haydn gemahnenden Melodielinien.

Auch das *Finale* (*Allegro assai*, 2/4) verbirgt hinter seiner spritzig unterhaltenden Fassade allerlei fast kammermusikalische Subtilitäten. Es ist wiederum ein Sonatensatz, diesmal mit allen üblichen Wiederholungen. Sein spielerisches Hauptthema weist mit seinen Triolenrepetitionen voraus auf das Finale von Beethovens »Achter Symphonie« (wie übrigens auch die behende Dreiermetrik des Kopfsatzes). Ihm folgen auf der Dominantebene zwei weitere Themen: das erste zunächst mit Achtel-

Staccati, bei seiner Wiederholung dann von dichteren Triolenrepetitionen begleitet; das zweite gehört mit hüpfenden Terzen und neckischen Trillern zunächst den Holzbläsern und wird dann im Tutti-Forte wiederholt. Wie im Kopfsatz, führt Mozart auch hier in der Durchführung einen neuen Gedanken ein, der sehr zurückgenommen und verinnerlicht in durchsichtiger Kontrapunktik durch die Stimmen wandert, im weiteren Verlauf mit der Triolenbewegung der Exposition verbunden wird und im überraschend auftrumpfenden Unisono des ganzen Orchesters zur Reprise zurückführt. Zahllose kompositorische Einzelheiten, vor allem in den Ecksätzen, heben dieses Werk aus der Reihe der Jugendsymphonien Mozarts hervor, verleihen ihm fast experimentellen Charakter und rechtfertigen insgesamt die Bezeichnung als »außerordentlich subtile Kammersymphonie« (Ludwig Finscher).

Die **C-Dur-Symphonie (KV 338)** vom August 1780 wird leider im Konzertbetrieb unserer Tage zu Unrecht vernachlässigt, obwohl sie zu den frühen Meisterwerken gerechnet werden muß. Mozart gelang in diesem dreisätzigen Werk eine bewunderungswürdige Balance aller kompositorischen und ausdrucksmäßigen Momente zwischen festlichem Orchester-Tutti-Glanz und intim deklamierender Melodik. Natürlich hat die Nachwelt sich über das »fehlende« Menuett Gedanken gemacht, zumal im Autograph an zweiter (!) Stelle die erste Seite eines solchen Tanzsatzes enthalten ist, die später durchgestrichen wurde. Viel deutet darauf hin, daß Mozart selber nachträglich ein bereits existierendes Menuett getilgt haben könnte, aus welchen Gründen auch immer. Warum sollen es nicht ähnliche, für uns jedoch nicht mehr nachvollziehbare Beweggründe gewesen sein, die ihn auch dazu bewogen, die »Prager Symphonie« (KV 504) dreisätzig zu belassen? Die Vermutung, daß das einzelne »Symphonie«-**Menuett KV 409** hierher gehören könne, wird vor allem von Alfred Einstein sehr nachdrücklich vertreten, ist jedoch alles andere als überzeugend, denn dieser Satz verfügt im Orchester über zwei Flöten.
Der erste Sonatensatz (*Allegro vivace*) ist äußerst vielgestaltig und abwechslungsreich, mit einem sehr biegsamen, persönlich gefärbten und deklamatorisch-fortgesponnenen Seitensatz, der vorhaltgeprägt und mit zarten Oboenechos durchsetzt ist. Die Durchführung ist weniger eine Verarbeitung vorhandenen Materials als eine phantasievolle Weiterführung des musikalischen Geschehens voll überraschender Ausbrüche, harmonischer Eintrübungen und gelegentlicher Triolenunruhe in den Mittelstimmen. Sie endet dynamisch ganz zurückgenommen, so daß die

Reprise zum echten Neubeginn gerät. Das Anfangs-Tutti beendet dann in den Coda-Takten den Satz als effektvoller Rahmen.
Der langsame Satz (*Andante di molto*, F-Dur) wird zum ganz zurückhaltenden kantablen Ruhepunkt und vertraut auf den reinen, wohl ausbalancierten Streichersatz mit zusätzlich geteilten Bratschen und den Bässen angehängten Fagotten – fast so etwas wie ein Lehrstück in Streicherklang. Mit der innigen melodischen Geste des Hauptthemas,

charakterisiert durch seine Doppelschlagfiguren, endet der Satz auch.
Das *Finale* (*Allegro vivace*), ebenfalls ein Sonatensatz, ist dann ein geistvoll-delikates Musizierstück mit manchen Zügen eines Opernfinales, dabei fast eine 6/8-Studie in ständig dahinstürmender federnder Triolenmotorik, doch ohne jede Monotonie.

Die **»Haffner-Symphonie« D-Dur (KV 385)** hat ihren Entstehungsanlaß in einer Festlichkeit der befreundeten Familie Haffner in Salzburg (29. Juli 1782), für die Mozart auf Wunsch seines Vaters in kürzester Frist eine Festmusik schuf. Auf diese Weise entstand zunächst eine Serenade mit sechs Sätzen, eingeleitet durch einen kurzen Marsch (den er am 7. August nachreichte), und mit einem zweiten Menuett, das verschollen ist. Für seine Akademie am 23. März 1783 in Wien reduzierte Mozart dann das Werk kurzerhand auf die äußeren Dimensionen einer viersätzigen Symphonie, indem er den Marsch und eines der Menuette strich. Was übrigblieb, behielt dennoch in manchen Zügen seinen liebenswürdigen Serenadencharakter, ist also nicht unbedingt ein symphonisches Schwergewicht, was seinen Wert jedoch nicht schmälert.
Über den Kopfsatz (*Allegro con spirito*, ¢) sagte der Komponist selber: »Das Erste Allegro muß recht feurig gehen.« Und Temperament und Feuer zeichnen in der Tat gleich den über zwei Oktaven hinauf- und hinabspringenden Satzbeginn im Unisono des ganzen Orchesters aus.

Nach kurzem Piano-Intermezzo, einem Spiel mit dem charakteristischen punktierten Rhythmus des vierten Taktes, kommt es zu einem zweiten Forte-Einsatz des Hauptthemas, das nun auch noch imitiert wird. Auch nach längerer Tutti-Überleitung voller Tonleitern, Triller und Dreiklangsbrechungen kehrt das Thema zunächst noch einmal auf der Dominante wieder. Und ein wirklich eigenständiges, gleichrangiges Seitenthema wird auch im weiteren Verlauf der Exposition nicht vorgestellt. Es gibt lediglich eine Reihe melodisch-prägnanter Gedanken, die den Ablauf gliedern. Dabei wird auch kurz Moll gestreift; auffällig ist, daß die Musik sich immer wieder, nach kürzeren Piano-Episoden, zu neuen Forte-Höhepunkten aufschwingt. Der festlich repräsentative Charakter der Musik wird noch unterstützt durch die große Orchesterbesetzung mit Pauken und Trompeten; Flöten und Klarinetten sind (in den Ecksätzen) später hinzugefügt. Die kurze Durchführung vertieft den fast monothematischen Eindruck noch durch die ständige imitatorische Präsenz des Hauptthemas, dessen Oktavsprung bald abgespalten wird und zu dessen letzter durchsichtiger Imitation noch ein klagendes Oboen-Motiv als Kontrapunkt tritt.

Das *Andante* (G-Dur, 2/4) beschwört schwärmerischen Serenadentonfall, voll zärtlicher melodischer Gesten, verspielt plaudernder Motivik und dezenter Höhepunkte in verhaltener Emphase. Die Form ist dreiteilig, mit einem lediglich vierzehntaktigen Mittelteil, der eher eine melodische Fortspinnung denn eine Durchführung genannt werden kann. Die Sonatensatzform schimmert durch die klingenden Konturen, jedoch ohne allzuviel Ernst und Konsequenz.

Das erhaltene *Menuett* folgt, wie üblich, und hier in äußerster serenadenhafter Knappheit, der dreiteiligen Reihung: Das Rahmen-Menuett selber ist auf die unbedingt erforderlichen 24 Takte (A–B–A) reduziert, sein um vier Takte gedehntes Trio verharrt im intimeren Tonfall eines freundlichen Ländlers, in dem die Farben der Oboen und Fagotte sich mit der führenden Primgeige mischen.

Auch das Finale (*Presto*, 4/4) wollte Mozart »so geschwind als es möglich ist« gespielt wissen. In solchem atemberaubendem Grundtempo ist es ein heikles, aber ungemein effektvolles orchestrales Bravourstück, sehr verwandt der späteren »Figaro«-Ouvertüre. Seine Form ist eine einfache rondomäßige Reihung, die in erster Linie durch das Hauptthema und sein wirkungsvoll stockendes Pendant entsteht, das im Mittelteil nach h-Moll ausweicht und auf einmal einen chromatisch absteigenden Baß erhält. Eine wirbelnde Coda bildet den Abschluß.

Die Entstehungsgeschichte der **C-Dur-Symphonie (KV 425, »Linzer Symphonie«)** klingt anekdotisch und enthüllt den Charakter einer gelegenheitsbezogenen Ad-hoc-Komposition, was ihren künstlerischen Wert jedoch in keiner Weise schmälert: Auf der Durchreise von Salzburg nach Wien ergab sich für Mozart Ende Oktober 1783 die Gelegenheit, in Linz eine Akademie zu veranstalten, und für diese benötigte er eine neue Symphonie, denn man führte damals bevorzugt »neue« Musik auf. »So schreibe ich über hals und kopf an einer Neuen, welche bis dahin fertig seyn muß . . .«. Und diese »Neue« wurde deshalb die sogenannte »Linzer Symphonie«, die in jener Akademie am 4. November zum ersten Mal erklang.

Neu ist auch, daß Mozart dem ersten Satz eine gewichtige langsame Einleitung voranstellte, dem Vorbild Haydns folgend, dessen Quartette er mit so großer Mühe und so großem künstlerischen Erfolg studiert hatte. Eine doppelt punktierte Fanfare des ganzen großen Orchesters (mit Trompeten und Pauken) steht zu Beginn. Ihr folgen zart-besinnliche Takte, in denen sich Streicher und Holzbläser (Oboen und Fagotte) durchsichtig ergänzen und deren Ausdruck sich weitgespannt zwischen »süßester Sehnsucht und unheimlicher Erregung« (Einstein) bewegt. Die Exposition des folgenden Sonatensatzes (*Allegro spiritoso*, $\frac{4}{4}$) ist vielgestaltig und voll abwechslungsreicher melodischer Einfälle, so daß eine lehrbuchmäßige Abgrenzung nach Haupt- und Seitenthema, wie so oft bei Mozart, kaum möglich ist. Bereits das erste Thema besteht aus mehreren, zum Teil gleichzeitig erklingenden Elementen, die den weiteren Satzverlauf jeweils anregen. Ein zweiter fanfarenartiger Gedanke schließt sich an, der überleitungsmäßig weitergeführt wird. Danach scheint die Allegro-Bewegung zu stocken, wenn ein eher gemächlicher Einfall auf der Dominante erscheint. Ihm folgt eine kurze e-Moll-Episode, die zunächst fast heroisch, in der Wiederholung jedoch als Bläservariante eher elegisch klingt. In der ausgedehnten Schlußgruppe fällt ein fünftöniges Motiv besonders auf, dessen Rhythmus energisch die Entwicklung vorantreibt (♫♫ ♩). Noch ein kleines, fragendes Zögern, und das abschließende Tutti endet auf der Dominante. Die solistische Violinüberleitung in Gestalt einer aufsteigenden Treppentonleiter führt zur kurzen Durchführung und wird dort wenige Takte später überraschend selber substantieller Bestandteil, nach einer kurzen vorangehenden Erinnerung an den Anfang des Seitensatzes. Diese Figur bestreitet im wesentlichen auch noch die Coda des Satzes – ein klassisches Beispiel für den Fall, daß eine an sich ganz unscheinbare Tonfolge am Rande der

Exposition auf einmal für den Durchführungsteil zentrale Bedeutung gewinnen kann.

Das *Poco adagio* (F-Dur, ⁶⁄₈) im Siciliano-Metrum wird zum Ruhepunkt von zarter Süße des melodischen Ausdrucks.

Es folgt wiederum dem Sonatensatzmodell. Sein Seitensatz auf der Dominante C-Dur führt auch kurzzeitig in dunklere c-Moll-Regionen, an die dann der Mittelteil der Durchführung anknüpft und sie noch geheimnisvoll vertieft. Dabei spielt zunehmend eine aufsteigende Moll-Tonleiter eine gewichtige Rolle; sie klang eher beiläufig im Verlauf der Exposition an, kulminiert in emphatischen Oktavsprüngen und verdichtet sich gleichzeitig im Streichersatz. Bemerkenswerterweise reduziert Mozart sein Orchester in diesem langsamen Satz nicht wie sonst, er setzt vielmehr sehr behutsam auch die Trompeten und Pauken mit ein.

Das festliche *Menuett* und sein Trio folgen dem vorgegebenen dreiteiligen Form-Modell. Der Effekt einer reduzierten Triobesetzung ergibt sich dann aus der abwechselnden und auch gemeinsamen Koppelung von solistischer Oboe und Fagott an die ländlerisch-wiegende Violinmelodie.

Das *Presto* (²⁄₄) schließlich ist ein ungemein temperamentvoller Ausklang voll Spielwitz und Orchesterbrillanz, dessen glanzvolle Fassade über seine strenge formale Durcharbeitung als Sonatensatz hinwegtäuscht. Eine Fülle von Themen und Motiven reihen sich in der Exposition organisch aneinander und scheinen eins aus dem anderen hervorzuwachsen. Nach einem kleinen Fugato erklingt sogar abschließend noch einmal das Hauptthema im Tutti aller Instrumente. Wieder, wie im Kopfsatz, wird ein eher beiläufiges Motiv aus der Exposition zum Motor der Durchführung. Mozart entnahm es der ersten Tutti-Passage des Satzes (Takt 28 ff.), seine beiden Anfangstakte sind zugleich eine variierte Weiterführung des Hauptthemenkopfes.

Nun wird es in der Durchführung in wechselhaft farbiger Instrumentation, in imitatorischen Ansätzen und von ungewöhnlichen Tremolo-Effekten der Streicher begleitet, verarbeitet. Am Ende der Reprise weitet sich die abschließende Wiederkehr des Hauptthemas im Orchester-Tutti triumphal aus. Auf diese Weise spannt sich ein großer melodischer Bogen vom ersten Erklingen dieses Einfalls über die Durchführung bis zur Coda und verhilft dem Satz zu bezwingender Dichte und Einheitlichkeit.
Für die gleiche Linzer Akademie versah Mozart übrigens eine G-Dur-Symphonie von Michael Haydn kurzerhand mit einer langsamen Einleitung. Dieses Zwittergebilde steht seitdem immer noch als Glied in der Kette der Mozart-Symphonien und trägt eine eigene Köchel-Zahl (**KV 444**).

Wenn üblicherweise im Blick auf KV 543, 550 und 551 immer von den »drei letzten großen Symphonien« Mozarts gesprochen wird, dann ist das eine Irreführung, die lediglich auf äußeren Tatsachen beruht: darauf, daß eben diese drei letzten Symphonien innerhalb eines kurzen Zeitraumes, sozusagen gleichzeitig, entstanden sind, während ihnen die sogenannte »Prager Symphonie« anderthalb Jahre vorausging.
Von der Bedeutung her aber gibt es keinen Anlaß zu einer Differenzierung: Die **D-Dur-Symphonie (KV 504, »Prager Symphonie«)** steht gleichrangig neben ihren drei berühmteren Schwestern und verdient es in jeder Hinsicht, mit ihnen in einem Atem genannt zu werden. Mozart vollendete sie am 6. Dezember 1786 in Wien; ihren Beinamen erhielt sie, weil sie am 19. Januar 1787 in Prag ihre Uraufführung erlebte und vermutlich auch zu diesem Zweck komponiert wurde.
Es ist ein beliebter Gegenstand der Spekulation, daß diesem Werk das gewohnte Menuett fehlt; in der Tat gibt es hierzu keinerlei Hinweise von Mozart selber. Es hat sich allem Anschein nach um seine volle künstlerische Absicht gehandelt, eine Symphonie ohne Menuett zu schreiben, gewiß ging es ihm auch nicht um einen historisierenden Rückgriff auf die italienische Tradition der dreisätzigen Symphonie. Die Begründung für diese Ausnahme von der Regel liegt allein in der Musik selber: Dimensionen und Aussage der vorliegenden drei Sätze machen eine Ergänzung schlicht überflüssig; überdies nähert sich das Metrum des langsamen Satzes ohnehin ein wenig der gemessenen Dreierbewegung des klassischen Menuetts an, so daß auch von dieser Sicht aus ein ungerader Tanzschritt entbehrlich gewesen wäre. In der Orchesterbesetzung verzichtete Mozart auf die Klarinetten.

Dem *ersten Sonatensatz* ist eine ausgedehnte und gewichtige langsame Einleitung vorangestellt, die mit dem gleichen Ur-Motiv beginnt wie die spätere C-Dur-Symphonie (KV 551) oder wie das d-Moll-Klavierkonzert (KV 466), allerdings hier im Adagio-Tempo (4/4). Damit setzt eine lange, fast grüblerische und äußerst vielgestaltige Entwicklung ein, die in einer stark modulatorischen, durchführungsähnlichen Sequenz kulminiert: In ihr werden zweitaktige, jeweils zweigliedrige Einheiten spannungsvoll aneinandergereiht, bestehend aus einem machtvollen Forte- und einem Pianotakt, den ein kleines aufsteigendes Doppelschlagmotiv ausfüllt. Nach einer im Pianissimo verklingenden Dominantfermate beginnt der eigentliche, äußerst komplexe Sonatensatz (Allegro 4/4). Ihn prägen mehrere heterogene motivisch-thematische Elemente, die ihm, in unterschiedlicher Häufigkeit und Kombinatorik erscheinend, große Dichte verleihen: zunächst das mehrschichtige Hauptthema, dessen Achtel-Motorik durchaus an den Allegro-Teil der »Zauberflöten«-Ouvertüre erinnert; seine konstruktiven Bestandteile sind der melodische Gestus in den Mittelstimmen (a), der lebhafte Achtelkontrapunkt in der ersten Violine (b), die Trompeten- und Hörnerfanfaren (c, d) und die gleichzeitige Holzbläserlinie (e).

Bereits bei der unmittelbar folgenden Wiederholung dieses thematischen Gefüges tritt eine ausdrucksvolle Gegenmelodie der Oboe hinzu. Wenige Takte später beginnt der Überleitungsteil, in dem zwei kleine

Bewegungsmotive wirksam werden. Er führt jedoch noch nicht zum Seitenthema. An dessen Stelle, also auf der erwarteten Dominante, kehrt zunächst das Hauptthema wieder, das nun jedoch einen imitatorischen Prozeß durchmacht, ehe der eigentliche Komplex des Seitensatzes erreicht wird. Auch er ist mehrgliedrig, denn zunächst stellt sich, genaugenommen, sein Kontrapunkt vor, bevor in Takt 112 sein eigentlicher melodischer Einfall erklingt. Die Schlußgruppe bedient sich sodann wieder in gleicher Reihenfolge der beiden Motive aus der Überleitung, bevor noch einmal fast hymnisch das Hauptthema (a) anklingt. Hauptwesenszug der Durchführung, und überhaupt aller Sätze dieser Symphonie, ist die kontrapunktisch-harmonische Verarbeitung des thematischen Materials, die umweglos nach dem Doppelstrich einsetzt und sich aller wesentlichen Elemente der Exposition in wechselnder Verknüpfung bedient, mit Ausnahme des lyrischen Seitensatzes. Die Reprise »gelingt« erst nach einem kleinen Täuschungsversuch auf der Dominante, im zweiten Anlauf; sie wird geradezu suggestiv vorbereitet durch die ständige, sich verdichtende Abwärtsbewegung in den vorangehenden neun Takten. Die Reprise folgt weitgehend den Umrissen der Exposition, verzichtet jedoch auf die Wiederholung des Hauptsatzes auf der Dominante – eine logische Verlaufskürzung, da das Hauptthema in der Durchführung so eindeutig dominiert hat, daß eine doppelte Rekapitulierung in der Reprise überflüssig erscheinen muß.

Auch das folgende *Andante* ohne Trompeten und Pauken (G-Dur, 6/8) ist ein ähnlich komplexer Sonatenhauptsatz, in dem nicht nur zwei mehr oder weniger gegensätzliche Themen, sondern eine ganze Reihe motivischer Einfälle eine wichtige Rolle spielen. Sein erster Einfall ist ein sehnsüchtiger, chromatisch gefärbter Gedanke, dem sogleich als energischer Kontrast ein Unisono-Achtelmotiv gegenübergestellt wird. Bereits hier setzt wieder das für diese Symphonie so ungemein kennzeichnende Stilmittel der Imitation, der polyphonen Verflechtung, ein. Auch in der Überleitungsgruppe gibt es mehrere individuelle motivisch-thematische Wendungen – in wenigen seiner Werke verzichtet Mozart so konsequent auf kompositorische Floskeln, statt dessen ist Takt für Takt originell erfunden. Das Seitenthema verwandelt sodann die vorherige energische Achtelbewegung in eine weich fließende Legatolinie, die auf höchst charakteristische Weise in den Holzbläsern zu Ende geführt wird. Aus der melodisch wiegenden Schlußgruppe wächst unmittelbar die Durchführung hervor, die überraschenderweise weitgehend auf kontrapunktische Verwicklungen verzichtet und dafür als neues Element das der Klangfarbe einbringt: Vor allem das Hauptthema erscheint in immer neuen eigentümlichen Instrumentenverbindungen zwischen Holz und Streichern und weicht dabei auch in verhangene Moll-Regionen aus. Das Schlußwort, nach der weitgehend wörtlichen Reprise, behält in einer Miniatur-Coda das Achtelmotiv aus der Überleitungsgruppe.

Alle Register der Polyphonie zieht das turbulente *Presto*-Finale (2/4), das in seiner übermütigen Lebendigkeit zunächst viel eher an ein Rondo denken läßt als an einen wiederum durch und durch »ernsthaften« Sonatensatz. Dieser Satz ist eine jener unnachahmlichen Meisterleistungen Mozarts, in denen kompositorische Gelehrtheit und Unterhaltungswert im besten Sinne eine vollkommene Synthese eingegangen sind. Wie man diese Musik auch hört: analytisch als kompositorisches Kabinettstück voller subtiler Kunststücke der Kombinatorik und der motivischen Verarbeitung, als virtuose Herausforderung für jedes Symphonieorchester oder, genießend, als geistvolle musikalische Unterhaltung – in jedem Fall ist die Perfektion unüberbietbar. Übrigens zeigt eine der seltenen erhaltenen Skizzen Mozarts den Entwurf der kontrapunktischen Satzstruktur gerade dieses Satzes. Das Hauptthema lebt von seiner diffizilen Synkopenverzahnung der Instrumente, wobei das kleine anspringende Achtelmotiv im ersten Takt zum Bewegungsmotor des ganzen Satzes wird. Dem steht dann in wiegender Terzen- und Sextenseligkeit das melodische Seitenthema gegenüber, abwechslungsreich verteilt auf Streicher und Holzbläser. Und schon kehrt das Bewegungsmotiv des Anfangs mit seiner Synkopenfortsetzung wieder, ständig präsent bis zum Doppelstrich, kontrapunktiert von einer pizzicato begleiteten flüchtigen Triolenlinie, die in einige Triller mündet. Die Durchführung setzt auf starke dynamische Tutti-Solo-Kontraste und schreckt auch nicht vor polyphonen und daraus resultierenden harmonischen Härten zurück, immer neu angetrieben vom allgegenwärtigen Kopfmotiv. Die Energie der Durchführung reicht überraschenderweise sogar bis in die Reprise hinein, in der nach wenigen Takten noch einmal, wie eine nachhallende Weiterführung, die Tutti-Solo-Gegensätze wiederkehren. In kräftigen taktelangen D-Dur-Dreiklangsformationen endet das turbulente Geschehen.

Im Sommer 1788, innerhalb eines unglaublich kurzen Zeitraumes von nicht einmal zwei Monaten, komponierte Mozart seine drei letzten Symphonien (KV 543, 550, 551). Es ist kein äußerer Anlaß, kein Auftrag zu ihrer Entstehung bekannt, und allem Anschein nach hat der

Komponist diese drei Meisterwerke auch nie gehört. Zu behaupten, er habe diese Musik allein aus innerem Antrieb, aus schöpferischem Drang heraus geschrieben, hieße die historische Situation dennoch zu einseitig aus der Sicht der nachfolgenden romantischen Epoche interpretieren, auch wenn uns das heute angesichts der singulären Bedeutung der Symphonien gewiß einleuchten würde. Dennoch: Mozart war noch nicht der Typus des freischaffenden Tondichters, zu dem sich erst in der folgenden Generation Beethoven als erster durchrang. Mozart schuf prinzipiell zweckorientiert und nicht, um sich selbst zu verwirklichen. Und trotzdem wirken seine drei späten Symphonien (und auch die »Prager«) wie Vorboten der neuen Zeit, wie Individuen und nicht wie Glieder in einer traditionellen Gattungskette. Sie sind nichts weniger und nichts mehr als die ersten Meilensteine der großen Symphonik; sie führen, neben einigen der noch kommenden späten Haydn-Symphonien, auf direktem Wege zu Beethovens Symphonik und weiter bis zum Ende der Gattungsgeschichte, zu Mahler und Sibelius.

Am 26. Juni 1788 war die **Es-Dur-Symphonie (KV 543)** vollendet. Jedes der drei Werke zeigt, ergänzend zur jeweils so individuellen musikalischen Physiognomie, seine eigene Orchesterbesetzung. Hier, passend zur leuchtenden Wärme der Tonart Es-Dur, gibt es ein Klarinettenpaar neben einer Querflöte und Fagotten (jedoch keine Oboen), dazu die klangmischenden Hörner und, für den festlichen Glanz der Tonart, Pauken und Trompeten. Diese Tonartcharakteristik wird, wie in einer Vorausnahme der »Zauberflöten«-Klänge in gleicher Tonart, zu Beginn der langsamen Einleitung (*Adagio*, ¢) im Tutti und in fanfarenartiger Punktierung gefestigt. Der punktierte Rhythmus prägt dann ostinatoartig den weiteren Verlauf gemeinsam mit zunächst ab-, später auch aufsteigenden Tonleitern, gegen die in lichter Höhe Flötenmotive auf Akkordbrechungsbasis gesetzt werden. Eine gedehnte, in geheimnisvoller Chromatik wie resigniert absinkende Linie beendet die Einleitung in seltsam zwielichtigem Kontrast zur vorangehenden Festlichkeit; die Bässe imitieren sie um einen Takt versetzt.

Der folgende Sonatensatz (*Allegro*) steht im selteneren ¾-Takt und beginnt mit einem Thema von großer Zartheit, dessen Anfang sogleich von den Hörnern imitiert wird. Erst im 29. Takt erklingt das erste Tutti im Forte, und bald danach begegnen uns auch wieder die so prägnanten Tonleitern aus der Einleitung. Gegen Ende der Überleitung taucht ein kleines spielerisches Bewegungsmotiv auf,

das später auch in der Durchführung für Unruhe sorgen wird. Der Bereich des Seitensatzes auf der Dominante B-Dur ist, wie so oft bei Mozart, melodisch mehrfach gegliedert: Dem eigentlichen Thema ist, über einem pochenden Achtel-Orgelpunkt der Baßgruppe, eine subtil auf Streicher und Holzbläser verteilte Linie vorangestellt. Betörende Süße strahlt das Seitenthema selber aus, dem die Pizzicati der Bässe und Celli Durchsichtigkeit verleihen und das insgesamt keinen Kontrast zum Hauptthema darstellt, sondern viel eher noch eine lyrische Intensitätssteigerung bedeutet. Für den nötigen Kontrast innerhalb des Satzgefüges sorgen statt dessen die Überleitungs- und die Schlußgruppe: Auch die Schlußtakte der Exposition bringen wieder strahlendes Forte mit Punktierungen, Tonleitern und – im Schlußtakt – dem kleinen Bewegungsmotiv (s. o.). Die Durchführung ist nicht allzu lang; sie greift sofort das Bewegungsmotiv auf und führt es dann, nach einer Episode mit dem lyrischen Seitensatz, im Tutti modulierend, durch nicht weit entfernte Tonarten. Lagen in der »Prager Symphonie« die Akzente eindeutig auf der polyphon gefärbten motivisch-thematischen Verarbeitung, so lebt die Es-Dur-Symphonie von ihrer melodischen Ausdruckskraft und ihrer warmen Klangpalette. Dies bekräftigt die weitgehend der Exposition entsprechende Reprise, die ohne Coda lediglich durch einige leuchtende Tutti-Akkorde abgeschlossen wird.
Das *Andante con moto* (As-Dur, 2/4) ohne Pauken und Trompeten basiert äußerlich auf einer schlichten zweiteiligen Liedform. Das eigentliche Thema des Satzes

ist seinerseits dreiteilig und beschränkt sich im Piano völlig auf die Streicher; sein individuelles Kennzeichen ist die ständige Punktierung, die zugleich dem ganzen Satz große Einheitlichkeit verleiht. Zwei überleitende Bläsertakte scheinen danach unvermittelt ein Tor zu einer anderen Ausdruckswelt aufzustoßen: Auf einmal wandelt sich die vornehm beherrschte Attitüde in schmerzliche Intensität; über scharf punktierte auf- und abfahrende Motivik wird, von f-Moll ausgehend, über es-Moll schließlich B-Dur erreicht. Hier beginnt ein durchführungsartiges Spiel mit dem Kopf des Hauptthemas, das seinerseits in ein zweites trotziges Aufbegehren des ganzen Orchesters mündet. Eine dreitaktige punktierte Überleitungslinie führt dann, quasi improvisierend, zu einem epilogartigen Thema in den Holzbläsern, die einander ständig imitierend antworten. Im zweiten vollständigen Durchgang des Satzes ändern sich anschließend zahllose, vor allem farbliche Einzelheiten, ohne daß der Gesamtverlauf angetastet würde: Es gibt auf einmal eine dezente Gegenstimme zum ersten Thema und ganz unvermittelte enharmonische Modulationen von Es-Dur nach H-Dur. Auch die Intensität der aufbegehrenden Zwischentakte ist jeweils noch eine Spur dramatischer und nachdrücklicher geworden – man sehe sich einmal an, auf welch verschlungenen Wegen Mozart vom ersten h-Moll-Takt (96) zur Grundtonart (108) zurückfindet! In einer Coda kehrt zum letzten Mal das Hauptthema wieder und beschließt mit seinen Punktierungen den Satz.

Das *Menuett* scheint in seiner wohligen Klangpracht ausschließlich daraufhin angelegt zu sein, die Leuchtkraft des großen Orchesters in der Tonart Es-Dur zur Geltung zu bringen. Dabei liegt repräsentativer Glanz unmittelbar neben gemächlich wiegender Ländlerseligkeit. Vollends zum Wiener Ländler wird dann das berühmte Klarinettentrio mit seiner volkstümlich-unbekümmerten Melodie über dudelnder Tanzbegleitung. Doch auch hier gibt es im kurzen Mittelstück einige Takte momentaner Verinnerlichung in den Streichern, ein deutliches stilisierendes Abrücken vom allzu weltlichen Tanz, bevor geradezu klassische Hornquinten die Reprise der Klarinettenmelodie einleiten.

Der Beginn des ²⁄₄-*Finales* (*Allegro*) scheint ein Rondo anzukündigen, statt dessen aber bestätigt sich symphonisches Gewicht durch einen weiteren, freilich ungemein originellen Sonatensatz. Sein verspieltes, temperamentvolles Thema ist zugleich sein einziges; seine Sechzehntelbewegung beherrscht den ganzen Satz buchstäblich bis zum letzten Takt. Und auch der Seitensatz ist nichts als eine phantasievolle Weiterführung des gleichen Gedankens, der in der Folge dann übermütig durch die Holzbläserstimmen geistert und schließlich über einem pochenden Dominant-Orgelpunkt die Exposition beendet. In der ziemlich kurzen Durchführung setzt das gleiche Thema dann überraschende Energien frei, versteigt sich gleich enharmonisch zu recht weit entfernten Tonarten und zu ungemein aufgeregten Imitationen. Eine seltsam verhangene Klarinetten- und Fagott-Episode, unter der das

Thema rumort, mündet unversehens in die Reprise. Eine zweimalige energische Wiederholung des Themenkopfes beschließt anstelle einer Coda diesen monothematischen Satz.

Das Autograph der **g-Moll-Symphonie (KV 550)** trägt das Datum 25. Juli 1788; einst gehörte es Johannes Brahms, mit dessen umfangreicher Autographen-Sammlung es dann als Nachlaß an die »Gesellschaft der Musikfreunde« in Wien überging. Dieses Werk hat im Laufe seiner Rezeptionsgeschichte die unterschiedlichsten, ja gegensätzlichsten Interpretationen erfahren. Schumanns bekannte Äußerung über ihre »griechisch-schwebende Grazie« scheint uns heute am Kern der musikalischen Aussage vorbeizugehen, doch belegen konträre Deutungen gerade ein wichtiges Wesensmerkmal musikalischer Kunstwerke: ihre Mehrdeutigkeit und Vielschichtigkeit. Insofern ist es auch bei einem so populären Werk wie der g-Moll-Symphonie ein heikles Unterfangen, ihre Aussage in Worten nachzuzeichnen – allzu leicht begibt man sich in die gefährliche Nähe programmatischer Formulierungen, die ein Stück der »absoluten Musik« auf unzulässige Weise und einseitig festlegen. Und doch kann gerade bei dieser Symphonie, bei aller vorbeugenden Behutsamkeit, kein Zweifel daran bestehen, daß ihre Grundstimmung düster, traurig, ja: streckenweise tragisch zu nennen ist. Da man gleichzeitig aus Mozarts Biographie weiß, daß er diese Musik in der bedrängtesten, ausweglosesten Phase seines Lebens niederschrieb, liegt der Schluß nahe, daß er sich damit sein Leid »von der Seele schrieb«, daß ihre Aussage autobiographisch sein muß. Nur: wie konnte es dann, in gleicher Lage, einen Monat zuvor zu einem so lichten Werk wie der Es-Dur-Symphonie kommen und bald danach zur strahlenden »Jupiter-Symphonie«?
Auch für diese Symphonie ist eine Aufführung zu Lebzeiten des Komponisten nicht gesichert; gewisse Hinweise deuten jedoch darauf, daß sie in einem Konzert der Künstlersozietät im Wiener Hofburgtheater am 16./17. April 1791 gespielt worden ist. Bei dieser Veranstaltung wirkten die beiden Klarinettisten Johann und Anton Stadler mit, und so ist anzunehmen, daß Mozart für diesen Anlaß die ursprüngliche Fassung um die beiden Klarinettenstimmen ergänzte, die er gemeinsam mit der überarbeiteten Oboenstimme dem Autograph beilegte. In dieser zweiten Version wird die Symphonie heute meistens aufgeführt, obwohl die erste Fassung ohne Klarinetten in ihrer etwas spröderen Klanglichkeit als gleichwertig anzusehen ist. Der erwähnte aktuelle Anlaß deutet ohnehin nicht auf die Absicht einer prinzipiell verbessern-

den Bearbeitung hin. Ein Vergleich ergibt, daß die Klarinetten im wesentlichen die Partien der Oboen übernommen haben, die ihrerseits in den eher begleitenden Hintergrund zurücktreten, mit Ausnahme des zarten Oboentrios im Menuett, das Mozart im ursprünglichen Zustand beließ. Im übrigen verzichtete Mozart auf Pauken und Trompeten ganz und führte die beiden Hörner (in B und G) ungewöhnlich selbständig und individuell.

Der erste Satz, dessen Tempobezeichnung Mozart von »Allegro assai« in *»Molto allegro«* (¢) abänderte (und beschleunigte!), beginnt mit einem reinen Begleitungstakt der tiefen Streicher, deren unruhig pendelnde Achtelbewegung den Pulsschlag des ganzen Satzes prägt. Darüber setzt auftaktig das Hauptthema ein, dessen Linie – wie ganz selten bei Mozart – aus einer kleinteiligen motivischen Reihung entsteht.

Es endet mit leichter chromatischer Eintrübung auf der Dominante. Vor seiner Wiederholung, die durch zarte Liegetöne der Holzbläser gefärbt wird, markieren vier Fortetakte eine Zäsur, und bereits hier beginnt das keimzellenartige Ur-Motiv aus dem Thema (a) rhythmisch weiterzuwirken. Dramatik prägt die Überleitung im Tutti zum Seitensatz in der Dur-Parallele: Dieser erklingt im subtil durchbrochenen Satz von Streichern und Bläsern; und unüberhörbar überlagert abwärtsziehende Chromatik ständig das hellere Dur. In der Schlußgruppe kehrt das Drei-Noten-Motiv wieder zurück und stellt nach einem Tutti-Höhepunkt die Weiche entweder zur Wiederholung der Exposition oder zur Durchführung. Nach zwei harten Akkorden und über einem gedehnten Bläserabstieg finden wir uns unversehens in fis-Moll, und es beginnt ein äußerst konfliktreicher Teil, der sich ausschließlich aus dem Energiepotential speist, das dem Hauptthema und seiner motivischen Struktur innewohnt. Zunächst wird das Thema als Ganzes schrittweise chromatisch abwärts gedrängt; dann beteiligt sich das ganze Orchester in aufgeregter Bewegung am motivisch-thematischen Geschehen, und schließlich spalten sich immer kleinere Bestandteile des Themas ab und verselbständigen sich in engräumigem chromatischem Auf und Ab. Unmerklich wächst die Reprise aus einem letzten suggestiven Abwärtszug der chromatisch verzahnten Holzbläser hervor. Die Reprise folgt dem Verlauf der Exposition mit charakteristischen Abweichungen: so wird dem Hauptthema sogleich eine anrührende Gegenstimme im Fagott hinzugefügt. In der Überleitung zum Seitensatz werden noch einmal, stärker als in der Exposition, Konflikte ausgetragen, und das Seitenthema wirkt nun in der endgültigen g-Moll-Färbung ungleich fatalistischer, resignierter. Die Coda beginnt mit einigen synkopisch und in widerborstiger Punktierung gegeneinanderstehenden Takten; nach einer ganz kurzen, farblich aufgelichteten Streicherepisode dominiert endgültig der »Schicksalsrhythmus« des Kopf-Motivs.

War der Kopfsatz durchgehend vom Dreierrhythmus seines Kernmotivs geprägt, so lebt das *Andante* (im etwas abgelegenen Es-Dur) ebenso eindeutig von seiner fast monotonen 6/8-Bewegung, die ihren Charakter jedoch ständig nuanciert: zwischen weichem Strömen und unerbittlich hartem, fast stampfendem Hämmern, vor allem in der Durchführung dieses zweiten Sonatensatzes. Sein Hauptthema ist keine einzelne, begleitete melodische Linie, sondern zu Beginn ein kunstvolles, mehrschichtiges Liniengeflecht, das in zwei ausdrucksvollen Seufzergebärden weitergeführt wird. Ihnen sind wiederum zwei kleine Zweiunddreißigstel-Figuren angefügt, die ihrerseits nach chromatischem Abstieg auf einem Halbschluß enden – ein ungemein komplexes thematisches Gebilde, das so gar nicht dem gewohnten periodischen Melodie-Idealfall der Klassik zu entsprechen scheint. Seine Wiederkehr wird in allen Teilen durch charakteristische Gegenstimmen angereichert. Die folgende Überleitung wird von jenem unscheinbaren kleinen Zweiunddreißigstel-Motiv aus dem 7. Takt des Themas völlig beherrscht, das sich unmerklich zu angedeuteten melodischen Linien zusammenfügt. Das Seitenthema ergibt sich aus der variierten Reihung eines schlichten, gleichsam flehenden Quartfalles. Bei seiner unmittelbaren Wiederholung wird es durch alternierende Holzbläserregister gefärbt. Die Durchführung stellt einen recht kompromißlosen Extremwert in Mozarts Musik dar, denn sie ist genaugenommen völlig amelodisch. In unerbittlicher Monotonie verknüpft sie das 6/8-Schreiten mit dem ständigen bohrenden Abwärtszug des Zweiunddreißigstel-Motivs, im fast ungebrochenen Forte des ganzen Orchesters. Der weitere Verlauf bleibt dann ganz im Piano und verbindet, chromatisch gefärbt, Elemente des Hauptthemas mit der ständig gegenwärtigen Zweiunddreißigstel-Figur. Mit diesem Satz scheint Mozart geradezu den Beweis antreten zu wollen, daß Ausdrucksintensität keineswegs abhängig ist von melodischer Intensität. Zugleich wird deutlich, daß die Klangfarbe zum integralen, gleichberechtigten Bestandteil der musikalischen Erfindung, der kompositorischen Substanz geworden ist – der absolute Vor-

rang der Streicher ist gebrochen, Streichinstrumente und (Holz-)Bläser gehen eine höhere, strukturell bedingte Einheit ein.
Das *Menuetto* (Allegretto) hat nun mit dem Muster des höfischen Tanzes nur noch die Äußerlichkeiten Takt und Form gemeinsam. Bereits sein synkopisch den Dreiertakt überlagerndes störrisches Thema signalisiert die Emanzipation zum gleichgewichtigen Symphoniesatz. Endgültig vollzogen wird dieser Schritt dann in seinem sich ständig verdichtenden zweiten Teil, in dem zunächst frei einsetzende Sekund-Dissonanzen die Spannung verschärfen; bei der Wiederkehr des A-Teils scheinen sich dann nicht enden wollende Imitationen übereinanderzutürmen, obwohl sich doch nur zwei Stimmen abwechselnd nachahmen. Ein chromatisch getönter Epilog gehört den Holzbläsern. Das Trio ist der einzige ungetrübte Moment der ganzen Symphonie, mit zarten Oboenfarben und, in der Reprise, einem äußerst heiklen Hornsolo.
Auf das im Dreiklang aufsteigende Hauptthema des Finales (*Allegro assai*, ¢)

scheint Schumanns Diktum von der griechischen Grazie zunächst noch am ehesten zu passen, doch zeigt die weitere Entwicklung, vor allem in der Durchführung, welche form- und harmoniesprengenden Kräfte ihm eigen sind. Zu Beginn jedenfalls ist es durch ausgewogene Periodik gegliedert und gebändigt, und nur die ständigen regelmäßigen Piano-Forte-Wechsel deuten kommende Ausbrüche an. Die ausgedehnte Überleitung wird in ihrem ruhelosen Vorwärtsdrang durch den zweiten Teil des Themas ausgelöst, der sich gleichsam zu verselbständigen scheint. Der Seitensatz ist – zunächst allein in den Streichern, dann in den solistischen Holzbläsern – eine ausdrucksvoll deklamierende melodische Gebärde seltener Eindringlichkeit, ein vergebliches Aufbegehren gegen das ständige Voranstürmen des Satzes. Und es bleibt denn auch eine Episode, die nur noch einmal in der Reprise wiederkehrt, resigniert nach Moll gewendet und nun stärker chromatisch gefärbt. Die Durchführung ist wohl die kühnste Passage in Mozarts Orchesterwerken überhaupt: Sogleich nach dem Doppelstrich scheint sich das Hauptthema, nach kurzem, entschlossenem Unisono-Aufstieg des ganzen Orchesters, in seine Einzeltöne aufzulösen und auch harmonisch völlig den Halt zu verlieren. Die nachfolgenden kontrapunktischen Kreuzungen bringen in immer neuen Anläufen den gleichen Themenkopf und führen ihn polyphon weiter, bisweilen von bizarren Hornrufen »gestört«. Sie gipfeln in engräumigen Imitationen des ganzen Orchesters, die sich fast ausweglos bis in entlegenste Kreuztonarten verrennen. Die letzten Takte dieser Durchführung klingen fast wie ein Aufschrei; so kompromißlos war Mozarts Musik nie zuvor und nie wieder. Die Ästhetik der Schönheit gilt nicht mehr, es klingt wie ein prophetischer Blick in die Zukunft, in der einmal Häßlichkeit zum gleichberechtigten Stilmittel erhoben sein wird. Doch mit vier energischen Takten rafft Mozart die aus den Fugen geratene Musik wieder zusammen und zwingt sie kadenzierend zur Reprise. Sie ist gegenüber der ausgebreiteten Exposition besonders im ersten Thema fast zur Flüchtigkeit gekürzt. Erschütterung löst dann vor allem die unerbittliche Endgültigkeit aus, mit der auch das zweite Thema in Moll verharrt; ein konventioneller Dur-Schluß ist hier nicht mehr vorstellbar!

Mozarts eigenhändiges Werkverzeichnis meldet, wie bei den Schwesterwerken, in lakonischer Schlichtheit »eine Sinfonie« und meint damit den Höhepunkt Mozartscher Symphonik, die **C-Dur-Symphonie (KV 551)**, datiert Wien, 10. August 1788. Unlösbar mit ihr verbunden ist seit langem der Name **»Jupiter-Symphonie«**, der mit Sicherheit nicht auf Mozart selber zurückgeht, auf unbestimmte Weise göttliche Größe suggeriert und zu endlosen Spekulationen und Deutungen Anlaß gegeben hat. Ein Hinweis in den Tagebüchern des englischen Verlegers und Mozart-Verehrers Vincent Novello (1781–1861) deutet auf den Bonner und späteren Londoner Violinisten und Konzertunternehmer Johann Peter Salomon (1745–1815) als Urheber dieses Etiketts.

Im Gegensatz zur vorangehenden g-Moll-Symphonie finden wir hier keine Spuren der prekären persönlichen Lage des Komponisten. Im Gegenteil: Das ganze Werk erscheint wie eine Apologie der Tonart C-Dur, ihres strahlenden Glanzes und ihres vielfarbig facettenreichen harmonischen Umfeldes, voller Kontraste und feiner Abstufungen des Ausdrucks, jedoch sorgfältig alle dunkleren Gefühlsabgründe meidend, bis auf wenige Takte im langsamen Satz. Das Hauptthema des Kopfsatzes (*Allegro vivace*, 4/4) ist in sich bereits dualistisch angelegt, kraftvoll mit jenem gleichsam »neutralen« Ur-Motiv aus dem d-Moll-Klavierkonzert (KV 466) und der »Prager Symphonie« (KV 504) beginnend und im zarten Streicherpiano antwortend.

Der punktierte Violinaufstieg im dritten Takt wird dann für die Überleitungsteile des Satzes motivisch wichtig. Die nachdrückliche Pause zwischen beiden thematischen Bestandteilen wird im Satzverlauf zum prägenden Element, denn immer aufs neue unterbrechen und gliedern zäsurähnliche Pausen die Musik. Bei seiner zweiten leisen Wiederholung, unmittelbar nach dem ersten auftrumpfenden Orchester-Tutti, wird das Thema gleich von zwei Bläserkontrapunkten flankiert, bereits ein wenig durchführungsmäßig weitergeführt und wiederum ins Forte gesteigert. Nach gliedernder Pause setzt das erste der Seitenthemen mit chromatischer Geste und sich alsbald in den Bässen selber imitierend ein und wird, dann mit zusätzlichen Holzbläserfarben schattiert, wiederholt. Es endet harmonisch offen, wie ein Fragezeichen, vor einem Takt Generalpause, und wieder folgt der starke Tutti-Kontrast, der seinerseits in fragender Unaufgelöstheit, mit einer absteigenden Dominantsept-Dreiklangsbrechung abbricht. Hier erklingt das eher verspielte zweite Seitenthema, dessen ständige Wiederholung besonders reizvoll instrumental variiert wird: Den Vortrag der beiden Violinstimmen im Oktavabstand begleiten zunächst gezupfte Bratschen und Bässe, während die Celli streichen; dann treten unmerklich nacheinander Holzbläserfarben hinzu.

An dieses dritte Thema knüpft nach einer unvermittelten Kurzmodulation in Es-Dur die Durchführung an, die sich bald zu polyphoner Verdichtung steigert und vor allem in der Achtel-Schlußwendung sich dieses Einfalls bemächtigt. Eine Scheinreprise auf der Subdominante markiert den zweiten Teil der Durchführung, der vorwiegend vom Kopfmotiv des Hauptthemas geprägt wird und mit großer Ernsthaftigkeit allmählich chromatisch zur Dominante herabsinkt. Die Schlußwendung des dritten Themas taucht erneut auf und führt schließlich die »echte« Reprise herbei. Sie läßt in aller Ausführlichkeit sämtliche Teile der Exposition auf der Tonikabasis wiederkehren und krönt sie durch wenige festliche fanfarenartige Coda-Takte.

Das *Andante cantabile* (F-Dur, ¾) ist ein Satz voll zauberhafter Klangpoesie, getragen von einer abgeklärten inneren Gelassenheit und Ruhe, unter deren Oberfläche gleichwohl seelische Erregtheit zu vibrieren scheint. Die beiden Violinstimmen tragen den Zusatz »con sordino«; im Orchester unserer Tage werden oft auch die tieferen Streicher gedämpft, aus Gründen der Klangbalance und Homogenität der modernen Instrumente. Die Kunst der Instrumentation, die einsame Höhe der Meisterschaft in der abgestuftesten Mischung von Bläser- und Streicherfarben, die Mozart mit diesem Werk und vor allem in diesem Satz erreicht hat, entzieht sich der Nachzeichnung mit Worten. So muß es beim nachdrücklichen Hinweis bleiben, daß nur ein intensives Hineinhören in die Farbenwelt dieser Komposition alle ihre Feinheiten enthüllen kann. Dabei sollte sich die Aufmerksamkeit auch auf die phantasievolle Vielfalt der begleitenden, in sich oft vielfach bewegten Klangflächen richten, die unter den Melodien verborgen liegen. Formal handelt es sich um einen Sonatensatz mit zwei deutlich voneinander abgehobenen Themenbereichen, die beide jedoch zugleich in einen ständigen melodischen Fluß eingebettet sind. In der vermittelnden Überleitung zwischen beiden Themen steckt der Keim zu jenen schattenhaften Eintrübungen der Stimmung, die uns in dieser Symphonie nur im langsamen Satz begegnen: Unvermittelt wendet sich das Geschehen nach c-Moll (Takt 19), und unruhige Synkopen und stockende Triolenfiguren stören das friedliche Fließen der Musik. Hieran knüpft die Durchführung an und verstärkt die Wirkung dieser Passage noch durch ein wenig Chromatik und durch metrische Verkürzung der Dreier- zur Zweierbewegung. Die Reprise ist gegenüber der Exposition durch zusätzliche Gegenstimmen und Farbnuancen variiert und durch eine ganz friedlich verklingende Coda verlängert.

Das *Menuetto* (*Allegretto*) mit seinem Thema voller sehnsüchtiger Chromatik enthält Musik von schwereloser Grazie, mit sich verdichtender, aber nie lastender Chromatik im Mittelteil und gegliedert durch sparsame Fanfarenakzente. Die Reprise des A-Teils wird zunächst durch Imitation gesteigert und dann durch eine eingeschobene Holzbläserepisode kontrastreich gedehnt. Das Trio überrascht, nach der Verspieltheit seines Anfanges, durch die unvermittelte Energie seines Mittelteils, in dem auf einmal in ganztaktigen Akzenten das folgende Finalthema vorweggenommen wird.

Dieses Finale (*Molto allegro*, ¢) gilt mit Recht als Mozarts bedeutendster und kunstvollster Symphoniesatz. Zum ersten Mal in der Geschichte der Gattung erhält ein Symphonie-Finale gleiches, wenn nicht größeres Gewicht als der erste Satz und nimmt somit die Lösung eines Problems vorweg, das die großen Symphoniker des 19. Jahrhunderts bis zu Bruckner und Mahler beschäftigen sollte. Mozart versucht und meistert darüber hinaus eine zuvor unlösbar scheinende Aufgabe: die Synthese von Homophonie und Polyphonie, von Sonatensatz und

Fuge, von Barock und Klassik oder – auf höchster Ebene – von »galant« und »gelehrt«. Und das eigentliche Ereignis dieses Satzes ist nicht einmal die Tatsache, daß diese Aufgabe gelöst wird, sondern vielmehr auf welche atemberaubend selbstverständliche Art und Weise das alles geschieht: mit jener fast spielerischen, völlig gelösten Eleganz und Natürlichkeit, die höchste Kunstfertigkeit auf einmal ganz schlicht erscheinen läßt.

Der musikalische Verlauf läßt sich mit wenigen Sätzen umreißen; die unübersehbare Vielzahl der kompositorischen Details bleibt der gründlichen taktweisen Analyse vorbehalten. Auf jeden Fall handelt es sich hier um einen eindeutigen, voll ausgebauten Sonatensatz mit mehreren Themenbereichen und Motiven, die alle zunächst einzeln in der Exposition vorgestellt werden. Aus der strukturellen Sicht des Sonatensatzes gibt es das erste Thema mit seinem Kernmotiv (a) und das Seitenthema (d; Takt 74 ff.); dazwischen schieben sich die folgenden weiteren Themen und Motive, Takt 19 (b) und Takt 56 (c), sogleich in der Imitation vorgeführt.

Bereits in der Exposition folgen einander mehrere kürzere Passagen hoher kontrapunktischer Verdichtung: eine veritable kleine Fugenexposition des ersten Themas (Takt 36), Imitationen der Themen c (Takt 56) und b (Takt 64) und auch die Gleichzeitigkeit von Grundgestalt und Umkehrung (Thema b, Takt 135 ff.) sowie erste Kombination mehrerer Gedanken (ab Takt 74), als Begleiterscheinung zum Seitensatz.

Bewundernswert ist die Ökonomie, mit der Mozart den ganzen Satzverlauf durch den wohldosierten Einsatz der kontrapunktischen Mittel innerhalb des eigentlich klassisch-homophonen Rahmens gestaltet. Die Durchführung bedeutet unter diesem Aspekt gegenüber der Exposition eine erste, aber noch nicht endgültige Steigerung. Zugleich ist sie kleinteiliger gegliedert, abwechslungsreicher in der Unregelmäßigkeit ihrer Abschnitte und äußerst farbig in ihrer durchbrochenen Instrumentation. Sie befaßt sich fast ausschließlich mit dem Gedanken (b) der Exposition und seinem markanten punktierten Motivkopf. In der Reprise beginnt dann erst, gleichsam »verspätet«, die intensivere Beschäftigung mit den Kräften, die in den vier ganzen Noten des Hauptthemas stecken und mit denen Mozart zuvor auch schon die Durchführung einleitete. Insgesamt bedeutet die Reprise wiederum eine kontrapunktische Intensitätssteigerung gegenüber der Exposition, wobei hier nun, wiederum sozusagen verspätet, auch das eigentliche Seitenthema in vielfacher Imitation durchgeführt wird. Durch diese ökonomische Verteilung der Gedanken scheinen sich die drei Hauptteile des Sonatensatzes einander in Gewicht und Substanz merklich anzugleichen.

Den eigentlichen Höhepunkt spart sich Mozart für die ausgedehnte Coda auf, die – lange vor Beethovens »Eroica«! – zu einem eigenständigen Formteil anwächst und in einem letzten Kraftakt noch einmal alle kontrapunktischen Künste konzentriert. Dieser Höhepunkteffekt wird zusätzlich noch dadurch herausgehoben, daß alle Bewegung zunächst einmal zu erstarren scheint und nur noch in mehrfacher leiser Schichtung die vier Kopfnoten des Satzanfanges erklingen – geheimnisvoll, schwerelos und fast ohne nachvollziehbare metrische Bewegung. Die folgenden dreißig Takte bringen dann kulminierend die gleichzeitige Verschränkung aller Themen des Satzes in äußerster geistiger Konzentration und Abstraktheit. Und innerhalb eines einzigen Taktes (Takt 401) schlägt diese höchste Komplexität beinahe vermittlungslos in fast naive Homophonie um, in einen festlich lärmenden Schluß mit Pauken und Trompetengeschmetter, so als sei alles Vorangegangene ein Traum, ein Spuk und nicht der Rede wert. Man könnte auch Verdi mit dem »Falstaff«-Schluß zitieren: »tutto nel mondo è burla« – alles ist Spaß auf Erden.

Anhang

Mozart-Interpretation heute

Mozart-Interpretation ist heute mehr denn je ein herrliches, spannendes und aufregendes Abenteuer. Im Wandel begriffen allerdings war das Mozartbild seit jeher, und das ist – zumindest seit Beginn der elektrischen Musikaufzeichnung und deren kommerzieller Verbreitung – auch recht gut belegbar. Im ständigen Pendelausschlag nach beiden Seiten standen philologische Notentreue und die jeweils zeitbedingte Epochenästhetik in fruchtbarer Wechselbeziehung. Und als positives Ergebnis traten nach und nach immer neue, oft ungeahnte Seiten dieses musikalischen Kosmos zutage.

Bisher waren die Pole, zwischen denen das Pendel schwang, auf der einen Seite die ominöse »Werktreue«, Sachlichkeit und Unterordnung der Interpretenpersönlichkeit unter das Werk, auf der anderen Seite die Suche nach den emotionalen Anteilen hinter den Noten bis hin zur (unfreiwillig) karikierenden Romantisierung. Seit einer Reihe von Jahren jedoch hat sich ein neuer Aspekt der Szene bemächtigt, und zwar nicht nur mit klingenden Interpretationen, sondern zusätzlich recht vehement mit argumentierenden Worten: die sogenannte »historische Aufführungspraxis«. Hatten sich die Verfechter des »Originalklanges« der alten oder rekonstruierten Instrumente und der artikulierten »Klangrede« zunächst auf die Zeit des Barock und die vorangegangenen Epochen konzentriert, so wandte sich das Interesse seit den 70er Jahren zunehmend der zweiten Hälfte des 18. Jahrhunderts zu und damit ihrem neben Haydn bedeutendsten Komponisten, Mozart.

Musikwissenschaftliche Quellenforschung, gleichermaßen bezogen auf die Primärquellen (Autographe, Erstdrucke) wie auf Sekundärquellen (überlieferte Äußerungen von Komponisten und deren Zeitgenossen) begleitete und begleitet die oft geradezu experimentelle Interpretationspraxis. Auch die Instrumentenbauer trugen das Ihre zu dieser Entwicklung bei, indem sie die alten Originale ausmaßen, restaurierten und nachbauten.

Zunehmend wurde man sich bewußt, daß man Mozart und seine Zeit nicht nur aus der Blickrichtung des 19. Jahrhunderts deuten könne, für das er freilich die Fundamente legte. Denn die Ästhetik dieses Jahrhunderts wurde gleichwohl erst *nach* Mozart geprägt und gefestigt, jene Ästhetik des absoluten schlackenlosen Schönklanges, des instrumentalen Belcanto, der seine nahe Verwandtschaft zur großen Oper nicht leugnen kann. Und diese neue Ästhetik wurde auch erst möglich und in lebendiger Musik realisierbar durch die Bemühungen und Erfolge des Instrumentenbaus in der ersten Jahrhunderthälfte: Erst hier reifte der moderne Konzertflügel heran, erhielten die Hörner ihre Ventile, die Holzblasinstrumente ihre Klappensysteme und die Violinen ihre erweiterte Mensur. Zugleich, in sinnvoller und sich gegenseitig anregender Parallelität, entstanden die großen Konzertsäle, und in ihnen erwachte das bürgerliche Konzertleben großen Stils. Mozart jedoch komponierte noch für die alten Instrumente: die im Tonvorrat eingeschränkten und unausgeglichenen Naturhörner, die Traversflöte mit Griffbohrungen (wie an allen übrigen Holzblasinstrumenten) und folglich anderer Spieltechnik und Klanglichkeit, Streichinstrumente mit kurzem Hals und Darmsaiten. Das Hammerklavier war jung und unvollkommen, und es verdrängte erst seit den 1770er Jahren allmählich und endgültig das Cembalo. Außerdem, und das ist mindestens so wichtig, erkannte man aufgrund intensiven Quellenstudiums, daß die angeblich endgültige Stilwende zwischen Barock und Klassik im zweiten Drittel des 18. Jahrhunderts keineswegs so radikal war, wie man bisher immer unterstellte, daß vielmehr gewisse ästhetische Elemente und Ansichten der Generalbaßzeit durchaus lebendig geblieben waren: vor allem Auffassungen und Gewohnheiten vom Tempo, von der Phrasierung und von der Artikulation – eben jene »Klangrede« oder auch »musikalische Rhetorik«. Und man begriff, daß man Mozarts Partituren einseitig auf einen einzelnen, wenngleich gewiß enthaltenen Aspekt reduzierte, wenn man in ihnen nur klassisches Ebenmaß, makellosen Wohlklang und perfekte Tongebung suchte.

Die praktische Auseinandersetzung mit den andersartigen Eigenarten und Problemen des zeitgenössischen Instrumentariums führte, neben der theoretisch-wissenschaftlichen Untermauerung, von selbst zu neuen und oft unerhörten Ergebnissen: Das Obertonspektrum verschob sich und hellte den Klang auf, die Elemente der Tonansprache und -erzeugung veränderten das Gesamtbild und rauhten es auf. Die Proportionen innerhalb des Ensembles, ob Kammermusik oder Orchester, wandelten sich: zugunsten der Streicher in Sonate, Trio oder Quartett mit Klavier, zugunsten der Bläser im Orchester, zugunsten des Orchesters im Klavierkonzert. Und auf einmal begriff man viele Details, als seien sie neu, die Mozart in seine Partituren eingebaut hatte, die aber im »modernen« Klanggewand untergegangen waren.

Ein Problem allerdings sollte um der Gerechtigkeit willen angesprochen werden, weil die Anhänger der konsequenten historischen Aufführrungspraxis seine Existenz häufig leugnen. Man kann es am Hammerflügel besonders gut verdeutlichen: Für die Musik Johann Sebastian Bachs ist die Frage »Klavier oder Cembalo« keine echte Alternative, denn das Cembalo war zu seiner Zeit ein ausgereiftes, im Rahmen dieser Ästhetik sogar vollkommenes Instrument. Das Aufkommen des Hammerklaviers aber, dessen Frühform Bach kannte, war keine Weiterentwicklung des Cembalos, nicht seine Perfektionierung, sondern der Vorbote einer neuen Ästhetik, eines neuen Stils. Insofern ist eine Aufführung Bachscher Klaviermusik auf dem modernen Flügel zwar eine vertretbare und legitime Lösung, aber eben eine Bearbeitung, ein Arrangement. Dagegen war das Hammerklavier der Mozart-Zeit noch unausgereift, unvollkommen und verbesserungsbedürftig, und der moderne Konzertflügel ist seine logische Weiterentwicklung und Perfektionierung, wobei man ehrlicherweise nicht verschweigen darf, daß dabei manche Reize des jungen Hammerflügels auf der Strecke blieben.

Bis zu einem gewissen Grad ähnlich sieht es bei den Holzblasinstrumenten aus: Auch hier erfolgte nach Mozart eine beträchtliche Reifung parallel zu einer partiellen Veränderung. Radikaler historischer Purismus wäre hier also wohl als unkritisch abzulehnen, man sollte sich zumindest bewußt machen, daß das originale oder rekonstruierte Instrumentarium Unvollkommenheiten aufweist, die sich unvermeidbar auf die klangliche Ästhetik auswirken. Diese Unvollkommenheiten müßte man ehrlicherweise zugeben und sie nicht ideologisch verklären und verabsolutieren. Insofern ist also eine Interpretation Mozarts auf dem Steinway oder Bösendorfer oder mit modernen Klarinetten eben *kein* Arrangement, sondern eher ein sinnvolles Weiter- oder Zu-Ende-Denken. Die eigentliche Aufgabenstellung an den Instrumentenbau unserer Tage lautet also: nicht sklavisch mit allen Schwächen rekonstruieren, sondern mit modernen Mitteln die ältere Klangwelt wiederbeleben, indem man die Erkenntnisse der letzten 150 Jahre mit berücksichtigt. Vielleicht entsteht auf diesem Weg eines Tages beispielsweise ein – auch in den Diskant- und Baßregionen – tragfähiges, langlebiges, echtes Hammerklavier!

In diesem Spannungsfeld befindet sich zur Zeit die Mozart-Interpretation, und das Angebot an Schallaufzeichnungen ist deshalb in den letzten Jahren so verwirrend vielfältig geworden. Als bemerkenswerte indirekte Folgeerscheinung der historischen Aufführungspraxis sind das technische Niveau und die philologische Ernsthaftigkeit der Interpreten insgesamt erkennbar gestiegen, so daß eine empfehlende Auswahl noch schwieriger geworden ist. Deshalb tut man gut daran, sich eine Binsenweisheit neu ins Bewußtsein zu rufen, die allzu oft in Vergessenheit gerät: Es gibt keine Idealinterpretation für einzelne Werke und auch nicht für einen Personalstil. Große Musik ist immer mehrdeutig, da sie mehrdimensional angelegt ist. Das ist selten so offensichtlich geworden wie im krassen Nebeneinander von historisierender und traditionell-moderner Aufführungspraxis und ihren jeweiligen Nuancen. Insofern gilt, trotz des entwickelten Erkenntnisstandes, immer auch noch der persönliche Geschmack des Musikers, des Hörers und vor allem: des Berichterstatters und Rezensenten. In diesem Sinne will die nachfolgende Auswahldiskographie verstanden und verwendet werden.

Diskographie

Vorbemerkung

Dies ist eine *Auswahl*diskographie; ihr Anspruch ist also nicht Vollständigkeit. Bis auf wenige Ausnahmen handelt es sich um Empfehlungen; da die Auswahl von einem einzelnen Autor getroffen worden ist, bleibt selbstverständlich auch – neben den erforderlichen objektiven Kriterien wie Notentreue, Spieltechnik und Aufnahmetechnik – der individuelle Geschmack eine Richtschnur, mit dem Bekenntnis zu gelegentlicher Einseitigkeit und zum Irrtum, wie sie im übrigen jeder Rezension anhaften.

Fast alle genannten Titel liegen in CD-Technik vor; bei einigen wenigen, vor allem historisch bemerkenswerten und exemplarischen Aufnahmen kann es jedoch sein, daß sie entweder zur Zeit nur auf Langspielplatte oder überhaupt nicht greifbar sind. Eine Tendenz auf dem Medienmarkt, alle wirklich bedeutenden älteren Einspielungen nach und nach auf CD wiederzuveröffentlichen, läßt hoffen, daß auch die heute fehlenden Aufnahmen mancher Interpretationen, etwa von Walter Gieseking oder Ferenc Fricsay, eines Tages wieder greifbar sein werden.

Klaviersonaten

Dem Hang zur Vollzähligkeit, zur Gesamtaufnahme, scheinen nach und nach fast alle renommierten Pianisten zu erliegen, mit unterschiedlichem Tempo und mehr oder weniger Erfolg. Vorangegangen war vor Jahren Christoph Eschenbach mit seiner pianistisch sauberen und stilsicheren Einspielung von Mozarts Klaviersonaten (DG), und bereits klassischen Ruhm hat Ingrid Haeblers nach wie vor gültige erste Gesamteinspielung (für Philips). Nun hat sie sich überraschend erneut zu Wort gemeldet (Denon, ab 1986) und mit der ihr eigenen ruhigen Konsequenz begonnen, ihre Mozart-Sicht der ausgehenden 80er Jahre zu dokumentieren. Die bisher vorliegenden Ergebnisse (u. a. KV 331, 332, 333) bestechen durch zweierlei: durch ihre makellos durchsichtige und adäquate Aufnahmetechnik und durch ihre bis in die letzten Winkel durchdachten und durchgestalteten, in sich völlig organischen Interpretationen. Ingrid Haebler spielt zwar auf dem modernen Flügel, aber sie versteht ihn klanglich, ohne Einschnürungen und künstliche Askese, mit einer Prise Hammerflügel aufzuhellen. Hier entsteht mit Sicherheit ein neuer Maßstab: ein Mozartbild von bezwingender innerer Logik, dabei fast bekenntnishaft ein Mozart des 18. Jahrhunderts.

Daniel Barenboims Gesamteinspielung aller Sonaten (1985) und einer Auswahl von Klavierstücken (1987) ist das genaue Gegenbild: musikantisch unbekümmert, eher al fresco als detailbesessen, inspiriert durch die Erfahrung des Umgangs mit Klavier und Orchester des 19. Jahrhunderts, doch insgesamt erstaunlich schlüssig und stilistisch einheitlich – ein Mozart eher zum Genießen als zum Studieren (EMI).

Andras Schiff dagegen setzt hörbar mehr Energie und auch Intellekt ein, widmet sich den Sonaten weniger als Zyklus denn als einzelnen Individuen und besticht durch pianistischen Feinschliff, bei manchmal fast überzogenen Tempi und mit leichtem Ausdrucks-Parfüm in manchen langsamen Sätzen (Decca). Von ihm unterscheiden sich die Interpretationen Christian Zacharias' graduell, aber nicht prinzipiell, als sorgfältige und durchaus individuelle pianistische Studien (EMI).

Maria João Pires legte eine erste Gesamtschau der Sonaten bereits in den 70er Jahren vor (Denon, aufgenommen 1974) und ließ mit ihren ernsthaften, unmanierierten, dabei pianistisch makellosen Interpretationen aufhorchen. 1987 erschien nun ein neuer Anlauf (KV 457/475) und rückte die Portugiesin sogleich in die vorderste Reihe der Mozartspieler. Diese neuen Aufnahmen reichen stilistisch und in der pianistischen Bewältigung an Ingrid Haeblers Spiel heran, als gleichrangige, aber ein wenig wärmere Alternative (RCA).

Mitsuko Uchida gehört als dritte Pianistin von hohem Rang (Philips, seit 1984) in eine Reihe neben Pires und Haebler; ihr gelingt der Beweis, daß fernöstliche Herkunft nicht automatisch zu Distanziertheit und Kühle führen muß, daß Brillanz keineswegs die Wärme der inneren Beteiligung ausschließt.

Alfred Brendel erliegt in seinen ohne zyklischen Vollständigkeitszwang vorgelegten Einzelaufnahmen der Sonaten weit mehr seinem Hang zum Tüfteln und Grübeln als gemeinsam mit Neville Marriner bei den Konzerten. Insofern rücken seine Deutungen etwa der beiden großen Moll-Sonaten (KV 310 und 457) gegenüber Schiff oder auch Haebler oder Pires eher in eine gewichtige Außenseiterposition, die neue und andere Ansichten zu vermitteln vermag (Philips).

Zwiespältig dagegen bleiben Claudio Arraus späte Annäherungsversuche an Mozart, etwa die spröde und unelastische a-Moll-Sonate

(KV 310; bei Philips). Das unbefriedigende Ergebnis ist jedoch gewiß keine Folgeerscheinung physischer Altersgrenzen, sondern scheint eher die Schwierigkeiten zu dokumentieren, die dieser verdienstvolle Meister des Klavierspiels schon immer mit Mozart hatte. – Auch der umtriebige Justus Frantz begann jüngst mit einer Gesamtaufnahme der Klaviersonaten (Eurodisc); auf einer ersten CD legte er die großen Sonaten KV 331 und 332 vor, ergänzt durch die Variationen über ein Menuett von Duport (KV 573).

Als historisierende Alternative ist Jos van Immerseel anzusehen, der eine Auswahl von Klavierwerken auf dem Hammerklavier bietet, gewöhnungsbedürftig wegen des dünnen Klangspektrums und vor allem wegen des sehr improvisatorisch freien, oft an Willkür grenzenden Umgangs mit dem Tempo (u. a. Sonate mit Fantasie c-Moll, KV 457/475; bei Accent/Helikon). Vorläufer war ihm Jörg Demus, der einen vergleichbaren historischen Zugang über den Hammerflügel bereits 1965 versuchte, insgesamt aber ausgeglichener und organischer im musikalischen Ergebnis (EMI).

Über Glenn Goulds unsägliche, Mozart bewußt demontierende Sonatenkassette (CBS) sollte man eigentlich den Mantel des Schweigens breiten, wäre da nicht die Schar seiner Apologeten. Sie findet alles großartig und bedenkenswert, wenn es nur anders ist, als es in den Noten steht – vorausgesetzt, es stammt eben zugleich von Glenn Gould.

Blickt man vergleichend weiter rückwärts, dann fallen einem – stellvertretend und bevorzugt – zwei historische Alternativen ein, die einander recht extrem gegenüberstehen: Walter Giesekings in kühler Perfektion perlende, gleichsam distanzierte Auffassung und, inzwischen eine Legende, Clara Haskil mit ihrem zerbrechlichen, unglaublich durchsichtigen und zugleich verinnerlichten Tonfall, sensibel bis in die feinsten Schwingungen; sie ist für die nachkommenden Generationen ein unerreichtes Vorbild.

Unter den Klavierduos gibt es ebenfalls mehrere Alternativen, allerdings deutlich weniger als bei den Solisten. Nach wie vor äußerst lebendig und voller vitaler musikantischer Spielfreude klingen die dokumentierten Interpretationen (vierhändig und für zwei Klaviere) der Kontarsky-Brüder Aloys und Alfons, des seinerzeit besten deutschen Duos (Sonate für zwei Klaviere, KV 448, und vierhändige Werke; bei DC). Die Sonate KV 448 liegt auch in einer bemerkenswerten Aufnahme mit zwei Individualisten vor, deren Koppelung an zwei Klavieren man sich theoretisch kaum vorstellen kann, die sich aber in der Praxis glänzend

bewährt: Murray Perahia und Radu Lupu, die beide gerade weit genug aufeinander zugehen, um eine umwerfend lebendige, temperamentvolle und ungemein poetisch frei musizierte Deutung zustande zu bringen. Sie ist ein echter Geheimtip (CBS).
Das gesamte vierhändige Werk spielten darüber hinaus die bei uns relativ unbekannten Pianisten Noël Lee und Christian Ivaldi ein (Arion/TIS), die in der Perfektion des Zusammenspiels nicht ganz an die Kontarsky-Brüder heranreichen.

Sonaten für Klavier und Violine

Die Sonaten für Klavier und Violine werden von Daniel Barenboim und Itzhak Perlman mit musikantischer Vitalität und gleichzeitiger sinnlicher Klangschönheit interpretiert (DG); gleichzeitig ist ein Zyklus mit dem jungen deutschen Geiger Frank Peter Zimmermann und Alexander Lonquich im Entstehen begriffen, Interpretationen von großer Ernsthaftigkeit, Sorgfalt im Detail und ausgewogener Klangschönheit (EMI). Diese beiden Duos bieten zugleich die einzigen Neuaufnahmen in adäquater Aufnahmetechnik, so daß sie eine Alternative zu einigen nach wie vor gültigen, inzwischen historischen Einspielungen darstellen. Zu nennen wären da allen voran Clara Haskil und Arthur Grumiaux, nach wie vor ein Maßstab, trotz der nachfolgenden Neuauflagen von Grumiaux mit Walter Klien als Pianisten (beide: Philips). Eine etwas andere Ästhetik vertrat dagegen Henryk Szeryng mit seiner sinnlich-edlen, vornehmen Tongebung, gemeinsam mit der brillanten Ingrid Haebler (Philips). – Bei uns nahezu unbekannt sind Petr Messiereur (Violine) und Stanislav Bogunia (Calliope/Helikon), die eine ungemein musikantische und vor allem in den schnellen Sätzen die Grenzen der Virtuosität auslotende Deutung ganz eigenen Charakters vorlegten. Einen klassischen Maßstab bedeutet selbstverständlich auch David Oistrach, von dem einige Sonaten, gemeinsam mit Paul Badura-Skoda am Klavier, vorliegen (Le Chant du Monde / Helikon).

Klaviertrios

Bei den Klaviertrios ist das aktuelle Angebot vergleichbar spärlich. Zum Glück gibt es (seit 1986) die Gesamteinspielung des Abegg-Trios (Intercord), in plastisch durchhörbarer und äußerst ausgeglichener

CD-Technik produziert und mit einer rundherum überzeugenden Mischung aus Notentreue, Stilsicherheit und phantasievoller Lebendigkeit musiziert. Ihm macht nun auch wieder das Beaux Arts Trio nachdrücklich Konkurrenz, denn es legte eine Neuaufnahme sämtlicher Klaviertrios in zeitgemäßer Aufnahmetechnik vor (Philips), in der alle Ansprüche an ausgewogenes und perfektes Kammermusikspiel erfüllt werden, insbesondere auch die so heiklen Anforderungen an die klangliche Balance zwischen Klavier und Streichinstrumenten. Bei uns nicht so bekannt ist das Borodin-Trio, das ebenfalls eine Gesamtaufnahme der Klaviertrios vorlegte und als interessante, vor allem klanglich und aufnahmetechnisch ganz anders geartete Alternative zu gelten hat (Chandos/Helikon). Darüber hinaus bietet sich zur Wahl eine historisierende, manche Hörer vermutlich schockierende Aufnahme: die Einspielung des London Forte Piano Trios mit Streichinstrumenten der Mozart-Zeit und einem adäquaten Hammerflügel, beredt artikulierend und weitgehend vibratofrei gespielt, ein hörens- und bedenkenswerter Neuansatz aus historischer Sicht (Hyperion/TIS). Moderne Instrumente bevorzugt dagegen das junge Trio Ravel aus Frankreich, das mit seinen Einspielungen den Vergleich mit den berühmten Ensembles in keiner Weise zu scheuen braucht (Arion/TIS). – Zur Aufnahme des »Kegelstatt-Trios« (KV 498) mit Gidon Kremer siehe S. 214. Die originale Klarinettenfassung gibt es mit der vorzüglichen Sabine Meyer, gemeinsam mit Tabea Zimmermann (Viola) und Hartmut Höll (Klavier) (bei EMI).

Klavierquartette

Bei den Klavierquartetten erinnert man sich gern an die erste Aufnahme von drei Herren des Amadeus-Quartetts gemeinsam mit Clifford Curzon aus den fünfziger Jahren (Decca), die sich bis heute ihre delikate Lebendigkeit und ihren charakteristischen Klangzauber bewahrt hat. Die gleichen Streicher spielten die beiden Quartette dann noch einmal mit Christoph Eschenbach ein (DG). Ebenfalls älteren Datums ist die Aufnahme mit Ingrid Haebler und Mitgliedern der Berliner Philharmoniker, doch hat sich ihre Ausstrahlung bis heute erhalten, vor allem durch den unverwechselbaren Mozart-Stil der Pianistin (Philips). – Neueren Datums sind die Einspielungen mit dem Beaux Arts Trio und Bruno Giuranna am Klavier, die das durchweg hohe Niveau der Trio-Aufnahmen auf die Quartett-Besetzung übertragen (Philips). Eine

Besonderheit von der Besetzung her ist sicher die Einspielung mit Mitgliedern des Melos-Quartettes und Sir Georg Solti am Klavier (Decca), in der die dominante Persönlichkeit des Pultstars hörbar auf die Interpretation durchschlägt, was ein beträchtliches Maß an Temperament und Vitalität bedeutet. Auch hier gibt es eine Alternative mit historischen Instrumenten, die gleichwohl nicht nur unter wissenschaftlichem Aspekt Interesse verdient, sondern durch ihre mitreißende Musizierfreude und klangliche Ausgewogenheit fasziniert: Die Solisten sind Malcolm Bilson am Hammerklavier, Elizabeth Wilcock, Jan Schlapp und Timothy Mason als Streichergruppe (DG Archiv).
Mozarts Quintett für Klavier und vier Bläser (KV 452) wird auf Schallaufnahmen zumeist mit dem Quintett gleicher Besetzung von Ludwig van Beethoven gekoppelt. Unter den Neuaufnahmen sind vor allem zwei besonders hervorzuheben, die sich an klanglicher, spieltechnischer und vor allem auch aufnahmetechnischer Ausgewogenheit in nichts nachstehen: zum einen die des Dirigenten James Levine am Klavier, gemeinsam mit dem Ensemble Wien–Berlin, das sich aus Mitgliedern der Wiener und der Berliner Philharmoniker zusammensetzt (DG); zum anderen die Aufnahme mit Radu Lupu als Pianisten und vier exquisiten niederländischen Bläsersolisten (Decca). Auch hier gibt es wieder die historisch interpretierende Alternative: Jos van Immerseel am originalen Wiener Hammerklavier von 1790 und das Bläserensemble Octophorus bilden ein äußerst homogenes Kammermusikensemble, das keineswegs nur vordergründig den historischen Interpretationsansatz hervorkehrt, sondern auch ein gehöriges Maß an Spielfreude und Perfektion des Zusammenspiels erkennen läßt (Accent/Helikon).

Duos und Trios für Streicher

Relativ spärlich fließt die Produktion bei den verschiedenen Duo-Besetzungen, vor allem für Streicher allein. Allerdings stellt eine Neueinspielung der beiden Duos für Violine und Viola (KV 423 und 424) mit den beiden leidenschaftlich engagierten Interpreten Gidon Kremer und Kim Kashkashian eine künstlerische Rarität dar. Ergänzt wird sie durch das »Kegelstatt-Trio« (KV 498) in der Alternativbesetzung mit Bratsche, am Klavier ergänzt durch Valeri Afanasjew (DG). – Ein Gegenstück zu dieser Duoaufnahme ist die Einspielung mit Denis Kovacs und Geza Nemeth, in diesem Fall ergänzt durch das Streicher-

Divertimento KV 563 unter Mitwirkung von Ede Banda, Violoncello (Hungaroton).
Dieser Aufnahme des singulären Streichertrios (KV 563) von Mozart stehen zwei weitere Einspielungen gegenüber, die ebenfalls hörenswert sind und sich zugleich recht deutlich voneinander unterscheiden: zum einen die ungemein vitale, temperamentvolle und zugleich äußerst präzise Interpretation von Gidon Kremer, Kim Kashkashian und Yo-Yo Ma (CBS), zum anderen, auf ähnlich hohem Niveau, die des Wiener Streichtrios (Calig/Helikon). – Nach wie vor aktuell, wenngleich deutlich schwerblütiger ist die Deutung durch das Grumiaux-Trio (Philips); ein wenig musikantischer und temperamentvoller klingt die Aufnahme von drei Mitgliedern des Amadeus-Quartetts (DG).

Streichquartette

An guten Streichquartettaufnahmen herrscht kein Mangel, allerdings nur bezogen auf die zehn letzten Quartette. Gesamteinspielungen unter Einbezug aller frühen Werke gibt es dagegen nur vom Quartetto Italiano (Philips) und vom Amadeus-Quartett (DG): beide auf individuelle Weise sehr engagiert, tonschön und genau um die Ehrenrettung der selten gespielten früheren Werke bemüht, auch aufnahmetechnisch immer noch einschränkungslos empfehlenswert. Bei den späten zehn Quartetten gebührt die Palme jedoch sicher dem Amadeus-Quartett, dessen unnachahmliche, eine ganze Epoche prägende Mischung aus musikantischer Vitalität und disziplinierter Einfühlsamkeit auf der Schallplatte ungemein präsent dokumentiert ist.
Aus den zahlreichen neueren und älteren Konkurrenzaufnahmen seien einige hervorgehoben: die sehr durchdachten und dennoch den Spaß an virtuosem Musizieren nie verleugnenden Einspielungen des Alban-Berg-Quartetts (Teldec; Neuaufnahmen: EMI), von dem es übrigens auch einen einzelnen, sehr atmosphärischen und temperamentvollen Live-Mitschnitt des »Dissonanzen-Quartetts« (KV 465) aus der Carnegie-Hall gibt (EMI); ferner die etwas verhalteneren, gleichsam klassischeren und manchmal auf faszinierende Weise grüblerisch-spröden Interpretationen des Melos-Quartetts (DG); außerdem die Interpretationen des tschechischen Smetana-Quartetts (Denon); schließlich die Aufnahmen des (neuen) Juilliard-Quartetts mit ihrem eleganten, technisch perfekten, aber dennoch nie oberflächlichen Spiel (CBS). Im übrigen beweisen immer auch Ensembles, die über keinen renommierten

internationalen Namen verfügen, daß hohes Niveau keineswegs von ständigen gemeinsamen Welttourneen abhängig sein muß: etwa die erfreulich natürlichen Aufnahmen des Berliner Brandis-Quartetts (bei Orfeo). Das junge Hagen-Quartett hat sich, nicht zuletzt durch die Förderung eines Gidon Kremer und durch seine Aufnahmen bei der Deutschen Grammophon Gesellschaft, einen guten Namen gemacht; seine einzelnen Einspielungen von Mozart-Streichquartetten (KV 589, 590) heben sich aus dem Angebot hervor durch warme, sinnliche Klanggebung und die Beseeltheit des Ausdrucks. Noch einen Schritt weiter geht das Orlando-Quartett mit seinem fast romantisch schwelgenden Ausdrucksstil (KV 575, 589, bei Philips). – Bei uns nahezu unbekannt ist das tschechische Talich-Quartett, das eine Einspielung der sechs Joseph Haydn gewidmeten Quartette vorlegte, eine hörenswerte Alternative zu dem namhafteren Kollegen (Calliope/Helikon).

Streichquintette

Bei den naturgemäß weniger häufig vertretenen Streichquintetten stehen die älteren Deutungen des Amadeus-Quartetts (mit Cecil Aronowitz als zweitem Bratscher) in ungebrochener farbig leuchtender Vitalität gleichrangig neben den makellosen und klanglich fein abgestimmten Neuaufnahmen des Melos-Quartetts, gemeinsam mit Franz Beyer, die sich darüber hinaus durch ein hörbares Plus an moderner Aufnahmetechnik auszeichnen (beide DG). Gleiches hohes Interpretationsniveau bieten auch die Aufnahmen des Alban-Berg-Quartetts, zusammen mit Markus Wolf (EMI), und eine interessante Alternative stellt das Guarneri-Quartett mit wechselnden zusätzlichen Bratschern dar in seinen live aufgezeichneten Konzerten aus New York, denen man die Spontaneität des unwiederholbaren Konzertabends deutlich anmerkt (RCA). Zwei ungarische Ensembles runden das Angebot auf individuelle Weise ab: zum einen das Tatrai-Quartett mit Anna Mauthner als zweiter Bratscherin, zum anderen das Takacs-Quartett mit Denes Koromzay als zweitem Bratscher (beide Hungaroton), wobei den Aufnahmen des Takacs-Quartetts sowohl die aktuellere Aufnahmetechnik als auch ihr temperamentvoller Musizieransatz ein kleines Plus verschaffen. Schon historisch sind schließlich auch die äußerst ernsthaften und konzentrierten Interpretationen des erweiterten Grumiaux-Trios (Philips).

Quartette und Quintette mit Bläsern

Bei den Flötenquartetten ist das Angebot mit modernen Instrumenten sehr reichhaltig und ausgewogen: eine schon klassische, aber nichtsdestoweniger aktuelle Aufnahme ist hier die Einspielung mit Jean-Pierre Rampal, Isaac Stern, Salvatore Accardo und Mstislav Rostropowitsch (CBS); ihr steht als historische Alternative ein Ensemble mit Originalinstrumenten, angeführt von Barthold Kuijken, Traversflöte, gegenüber, das eine keineswegs museale, sondern vielmehr äußerst lebendig pulsierende, konsequent artikulierte Interpretation der vier Quartette liefert (Accent/Helikon).
Beim Klarinettenquintett KV 581 gibt es wieder die Zweigleisigkeit von historischem Ansatz und moderner Interpretation. Auf historischem Originalinstrumentarium spielen Mitglieder des Collegium Aureum neben dem Klarinettenquintett auch noch das Hornquintett KV 407 und das Oboenquartett KV 370 (EMI). Die stilistisch direkt konkurrierende Neuaufnahme stammt von der Academy of Ancient Music, die dem Klarinettenquintett ebenfalls das Hornquintett und das Oboenquartett anfügt und die dem Collegium Aureum vor allem die digitale Aufnahmetechnik voraus hat (L'Oiseau-Lyre / Decca). Unter den Neuaufnahmen mit modernem Instrumentarium finden sich einige hochrangige Alternativen: zum einen Eduard Brunner mit dem Hagen-Quartett (DG); zum anderen die beiden im Abstand von sechs Jahren entstandenen Aufnahmen mit der Meisterklarinettistin Sabine Meyer, die erste gemeinsam mit dem Philharmonia Quartett Berlin (DG), die zweite mit Mitgliedern des Wiener Streichsextetts (EMI); es fällt schwer, eine der beiden hervorragenden Aufnahmen zu bevorzugen, zumal auch die Aufnahmetechnik in beiden Fällen hohes Niveau hat. Unvergessen bleiben nach wie vor einige ältere maßstabsetzende Interpretationen, so etwa die mit Dieter Klöcker und seinem Consortium Classicum (Intercord).
Das bereits genannte, im Konzertsaal äußerst selten erklingende Hornquintett KV 407 gibt es natürlich auch in Aufnahmen mit heutigen Instrumenten: einmal mit Norbert Hauptmann und dem Berliner Philharmonia Quartett, originell gekoppelt mit dem »Musikalischen Spaß« KV 522 und – nicht so originell – mit der »Kleinen Nachtmusik«, sehr homogen und gelöst musiziert (Denon); zum andern auf gleich hohem Niveau mit Mitgliedern des Wiener Streichsextetts und Bruno Schneider (EMI).
Den *Kirchensonaten* begegnet man ebenfalls nur selten im Konzert-

leben. Um so verdienstvoller ist es, daß sie mehrfach in Schallaufnahmen vorliegen: hervorzuheben einmal mit dem ausgezeichneten London Baroque Ensemble (Harmonia mundi France), zum andern mit Peter Hurford an der Orgel sowie einigen weiteren Instrumentalsolisten (Decca). Beiden Aufnahmen ist gemeinsam, daß sie diese musikalischen Miniaturen umweglos ernst nehmen und sie zu großer musikantischer Lebendigkeit wiedererwecken.

Divertimenti und Serenaden

Da dieser Werkausschnitt insgesamt im Konzertleben stark vernachlässigt wird – was nicht nur mit Besetzungsproblemen, sondern gewiß auch mit manchem Vorurteil gegenüber angeblich minderrangiger, »unterhaltender« Musik zu tun haben dürfte –, kommt dem Medium Schallaufzeichnung hier eine ungleich größere Bedeutung zu als etwa bei Symphonien und Konzerten. Hier kann man noch auf Entdekkungsreise gehen und manche Schätze für sich aufspüren. Aus der Fülle des Angebotenen sollen im folgenden exemplarisch einige Titel herausgegriffen werden. Auch bei den Divertimenti und Serenaden finden sich sowohl »moderne« wie »historische« Aufnahmen. Mit »historisch« ist auch hier der wissenschaftlich abgesicherte Rekonstruktionsversuch einer versunkenen Klangwelt durch Wiederbelebung alter oder Verwendung nachgebauter Instrumente und durch den bewußten Einsatz zumindest schriftlich überlieferter Phrasierungs- und Artikulationsprinzipien gemeint.

Besonderes Verdienst kommt hier gleichermaßen zwei Spezial-Ensembles zu: dem Collegium Aureum mit seinem Konzertmeister Franzjosef Maier und der Academy of Ancient Music mit Jaap Schröder (Violine) und Christopher Hogwood (Cembalo). Beiden Ensembles muß man hohes Verantwortungsbewußtsein im Umgang mit Quellen und Notentext bescheinigen, bei durchaus virtuoser Spieltechnik auf ihren keineswegs leicht zu beherrschenden Instrumenten und bei exzellentem Zusammenspiel. Als typische und rundherum modellhafte Interpretationen sind vom Collegium Aureum etwa die Serenade KV 204 (EMI) und von der Academy die Serenade KV 185 (L'Oiseau-Lyre / Decca) zu nennen.

Der »moderne« Interpretationsansatz ist naturgemäß ungleich zahlreicher vertreten durch eine Reihe hochrangiger Kammerorchester. Das dirigentenlose Orpheus Chamber Orchestra New York legte (bei DG) einige in warmem instrumentalem Hochglanz leuchtende Einspielungen vor, so die »Serenata notturna« (KV 239) und das Divertimento KV 251 sowie die »Kleine Nachtmusik« (KV 525). Letztere ist auch in unzähligen anderen Interpretationen zu haben, von denen die Aufnahme in solistischer Besetzung mit dem Amadeus-Quartett und Rainer Zepperitz (Kontrabaß), gekoppelt an den »Musikalischen Spaß« (KV 522), Hervorhebung verdient (DG). – Alle Vorzüge ihres perfekten Miteinander-Musizierens führt die Academy of St. Martin-in-the-Fields, eins der führenden europäischen Kammerorchester seit vielen Jahren, vor, z. B. in der »Haffner-Serenade« (KV 250), mit Iona Brown (Solovioline) und geleitet von Neville Marriner (Philips). Als Alternativaufnahme hierzu sollte man die Einspielung mit den Bamberger Symphonikern unter der Leitung von Eugen Jochum und mit deren Konzertmeister Walter Forchert (Solovioline) heranziehen, die bestens den gelösten Altersstil dieses bedeutenden Dirigenten dokumentiert (Eurodisc). Eine ähnliche, wenngleich ein wenig distanziertere Auffassung dokumentiert Sir Colin Davis mit dem Symphonie-Orchester des Bayrischen Rundfunks (TIS). Eine ambitionierte Gesamteinspielung der Divertimenti ist auch mit der Camerata Academica des Salzburger Mozarteums unter der vitalen Leitung Sandor Véghs im Entstehen begriffen (Capriccio/Delta). Hier liegen bereits etliche Divertimenti und Serenaden vor, deren Aufnahmen von erfreulicher Frische und gelegentlicher temperamentvoller Unbekümmertheit sind; etwa das virtuose Divertimento KV 334, das hier so ganz anders, so viel spontaner und direkter klingt als etwa in Herbert von Karajans gleichsam »philharmonischer« Sicht, mit dem großen Streicherapparat der Berliner Philharmoniker aufgenommen (DG). In dieser Reihe gibt es auch eine geglückte, jugendfrische »Kleine Nachtmusik« und die sogenannten Salzburger Sinfonien KV 136–138.

Aus Ungarn kommen einige hochwertige Aufnahmen mit dem Franz-Liszt-Kammerorchester aus Budapest unter der Leitung von Janos Rolla (Hungaroton); erwähnenswert vor allem ist die der bedeutenden »Posthorn-Serenade« (KV 320), die in der Vergleichseinspielung mit James Levine mit den Wiener Philharmonikern ebenfalls wesentlich gewichtiger und – karajanverwandt – »philharmonischer« daherkommt (DG). Eine besondere Rarität stellt die Aufnahme des frühen »Galimathias musicum« (KV 32) dar, ebenfalls mit dem Franz-Liszt-Kammerorchester (Hungaroton).

Die reinen Bläserserenaden sind ebenfalls bestens dokumentiert, angefangen von den Werken in kleiner Besetzung, etwa den Divertimenti für

drei Bassetthörner KV 439b in der vorzüglichen Wiedergabe durch das Trio di Clarone mit Sabine Meyer (EMI) oder, in einer Alternative mit historischen Instrumenten, in der Fassung für zwei Klarinetten und Fagott (Hungaroton/Helikon).
Bläsersextette (Divertimenti) liegen vor mit den vorzüglichen Bläsern der Berliner Philharmoniker, mit ihrem charakteristischen warmen, runden Klang und ebenso volltönend und harmonisch von der Aufnahmetechnik betreut (Orfeo); etliche Jahre früher erschien eine Interpretation mit den spröderen, aber in ihrer charakteristisch anderen Art ebenfalls perfekten Bläsern der Wiener Philharmoniker (DG). Einzelne der Sextette gibt es auch mit den brillanten Bläsern des Orpheus Chamber Orchestra (z. B. KV 252 und 270, bei DG).
Die großen Bläserserenaden KV 361, 375 und 388 stellen immer eine Herausforderung für alle Bläserensembles dar, weil sie so schwer in ausgewogener klanglicher Balance zwischen Solostimme und massivem Tutti zu halten sind. Nikolaus Harnoncourt leitete die Wiener Mozart-Bläser bei KV 375 und 388 in durchdachten, bisweilen ein wenig überspitzten Deutungen voller Wohllaut und Spielwitz (Teldec). Maßstabsetzende Modellinterpretationen der gleichen Werke gibt es in der hochkarätigen Solistenbesetzung mit Holliger, Pellerin (Oboen), Brunner, Schmid (Klarinetten), Thunemann, Wilkie (Fagott) und Baumann, Vlatkovic (Hörner) (bei Philips) sowie mit den Bläsern der Berliner Philharmoniker (bei Orfeo). Die »Gran Partita« KV 361 schließlich ist wohl das technisch und klanglich anspruchsvollste der reinen Bläserwerke. Hier hat man die Wahl unter erstaunlich vielen hochrangigen Einspielungen, die alle gleichwohl verschiedene Akzente setzen: persönliches, bisweilen pointiertes Engagement bei Nikolaus Harnoncourt und den Wiener Mozart-Bläsern (Teldec), warmen fülligen Wohllaut und virtuoses Ensemblespiel beim Orpheus Chamber Orchestra (DG), große Ausgewogenheit und stilistische Souveränität bei der Academy of St. Martin-in-the-Fields unter Neville Marriner (Philips). Im historischen Instrumentalgewand erscheint das Werk, ein wenig rauher und voll fremdartiger Farben, beim Collegium Aureum (EMI) und, ausgezeichnet durch bewunderungswürdige Meisterschaft im Einzel- und Ensemblespiel der heiklen alten Instrumente, beim Ensemble Octophorus unter der Leitung von Barthold Kuijken (Accent/Helikon) – auch sie auf ihre individuelle Weise eine maßstabsetzende Modellaufnahme.

Klavierkonzerte

Auch bei den Konzerten komplettieren sich allmählich manche Serien, neben punktuellen und manchmal sehr überraschenden Einzelversuchen. Geza Anda war mit der Salzburger Camerata Academica ein früher Vorreiter (DG), als Pianist und Dirigent in Personalunion auch hier Pionier. Seine Auffassung bleibt in Erinnerung als sehr einheitlich, virtuos bis zur gelegentlichen Hektik und mit einem leichten Mangel an Tiefsinn, ohne den nötigen Mut oder auch die innere Ruhe zum Verweilen im rechten Moment. Später folgte ihm Daniel Barenboim mit dem English Chamber Orchestra, wobei er Anda das professionelle Dirigententum voraushat. Sein Mozart klingt fühlbar wärmer, engagierter und wiederum, wie bei den Sonaten, musikantisch und spontan, ohne die Gefahr einer gewissen Sorglosigkeit immer ganz bannen zu können (EMI).

Ebenfalls mit dem English Chamber Orchestra spielte Murray Perahia alle Konzerte ein, als einziger konsequent enzyklopädisch vorgehend, also einschließlich der frühen Bach-Bearbeitungen. Das vorgelegte Ergebnis ist ein bezwingend einheitlicher Wurf, eine intim-individuelle Sicht dieser Musik mit viel Sinn für klangliche Balance und verinnerlichte Nuancen, ohne deshalb manieristisch zu werden. Allenfalls vermißt man hier und dort den Zug zur Monumentalität, zum emotionalen Extrem, wie es in manchen Konzerten schlummert (CBS).

Maßstabsetzend ist ganz gewiß das Gespann Alfred Brendel / Neville Marriner mit der Academy of St. Martin-in-the-Fields, denn die interpretatorische Übereinstimmung beider Künstler ist perfekt, die klangliche Ausgeglichenheit und die orchestrale Bewältigung sind es ebenfalls. Brendel gelingt das Kunststück, stilistisch ungemein einheitlich zu musizieren und doch bei jedem Konzert dessen individuelle Persönlichkeit zum Leben zu erwecken, und das trotz der relativ weit auseinanderliegenden Aufnahmedaten (z. T. noch vor-digital, bei Philips zwischen 1970 und 1984). Wenn man sich unbedingt festlegen müßte: Dieses dürfte, soweit so etwas überhaupt denkbar ist, die derzeitige Reverenzaufnahme aller Klavierkonzerte sein.

Überzeugend in ihrem musikantischen und zugleich sorgfältig ausgefeilten Zusammenspiel sind auch Andras Schiff und Sandor Végh mit der Camerata Academica Salzburg im Voranschreiten einer Gesamteinspielung (Decca). Partner von Mitsuko Uchida ist Jeffrey Tate mit dem so begehrten vorzüglichen English Chamber Orchestra. Und auch hier stimmen die Konzepte nahtlos überein, in musikantischem, doch immer sorgsam kontrolliertem Schwung und mit fein geschliffenen Details, die sich auf selbstverständliche Weise zum Ganzen fügen – ein interpretatorischer Ansatz der mittleren, wenn man so will: traditionellen Linie, der gleichwohl berechtigt ist und auf recht hohem Niveau realisiert wird (Philips). Vladimir Ashkenazy dagegen setzt als Pianist und Dirigent in Personalunion, gemeinsam mit dem Philharmonia Orchestra London, deutlich mehr auf ausgefeilte Virtuosität und gelegentliche individuelle Ausdrucksakzente; auch ihm kommt, wie Barenboim, seine Doppelprofession hörbar zugute, wobei er jenen an zupakkender Intensität klar übertrifft (Decca).

Schließlich folgt noch ein sehr persönlicher, in mancher Hinsicht etwas unbequemer Ansatz, der in seiner unbeirrbaren Konsequenz und stilistischen Eigenart auf ganz andere Weise aus dem Rahmen fällt als etwa das Gespann Friedrich Gulda / Nikolaus Harnoncourt (Teldec): Gemeint ist Rudolf Serkin mit Claudio Abbado und dessen London Symphony Orchestra. Serkin meidet unbeirrbar die gewohnten Pfade des gepflegten, geglätteten Wohlklanges und der stromlinienförmigen Tempi; sein Mozart klingt eher spröde, manchmal auf seltsam faszinierende Weise unsinnlich, und er hat Mut und Überzeugungskraft zu gelassenen, fast langsamen Tempi (KV 488, 1. Satz!). So entsteht eine unbequeme, altersweise Alternative, der man zwar nicht in allem folgen kann, die jedoch zum Nachsinnen anregt (DG). Einige frühe Vorgängeraufnahmen Serkins unter der Leitung von Georg Szell und Eugene Ormandy liegen bei CBS vor.

Das derzeitige äußerste Extrem aber sind zweifellos die Versuche, alle Klavierkonzerte auf dem Hammerflügel und mit historischer Orchesterbesetzung aufzunehmen, mit Malcolm Bilson, Fortepiano, und The English Baroque Soloists unter der Leitung von John Eliot Gardiner. Das Ergebnis ist so radikal wie aufregend, denn es enthüllt aufgrund des völlig andersartigen Klanggewandes ganz »unerhörte« Einzelheiten in diesen so vertraut geglaubten Werken. Manches klingt gleichsam wie »gegen den Strich gebürstet«, sperrig, aggressiv und launisch, dabei temperamentvoll und vital (Paradebeispiel KV 466!). Es sei dahingestellt, ob diese Annäherung sich authentisch nennen darf (bei allen Vorbehalten gegenüber historisch-kritisch geführten Indizienbeweisen), aber sie schärft ohne Zweifel die hörende Aufmerksamkeit und die kritische Wachsamkeit gegenüber aller Routine. Allein deshalb hat diese Serie sich bereits große Verdienste erworben, als Radikalkur gegen alles hörende und spielende Mittelmaß in angeblicher Tradition! (DG Archiv.) Als Einzeleinspielung stehen dieser sich komplettierenden

Serie zwei Live-Aufnahmen mit John Gibbons, Hammerklavier, und dem Orchestra of the 18th Century unter der Leitung von Frans Brüggen gegenüber (KV 466 und 491), die in ihrer zupackenden Vitalität zu fesseln vermögen (Philips).
Die Fülle der Aufnahmen gerade von Mozarts Klavierkonzerten ist ungeheuer und belegt das gewachsene Bewußtsein für ihren einzigartigen historischen Rang. Neben den kompletten oder sich allmählich vervollständigenden Gesamtaufnahmen gibt es eine ganze Reihe bemerkenswerter Einzelinterpretationen, die aus den unterschiedlichsten Gründen erwähnt werden müssen. So existieren, unter anderem, einige inzwischen historische Maßstäbe: etwa die punktuellen und mit unvorstellbaren Skrupeln und ständigen Nachbesserungen vollzogenen Deutungen von Clifford Curzon. Seine Interpretation etwa des d-Moll-Konzerts (KV 466), gemeinsam mit dem kongenialen Benjamin Britten am Pult, hat in ihrer gleichzeitig akribisch durchdachten und doch nie intellektuellen Musikalität einsamen Rang (Decca). Und auch von Clara Haskil liegen mehrere Aufzeichnungen mit wechselnden Dirigentenpartnern vor (Philips): Unter ihnen war Ferenc Fricsay der einzige, der Haskils seelenvollen, zarten Mozartton wirklich bruchlos und ebenso erlebt mit dem Orchester zu realisieren verstand (KV 459 mit den Berliner Philharmonikern und KV 595 mit dem Bayerischen Staatsorchester); Igor Markevitch sollte jedoch daneben als zweiter wichtiger Haskil-Partner nicht vergessen werden (Konzerte d-Moll, KV 466, und c-Moll, KV 491; bei Philips).
Erstaunlich gut vertrugen sich musikalisch zwei so verschiedene Interpreten wie Maurizio Pollini und Karl Böhm, die sich in ihren Aufnahmen offensichtlich gegenseitig anregten und genau auf die wechselseitigen Impulse reagierten. So wurden einige bekannte Konzerte (u. a. KV 488) zu sehr ausgewogenen Dokumenten, denen jede intellektuelle oder emotionale Einseitigkeit fehlt (DG); sie bewegen sich sozusagen auf der Ebene gepflegter Klassik, ohne Extreme zu berühren.
Ein völlig andersartiges Paar stellen Friedrich Gulda und Nikolaus Harnoncourt (mit dem Concertgebouw-Orchester) dar: beide mit wachem, bisweilen fast aggressivem Temperament und mit der spürbaren Lust, alle Noten ständig neu zu entdecken und zu deuten. So erhält diese Musik ein gehöriges Maß an improvisatorischer Spontaneität zurück, die sie in des Komponisten eigener Aufführung gehabt haben muß. An das ständige Generalbaßspiel des Flügels im Orchestertutti muß man sich erst gewöhnen: Es ist historisch zwar korrekt, aber der moderne Konzertflügel mischt sich doch merklich schwerer mit dem Orchester

als ein Hammerklavier (Teldec). Einige Vorläuferaufnahmen von Gulda auf etwas gemäßigterer, traditionellerer Ebene liegen vor mit den Wiener Philharmonikern unter der Leitung von Claudio Abbado (DG).
Unter den Aufnahmen, die sozusagen in der ungebrochenen philharmonischen Tradition stehen, ist jene einzelne Einspielung von KV 453 (gemeinsam mit KV 491) mit André Previn und den Wiener Philharmonikern eine der besten, lebendigsten und in ihrer intensiven Klangschönheit und Räumlichkeit bemerkenswertesten. Previn ist hier als Pianist und Dirigent gleichermaßen souverän (Philips). Im umgekehrten Verhältnis zum spektakulären Verkaufserfolg und zum begleitenden Medienrummel steht dagegen der künstlerische Wert einer Produktion aus dem Jahre 1987 mit dem seltsamen Gespann Vladimir Horowitz und Carlo Maria Giulini. Warum nur gab sich der italienische Grandseigneur unter den Dirigenten dafür her, sich den Launen und Mißdeutungen eines offensichtlich für derartige Musik nicht (mehr?) zuständigen eitlen alten Tastenlöwen so widerstandslos unterzuordnen? (KV 488, bei DG).
Das Doppelkonzert Es-Dur (KV 365) ist in der Brendel/Marriner-Kassette mit enthalten und wird hier gemeinsam mit Imogen Cooper interpretiert, auf gleich hohem Niveau wie die übrigen Solotitel (Philips). Eine einzelne Aufnahme gilt es daneben besonders herauszuheben: jene mit Daniel Barenboim und Vladimir Ashkenazy und dem Philharmonia Orchestra London, als äußerst musikantisch-spontane und auch ausgefeilte und durchdachte Interpretation, in der pianistische Brillanz und Auslotung aller Ausdruckstiefen einander nicht nachstehen (Decca).

Violinkonzerte

Bei den Violinkonzerten des jungen Mozart sieht der moderne Medienmarkt ähnlich aus wie bei den Klavierkonzerten: einer Reihe von Gesamtaufnahmen stehen viele Einzeleinspielungen aus älterer und neuester Zeit gegenüber.
Sozusagen Klassiker und nach wie vor aktuell sind hier die beiden Sammlungen der Konzerte mit Henryk Szeryng (Philips) und Josef Suk (Eurodisc). Beide huldigen einem äußerst kultivierten, »klassischen« Interpretationsstil mit noblem Ton und präziser Fingerfertigkeit; Szeryng wird von Alexander Gibson und dem New Philharmonia Orchestra ein wenig diesseitiger und robuster begleitet, Suk übernahm selber

die Leitung des Prager Kammerorchesters und erzielte auf diese Weise noch größere Geschlossenheit. Auch die Aufnahmetechnik beider Zyklen ist aus heutiger Sicht keineswegs überholt. Dagegen hört man dem noch älteren Zyklus mit Zino Francescatti und dem Columbia Symphony Orchestra unter Bruno Walter (CBS) doch ein wenig das frühe Aufnahmedatum an, wenngleich die Umwandlung in Digitaltechnik auch hier wieder eine hörbare Aufpolierung des Klangbildes mit sich brachte. Die Bedeutung liegt hier vor allem in der Dokumentation des Walterschen Mozartstils, dem sich Francescatti bruchlos einfügte.
Unter den neuen Gesamteinspielungen stehen sich die von Itzhak Perlman / James Levine (DG) und die von Gidon Kremer / Nikolaus Harnoncourt (DG) recht gegensätzlich gegenüber. Beide demonstrieren sehr hohes Niveau und dürfen als exemplarisch für ihren jeweiligen Ansatz gelten: Perlman liegt genau auf der klassizistischen Linie von Szeryng oder Suk, dabei mit noch mehr tonlicher und auch virtuoser Brillanz und scheinbarer Mühelosigkeit beeindruckend, von Levine und den Wiener Philharmonikern gepflegt und klangschwelgerisch getragen. Dagegen haben Kremer und Harnoncourt, ebenfalls mit den Wiener Philharmonikern, spürbar jedes Werk Ton für Ton neu durchdacht und erforscht und sind auf diese Weise zu äußerst konzentrierten und ernsthaften Ergebnissen gelangt. Dabei ist es vor allem bemerkenswert, daß keineswegs revolutionäre Neuheiten entstanden, Andersartiges um jeden Preis; allerdings ereignet sich so manche – fast zufällige – Entlarvung überkommener und unreflektierter Interpretationsgewohnheiten.
Nicht unbeachtet bleiben soll neben diesen etablierten Namen des geigerischen Weltmarktes auch die zyklische Einspielung des Franzosen Jean-Jacques Kantorow, der sich von Leopold Hager und dem Niederländischen Kammerorchester begleiten ließ, und der insgesamt wiederum den eher traditionellen Interpretationsansatz pflegt, dabei durchaus temperamentvoll und auf hohem geigerischen Niveau (Denon).

An Einzelaufnahmen älteren und neueren Datums fehlt es daneben nicht. Zu nennen sind hier vor allem Anne-Sophie Mutter mit ihrer Erstlingsplatte (KV 216 und 219, bei DG) unter der väterlich-fürsorglichen Anleitung ihres Mentors Karajan mit den Berliner Philharmonikern, sowie die spätere Aufnahme mit Riccardo Muti und dem Londoner Philharmonia Orchestra (KV 211, bei EMI), die einen deutlichen interpretatorischen Reifungsprozeß erkennen läßt und die ältere Aufnahme zugleich sinnvoll ergänzt. Frank Peter Zimmermann wandelt als ein weiterer junger deutscher Interpret bereits erfolgreich auf ihren Spuren und ließ mit seiner zyklischen Aufnahme aller Konzerte, mit Jörg Faerber und dem Württembergischen Kammerorchester Heilbronn (EMI), aufhorchen. Den kulinarisch philharmonischen Wohlklang schließlich pflegt Pinchas Zuckerman mit dem St. Paul Chamber Orchestra (KV 216, 218, 219) unter der Leitung des Solisten (CBS). Einen technisch und musikalisch gleichrangigen (fernöstlichen) Akzent setzt Cho-Liang Lin gemeinsam mit Raymond Leppard und dem English Chamber Orchestra (KV 216 und 219, bei CBS).

In diesen Zusammenhang gehört auch die Sinfonia concertante KV 364, die auf Schallplatten wesentlich häufiger vertreten ist als im Konzertsaal, wo sich höchst selten zwei hochkarätige Solisten zusammenfinden. Auch hier wird die Wahl schwer, denn das interpretatorische Niveau ist durchweg hoch und zugleich stilistisch ohne sehr großen Spielraum. Philharmonischen Gestus vertreten beispielsweise Itzhak Perlman und Pinchas Zuckerman mit dem Israel Philharmonic Orchestra unter Zubin Mehta (DG), während Iona Brown und Josef Suk, hier als Bratscher, mit der äußerst disziplinierten und klangschönen Academy of St. Martin-in-the-Fields konzertieren (Philips). Noch engagierter und persönlicher, bei selbstverständlicher Perfektion, klingt die Deutung von Gidon Kremer, Kim Kashkashian und Nikolaus Harnoncourt mit den Wiener Philharmonikern (DG). – Ein typisches, musikantisch unbekümmertes Dokument seines Interpretationsstils legte etliche Jahre früher Karl Böhm gemeinsam mit den Konzertmeistern Thomas Brandis und Giusto Cappone und den Berliner Philharmonikern vor (DG). Jean-Jacques Kantorow ergänzte seine Sammlung aller Violinkonzerte um das Doppelkonzert gemeinsam mit dem Bratscher Vladimir Mendelssohn und dem Dirigenten Leopold Hager (Niederländisches Kammerorchester, bei Denon); wie bei Zubin Mehta und Iona Brown erhält man auch hier als selten gehörte Beigabe das Concertone KV 190. Individueller und zugleich ein Abschiedsdokument ist die Aufnahme mit dem Primgeiger und dem bald danach verstorbenen Bratscher des Amadeus-Quartettes, nämlich mit Norbert Brainin und Peter Schidloff, unter Leopold Hager mit dem Niederländischen Kammerorchester (Denon).

Bläserkonzerte

Auch bei den Bläserkonzerten gibt es einige mehr oder weniger komplette Zyklen, darunter auch ein paar quasi historische, die man nicht vergessen sollte. Karajan nahm diese Werke mehrfach jeweils mit den Solisten seiner Orchester auf, wobei die frühen, noch aus der Mono-Zeit stammenden Aufzeichnungen sich auch heute noch erstaunlich klangschön ausnehmen und als Dokumente eines perfekt ausgefeilten klassischen Interpretationsansatzes nach wie vor ihre Lebendigkeit bewahrt haben. Hervorzuheben sind vor allem die Hornkonzerte mit dem früh-verstorbenen genialen Dennis Brain oder auch die (zweifelhafte) Sinfonia concertante KV 297 b mit dem Londoner Philharmonia Orchestra (EMI); Karajans zweite Aufnahmeserie erfolgte dann (wiederum für EMI) mit den Berliner Philharmonikern; hier ist das Konzert für Flöte und Harfe KV 299 mit James Galway und Fritz Helmis hervorzuheben. Dazu sei eine hervorragende Alternativ-Einspielung in der Besetzung András Adorján, Susanna Mildonian unter Hans Stadlmair mit dem Münchener Kammerorchester genannt (Denon); auch Karl Böhms Aufnahme mit Wolfgang Schulz, Nicanor Zabaleta und den Wiener Philharmonikern hat sich bis heute ihre Lebendigkeit bewahrt (DG). Für die ganze Sammlung der Bläserkonzerte bediente sich Böhm der Solisten seiner vertrauten Wiener Philharmoniker (DG); so blies Günter Högner die Hornkonzerte, Alfred Prinz das Klarinettenkonzert KV 622 – zeitlose Dokumente von Böhms ausgewogen-natürlichem Musizierstil gerade bei Mozart. Die frühen, etwa mit Böhm zeitgleichen Einspielungen der Academy of St. Martin-in-the-Fields unter Neville Marriner klingen unverbraucht vital und dokumentieren die orchestrale und solistische Kompetenz und Virtuosität dieses Meisterensembles (Philips).

Die Flötenkonzerte liegen, neben den in den genannten Sammlungen enthaltenen, durchweg hochrangigen Interpretationen (etwa mit Andreas Blau / Karajan, bei EMI) auch in hochrangigen und technisch makellosen Aufnahmen mit András Adorján und dem Münchener Kammerorchester unter Hans Stadlmair vor (Orfeo). Historische Alternative hierzu ist die Einspielung auf der Traversflöte von Hans-Martin Linde (EMI).

Jeder berühmte Hornist ist natürlich bestrebt, Mozarts Hornkonzerte und -sätze möglichst komplett vorzulegen. So gibt es eine Fülle guter Aufnahmen dieser unterhaltsam-problemlosen Musik. Unter ihnen verkörpert Hermann Baumann, mit Nikolaus Harnoncourt und dem

Concentus Musicus Wien (Teldec), eindrucksvoll den historisierenden Ansatz auf Originalinstrumenten, während etwa Radovan Vlatkovic mit Jeffrey Tate und dem English Chamber Orchestra (EMI) oder David Jolley mit dem brillanten Orpheus Chamber Orchestra (in KV 412 und 495) den anderen Einstieg, mit dem modernen Horn und von modernen Orchesterinstrumenten begleitet, verkörpern (DG).
Auch das späte Klarinettenkonzert liegt in zahlreichen Aufnahmen vor, die sich wiederum deutlich in zwei Gruppen gliedern lassen: einmal der traditionelle Ansatz mit modernen Klarinetten, z. B. bei Alfred Prinz unter der Leitung von Karl Böhm mit den Wiener Philharmonikern (DG), oder, hierzulande unbekannt, aber nichtsdestoweniger meisterhaft, Béla Kovacs mit dem Franz-Liszt-Kammerorchester Budapest unter der Leitung von Janos Rolla (Hungaroton). Unter den älteren Aufnahmen ist jene mit dem vorzüglichen Klarinettisten Dieter Klöcker (Teldec) besonders hervorzuheben.
Auf der anderen Seite stehen die Interpretationen auf historischen Instrumenten, unter ihnen vor allem auch jene, die eine Rekonstruktion zurück zur Bassettklarinette der Mozartzeit wagen und damit zu durchaus überzeugenden Ergebnissen gelangen. Hier sind vor allem zu nennen: Eric Hoeprich mit dem Orchestra of the 18th Century unter der Leitung von Frans Brüggen in einer Live-Aufzeichnung voll Tiefsinn, Spielwitz und Genauigkeit (Philips). Den konsequent historischen Ansatz verkörpern auch Hans Deinzer mit dem Collegium Aureum auf Originalinstrumenten unter der Leitung von Franzjosef Maier in einer, verglichen mit Hoeprich und Brüggen, trockeneren, distanzierteren Studioproduktion (EMI). Eine effektvoll gelungene Alternative im gleichsam modernen Musizierstil liefern das Orpheus Chamber Orchestra und Charles Neidich, der ebenfalls eine rekonstruierte Bassettklarinette bevorzugt – eine der schlüssigsten und ausgewogen klangschönsten Interpretationen insgesamt (DG).

Symphonien

Mozarts Symphonien sind im Katalog sehr ungleich vertreten: während es Aufnahmen der letzten vier Symphonien wohl von allen namhaften gestrigen und heutigen Dirigenten und Orchestern gibt, war die Auswahl bei den mittleren geringer und vor allem bei den frühen Symphonien lange Zeit mehr als dürftig. Im Zuge sich komplettierender oder inzwischen vorliegender Gesamteinspielungen hat sich das Bild jedoch

in den letzten Jahren erfreulich gebessert, und zwar im Sinne logischer Alternativen. Zunächst hat sich Karl Böhm im Rahmen seiner symphonischen Gesamtschau auch aller frühen Symphonien erbarmt, von seiner berühmten natürlichen, aber gelegentlich etwas naiv unbekümmerten Musikalität über alle frühen kompositorischen Untiefen von den vorzüglichen Berliner Philharmonikern hinweggetragen (DG). Ihm folgte Neville Marriner mit seiner Academy of St. Martin-in-the-Fields, und er präzisierte gegenüber Böhm manches übergangene Detail und legte unüberhörbar und selbstbewußt die Fundamente eines zeitgemäßen, nicht verzärtelten, temperamentvoll kontrollierten »klassischen« Mozartstils. Zugleich gelang ihm bruchlos die stilistische Verbindung der frühen mit der späten Symphonik – insgesamt sicher die schlüssigste und modellhafteste Gesamtaufnahme (Philips, einzelne späte Symphonien auch bei EMI). Marriner ist zur Zeit ohne Zweifel einer der führenden Mozart-Dirigenten.
Als Alternative im echten Sinn sind demgegenüber die Einspielungen der Academy of Ancient Music mit Christopher Hogwood anzusehen; nach und nach legten sie mit wissenschaftlicher Akribie, dabei mit sprühender Musizierfreude und fast aggressiv geschärfter Klanglichkeit alle Symphonien, sogar alle Alternativfassungen (KV 297 und 550) vor (Decca / L'Oiseau-Lyre). Freilich läßt sich bei diesen Aufnahmen eine gewisse einseitige Überspitzung nicht überhören, vor allem in den bisweilen rasant überzogenen Tempi. Indessen bekommt vor allem den vernachlässigten Frühwerken dieses unerbittliche, ernstnehmende Zupacken besonders gut, es enthüllt auf frappierende Weise ihre historische Daseinsberechtigung und Lebensfähigkeit. Verwandte Alternativen mit gleichwohl äußerst individuellen Akzenten der Interpretation bedeuten auf der einen Seite die bemerkenswerten Live-Aufnahmen (KV 550 und KV 385) von Frans Brüggen mit seinem Orchestra of the 18th Century (Philips) und auf der anderen Seite die Einspielungen (u. a. KV 201 und 319) John Eliot Gardiners und seiner English Baroque Soloists (Philips).

Bei den mittleren und vor allem den vier späten Symphonien dagegen gibt es – auf durchweg hohem Niveau – ein verwirrendes Gedränge auf dem Schallplattenmarkt, das sich bei näherer Betrachtung jedoch mühelos in wenige Gruppierungen zusammenfassen läßt. Da ist zunächst die große Zahl der unbeirrten und von keiner historischen, aufführungspraktischen Anregung belasteten Dirigenten, die den gepflegten Klang des großen klassisch-romantischen Symphonieorchesters bevorzugen und kultivieren, freilich jeweils mit individuellen Nuancen: Herbert von Karajan, als Extrem, legte in zahlreichen Remakes seine kaum veränderten, in sich völlig schlüssigen und an allen Ecken und Kanten sanft abgeschliffenen Deutungen vor, bis hin zum Beispiel der großen Es-Dur-Symphonie (KV 543) von 1988 (DG); seine früheren zyklischen Einspielungen der großen Mozartsymphonien, immer angefangen bei KV 201, verteilen sich gerecht auf die Deutsche Grammophon Gesellschaft und EMI einerseits, auf die Berliner Philharmoniker (in neuerer Zeit) und das Philharmonia Orchestra London (davor) und in Einzelproduktionen auf die Wiener Philharmoniker (Decca) andrerseits. Leonard Bernstein dagegen setzte zuletzt meist auf die Spontaneität von Live-Aufnahmen mit den Wiener Philharmonikern und erreichte auf diese Weise einen nachvollziehbaren Gewinn an Atmosphäre und Lebendigkeit (DG). Seine Aufzeichnungen sind eindrucksvolle Belege dafür, daß man auch ohne den Ruf eines »Mozart-Spezialisten« den emotionalen Geheimnissen dieser Musik auf die Spur kommen kann.

Damit sind wir wieder bei Karl Böhm. Über ihn, den man zu Lebzeiten zu *dem* Mozart-Dirigenten abgestempelt hatte, ist die Nachwelt erstaunlich schnell zur Tagesordnung übergegangen. Den Charme seiner unbekümmerten Natürlichkeit bei gleichzeitiger Pedanterie in der musikalischen Ausführung dokumentieren etliche Einspielungen der großen Symphonien, am besten wohl diejenigen mit den Berliner Philharmonikern (DG), während die letzten Dokumente mit den Wiener Philharmonikern leider ein wenig durch Altersgebrechen gebremst werden (DG). Dagegen sollte man sich auch einmal seine früheren Interpretationen anhören, etwa die (selten aufgenommene) Erstfassung der großen g-Moll-Symphonie (KV 550) ohne Klarinetten mit dem Amsterdamer Concertgebouw-Orchester (Philips). Insgesamt ist anzumerken, daß Böhm wohl kein »Schallplattendirigent« war, den Zauber seines spontanen natürlichen Musizierens nahm er mit ins Grab.

Der als Böhms Nachfolger, zumindest auf dem Plattenmarkt, propagierte James Levine ist ihm insofern tatsächlich vergleichbar, als er in seiner neuen, allmählich wachsenden Gesamteinspielung mit den Wiener Philharmonikern (DG) unbekümmert und kraftvoll aus dem vollen musiziert, ohne sich allzulange mit interpretatorischen Grübeleien aufzuhalten – ein wohlklingender, unproblematischer Mozart für den Genießer, wohl aber auch nicht mehr.

Daß Eugen Jochum als lebendige Verkörperung des Anti-Pultstars, als vitaler und werkdienender Vollblutmusiker zeit seines Lebens unter seinem wahren Wert gehandelt wurde, belegen eindrucksvoll seine letzten Aufnahmen mit den Bamberger Symphonikern, Dokumente eines

durch und durch musikantischen, eher aus Intuition und Tradition gewachsenen denn intellektuell ausgefeilten Mozartstils (KV 543 und 550, bei Orfeo; KV 385 und 504, bei Eurodisc).
Genau das nötige Maß an nachdenklicher Gewissenhaftigkeit scheint wiederum Jeffrey Tate aufzubringen, denn er stellte inzwischen gemeinsam mit dem vorzüglichen English Chamber Orchestra einige ungemein einheitliche und in sich schlüssige Interpretationen vor; besonders gilt das für KV 550 und 551, aber auch für KV 504 (EMI).
Störenfried im internationalen Konzertbetrieb ist seit langem und zunehmend auch auf klassischem Sektor Nikolaus Harnoncourt, der im Laufe der Jahre eine Reihe von Symphonien in modellhaften Interpretationen vorlegte und damit sein Konzept der historisierenden Deutung klassischer Musik einer breiteren Öffentlichkeit bekanntmachte. Was dabei herauskam, ist gewiß nicht die Idealinterpretation der Mozart-Symphonien, vielmehr ein ungemein anregender, aufregender Neuansatz, ein konsequentes Infragestellen alter Spielgewohnheiten, gelegentlich in ärgerliche Extreme der Tempowahl und in unmotivierte Dehnungen und Verzerrungen des rhythmisch-metrischen Ablaufs verfallend. Aber spannend sind Harnoncourts Aufführungen immer, und sie bieten ein Übermaß an Anlässen zum Nachdenken und Diskutieren. Sicher ist es auch gerade Harnoncourt zu verdanken, daß zunehmend auch andere Dirigenten beispielsweise die Wiederholungsvorschriften in den einzelnen Symphoniesätzen genauer befolgen, als das bislang üblich war (Teldec). Faszinierend ist auch zu beobachten, wie es Harnoncourt gelingt, ein traditionell geschultes philharmonisches Orchester – in diesem Fall das Amsterdamer Concertgebouw Orkest – aus dem gewohnten routinierten Alltagstrott herauszureißen und ihm vor allem eine völlig ungewohnte neue Artikulationsweise anzugewöhnen.
Otmars Suitners fernöstliche Deutungen mit dem japanischen NHK-Symphony Orchestra (Denon) verkörpern gleichwohl die deutsch-österreichische Tradition: geradlinig, bisweilen ein wenig vordergründig und im besten Sinne musikantisch dargeboten, etwa auf der Linie von Karl Böhm. Ein Neuling in der internationalen Dirigentenriege ist Hans Graf, der den Auftakt zu einer Gesamteinspielung mit dem Mozarteum-Orchester Salzburg vorlegte und sogleich mit KV 550 und 551 zu erkennen gab, daß er unbekümmert im Gefolge der großen Tradition mitsteuert. Auffälligster Akzent seiner Aufnahmen sind gewiß die ungewöhnlich gedehnten langsamen Sätze der Symphonien (Capriccio). Schließlich verdient auch Georg Soltis konzentrierte und vitale Deutung der beiden letzten Symphonien mit dem European Youth Orchestra einen ausdrücklichen Hinweis (Decca).

Und wer den Klang der Dresdner Staatskapelle bevorzugt, der hat die Auswahl unter zwei neueren Aufnahmen: KV 543 und 551 äußerst klangschön und ausgewogen in allen Relationen unter der uneitlen, gelassen wohltemperierten Leitung von Sir Colin Davis (Philips), die letzten vier Symphonien unter der Leitung von Herbert Blomstedt, ebenfalls sehr sorgfältig werkbezogen und insgesamt eine Spur distanzierter (Denon).

Abschließend noch ein Blick auf einige ältere exemplarische Schallplatten mit späten Mozart-Symphonien, die sich – vor allem in CD-Übertragung – ihre Lebendigkeit bewahrt haben. Das Kompliment der maßstabsetzenden, modellhaft überzeitlichen Interpretation muß man in erster Linie Bruno Walters späten Zyklen von 1959–61 mit dem CBS-Orchester machen. Lehrreich ist nach wie vor Walters ungemein flexibler Umgang mit dem Grundtempo einzelner Sätze; diese Aufnahmen gehören zum unverzichtbaren klassischen Bestand der Mozart-Interpretation (CBS).

Der tragisch früh verstorbene Ferenc Fricsay war einer der großen Mozart-Dirigenten der Nachkriegszeit; seine eindringlichen späten Einspielungen der drei letzten Symphonien mit den (hörbar ein wenig überforderten) Wiener Symphonikern sind Dokumente einer leidenschaftlich glühenden, an sich selber verbrennenden Interpretenpersönlichkeit (DG). Seine g-Moll-Symphonie KV 550 ist die wohl langsamste und resignierteste unter allen existierenden Aufnahmen.

Ihm gegenüber steht als anderes Extrem Otto Klemperer mit seinen Aufnahmen der großen g-Moll- und der C-Dur-Symphonie, die in ihrer unerbittlichen, monumentalen Strenge und aller Wiener Zärtlichkeit abholden Holzschnittartigkeit einen völlig anderen Deutungsansatz verkörpern, der sich seine Überzeugungskraft gleichwohl bis heute bewahrt hat (mit dem Philharmonia Orchestra London, bei EMI). Dazwischen könnte man die frühen Giulini-Produktionen, ebenfalls mit dem (New) Philharmonia Orchestra, ansiedeln, die zwar verbindlicher und menschlicher klingen als Klemperers Radikalität, auf ihre Weise jedoch ebensoviel Größe und Konsequenz verkörpern (Decca). Hierher gehören auch die ebenso vitalen wie strengen Einspielungen von Georg Szell mit dem Cleveland Orchestra (CBS); auch von Joseph Krips gibt es eine Aufnahme von KV 318, 504 und 550, die durchaus begreifen läßt, warum ihm der Ruf des »Eingeweihten« in Sachen Mozart anhing (Philips), ein kleiner Geheimtip innerhalb der Flut älterer und neuerer Aufnahmen.

Werkverzeichnis

Das Verzeichnis erfaßt die Instrumentalkompositionen Mozarts nach Werkgruppen und in der – meist chronologischen – Reihenfolge ihrer Beschreibung in diesem Musikführer, mit Seitenangaben. Es ist bis auf wenige zweifelhafte Werke vollständig, nennt also auch nicht behandelte ephemere Stücke. Die Nummern des Köchelverzeichnisses (KV) sind jeweils in der üblichen alten Zählung und, in Klammern dahinter, mit den Ziffern des neuen, revidierten Werkkatalogs angegeben (Ludwig Ritter von Köchel: *Chronologisch-thematisches Verzeichnis sämtlicher Tonwerke Wolfgang Amadé Mozarts [...]*, 6. Aufl. bearb. von Franz Giegling, Alexander Weinmann und Gerd Sievers, Wiesbaden: Breitkopf & Härtel, 1964; [8]1983).

Klaviermusik

Werke für Klavier zu zwei Händen

Sonaten

KV 331 (300i)	Sonate A-Dur	39, 53
KV 332 (300k)	Sonate F-Dur	40
KV 333 (315c)	Sonate B-Dur	41
KV 457 und **475**	Sonate c-Moll mit Fantasie c-Moll	42–44
KV 533/494	Sonate F-Dur (mit Rondo F-Dur)	44
KV 545	Sonate C-Dur	46
KV 547a (Anh. 135)	Sonate F-Dur	48, 54, 63
KV 570	Sonate B-Dur	46, 63
KV 576	Sonate D-Dur	46, 47

Einzelne Stücke, Rondos und Fantasien für Klavier, Glasharmonika oder Orgelwalze

KV 1a	Andante C-Dur	
KV 1b	Allegro C-Dur	
KV 1c	Allegro F-Dur	
KV 1d	Menuett F-Dur	52
KV 1 (1e)	Menuett G-Dur	9, 52
KV 1f	(Menuett) C-Dur	52
KV 2	Menuett F-Dur	9, 52
KV 3	Allegro B-Dur	9, 52
KV 4	Menuett F-Dur	9, 52
KV 5	Menuett F-Dur	9, 52
KV 5a	(Allegro) C-Dur	
KV 6 (1. Satz)	Allegro C-Dur	
KV 6 (2. Satz)	Andante F-Dur	
KV 6 (Menuetto I)	Menuett C-Dur	
KV 6 (Menuetto II)	Menuett F-Dur	
KV 7 (Menuetto I)	Menuett D-Dur	
KV 8 (1. Satz)	Allegro B-Dur	
KV 15 a–ss	»Londoner Skizzenbuch«	53

KV 33B	Klavierstück F-Dur	
KV 395 (300 g)	Capriccio C-Dur	
KV 315g	Acht Menuette	
KV 312 (590d)	Sonatensatz g-Moll (Fragment)	49
KV 400 (372a)	Sonatensatz B-Dur (Fragment)	49
KV 540	Adagio h-Moll	49
KV 355 (576b)	Menuett D-Dur	49
KV 485	Rondo D-Dur	45, 50
KV 494	Rondo F-Dur (vgl. Sonate KV 533)	44
KV 511	Rondo a-Moll	45, 50
KV 397 (385g)	Fantasie d-Moll (Fragment)	51
KV 395	Fantasie C-Dur	52
KV 396 (385f)	Fantasie c-Moll (Fragment)	52
KV 394 (383a)	Präludium und Fuge (Fantasie) C-Dur	52
KV 404a	Vier Präludien zu Fugen: vgl. S. 240	
KV 475	Fantasie c-Moll (vgl. Sonate KV 457)	42
KV 574	Kleine Gigue G-Dur	52
KV 399 (385i)	Suite C-Dur (Fragment)	52
KV 236 (588b)	Andantino Es-Dur	52
KV 453a	Marche funèbre c-Moll	52
KV 533	Allegro und Andante F-Dur (vgl. Sonate KV 533/494)	44
KV 356 (617a)	Adagio für Harmonika C-Dur	53
KV 616	Andante für Orgelwalze F-Dur	53
KV 594	Adagio und Allegro für ein Orgelwerk f-Moll (vgl. S. 237)	
KV 608	Orgelstück für eine Uhr f-Moll (vgl. S. 237)	

Variationen

KV 24	Acht Variationen (»Laat ons Juichen«) G-Dur	
KV 25	Sieben Variationen (»Willem van Nassau«) D-Dur	

KV 54	Variationen F-Dur (vgl. Violinsonate KV 547 und Klaviersonate KV 547a)	54
KV 180 (173c)	Sechs Variationen (»Mio caro Adone«) G-Dur	54
KV Anh. 137	Variationen A-Dur (vgl. Klarinettenquintett KV 581)	54
KV 179 (189a)	Zwölf Variationen (Menuett von Fischer) C-Dur	
KV 354 (299a)	Zwölf Variationen (»Je suis Lindor«) Es-Dur	
KV 265 (300e)	Zwölf Variationen (»Ah, vous diraije«) C-Dur	54
KV 353 (300f)	Zwölf Variationen (»La belle Françoise«) Es-Dur	
KV 264 (315d)	Neun Variationen (»Lison dormait«) C-Dur	
KV 352 (374c)	Acht Variationen (»Dieu d'amour«) F-Dur	
KV 398 (416e)	Sechs Variationen (»Salve tu, Domine«) F-Dur	
KV 460 (454a)	Zwei Variationen (»Come un agnello«) A-Dur (Fragment)	
KV 455	Zehn Variationen (»Unser dummer Pöbel meint«) G-Dur	
KV 500	Zwölf Variationen (Allegretto) B-Dur	
KV 547b	Fünf (sechs?) Variationen (Allegretto) F-Dur	
KV 573	Neun Variationen (Menuett von Duport) D-Dur	55
KV 613	Acht Variationen (»Ein Weib ist das herrlichste Ding«) F-Dur	

Werke für Klavier zu vier Händen

KV 19d	Sonate C-Dur	56
KV 358 (186c)	Sonate B-Dur	56

KV 381 (123 a)	Sonate D-Dur	57
KV 497	Sonate F-Dur	57
KV 521	Sonate C-Dur	58
KV 594	Fantasie f-Moll (urspr. für Orgelwerk; vgl. S. 235)	58
KV 608	Fantasie f-Moll (urspr. für Orgelwerk; vgl. S. 235)	58
KV 401 (375 e)	Fuge g-Moll (Fragment)	59
KV 501	Andante mit fünf Variationen G-Dur	59

Werke für zwei Klaviere

KV 448 (375 a)	Sonate D-Dur	59
KV 426	Fuge c-Moll (mit Adagio) (vgl. KV 546, S. 241)	61

Kammermusik mit Klavier

Werke für Klavier und Violine (oder Flöte)

KV 6	Sonate C-Dur
KV 7	Sonate D-Dur
KV 8	Sonate B-Dur
KV 9	Sonate G-Dur
KV 10	Sonate B-Dur (Violine oder Flöte)
KV 11	Sonate G-Dur (Violine oder Flöte)
KV 12	Sonate A-Dur (Violine oder Flöte)
KV 13	Sonate F-Dur (Violine oder Flöte)
KV 14	Sonate C-Dur (Violine oder Flöte)
KV 15	Sonate B-Dur (Violine oder Flöte)
KV 26	Sonate Es-Dur
KV 27	Sonate G-Dur

KV 28	Sonate C-Dur	
KV 29	Sonate D-Dur	
KV 30	Sonate F-Dur	
KV 31	Sonate B-Dur	
KV 46d	Sonate C-Dur (für Violine [?] und Baß)	
KV 46e	Sonate F-Dur (für Violine [?] und Baß)	
KV 403 (385c)	Sonate C-Dur (Fragment)	62
KV 404 (385d)	Andante und Allegretto C-Dur (Fragment)	
KV 402 (385e)	Sonate A-Dur (Fragment)	62
KV 547	Sonate F-Dur	63
KV 359 (374a)	Zwölf Variationen G-Dur (»La Bergère Célimène«)	63
KV 360 (374b)	Sechs Variationen g-Moll (»Hélas, j'ai perdu«)	63
KV 301 (293a)	Sonate G-Dur	63
KV 302 (293b)	Sonate Es-Dur	63
KV 303 (293c)	Sonate C-Dur	63
KV 304 (300c)	Sonate e-Moll	63, 64
KV 305 (293d)	Sonate A-Dur	63
KV 306 (300l)	Sonate D-Dur	63
KV 296	Sonate C-Dur	64
KV 372	Allegro B-Dur (Fragment)	
KV 379 (373a)	Sonate G-Dur	64
KV 378 (317d)	Sonate B-Dur	64
KV 376 (374d)	Sonate F-Dur	64
KV 377 (374e)	Sonate F-Dur	65
KV 380 (374f)	Sonate Es-Dur	65
KV 396 (385f)	Fantasie c-Moll (Fragment) (vgl. S. 52)	
KV 454	Sonate B-Dur	65
KV 481	Sonate Es-Dur	65, 66
KV 526	Sonate A-Dur	65, 66

KV 526a (Anh. 50)	Sonatensatz A-Dur (Fragment)	
KV 546a (Anh. 47)	Sonatensatz G-Dur (Fragment)	

Klaviertrios

KV 254	Divertimento (Trio) B-Dur	67
KV 496	Trio G-Dur	68
KV 502	Trio B-Dur	69
KV 542	Trio E-Dur	69
KV 548	Trio C-Dur	70
KV 564	Trio G-Dur	70
KV 498	Trio G-Dur (Kegelstatt-Trio)	71

Klavierquartette

KV 478	Quartett g-Moll	72, 73
KV 493	Quartett Es-Dur	72, 74

Quintette mit Klavier oder Glasharmonika

KV 452	Quintett Es-Dur für Klavier, Oboe, Klarinette, Horn und Fagott	75
KV 617	Adagio und Rondo c-Moll für Harmonika, Flöte, Oboe, Viola und Violoncello	

Kammermusik ohne Klavier

Duos und Trios

KV 46d	Sonate C-Dur	76
KV 46e	Sonate F-Dur	76

Streichquintette

Bläserquintette

Kirchensonaten 106

Divertimenti, Serenaden, Cassationen, Tänze und Märsche

Werke für Streicher

Werke für Bläser

Werke für Streicher und Bläser

Siehe auch Rubriken »Tänze« (S. 245) und »Märsche« (S. 246)

Tänze für Orchester (Klavier)

KV 61b	Sieben Menuette
KV 103 (61d)	Neunzehn Menuette
KV 104 (61e)	Sechs Menuette
KV 105 (61f)	Sechs Menuette
KV 61g	Zwei Menuette
KV 61h	Sechs Menuette
KV 64	Menuett D-Dur (zweifelhaft)
KV 123 (73g)	Kontretanz B-Dur
KV 94 (73h)	Menuett D-Dur (zweifelhaft)
KV 122 (73t)	Menuett Es-Dur
KV 164 (130a)	Sechs Menuette
KV 176	Sechzehn Menuette
KV 101 (250a)	Vier Kontretänze (Serenade)
KV 269b	Kontretänze
KV 267 (271c)	Vier Kontretänze
KV 315g	Acht Menuette
KV 363	Drei Menuette
KV 461 (448a)	Fünf (sechs) Menuette
KV 462 (448b)	Sechs Kontretänze
KV 463 (448c)	Zwei Menuette mit eingefügten Kontretänzen
KV 509	Sechs deutsche Tänze
KV 534	Kontretanz D-Dur (Das Donnerwetter)
KV 535	Kontretanz (La Bataille)
KV 535a	Drei Kontretänze
KV 535b (Anh. 107)	Kontretanz (Fragment)
KV 536	Sechs deutsche Tänze
KV 565	Zwei Kontretänze
KV 565a	Kontretanz (Fragment)
KV 567	Sechs deutsche Tänze
KV 568	Zwölf Menuette

KV 571	Sechs deutsche Tänze	
KV 585	Zwölf Menuette	
KV 586	Zwölf deutsche Tänze	
KV 587	Kontretanz C-Dur (Der Sieg vom Helden Coburg)	
KV 106 (588a)	Ouverture und drei Kontretänze	
KV 599	Sechs Menuette	
KV 600	Sechs deutsche Tänze	
KV 601	Vier Menuette	
KV 602	Vier Deutsche	
KV 603	Zwei Kontretänze	
KV 604	Zwei Menuette	
KV 605	Zwei (drei) deutsche Tänze	
KV 607 (605a)	Kontretanz Es-Dur (Il Trionfo delle Donne)	
KV 606	Sechs »Ländlerische«	
KV 609	Fünf Kontretänze	
KV 610	Kontretanz G-Dur (Les filles malicieuses)	
KV 611	Deutscher Tanz C-Dur	

Märsche für Orchester

KV 290 (167AB)	Marsch D-Dur (zur Serenade KV 205)	116
KV 189 (167b)	Marsch D-Dur (zur Serenade KV 185)	116
KV 237 (189c)	Marsch D-Dur (zur Serenade KV 203)	
KV 215 (213b)	Marsch D-Dur (zur Serenade KV 204)	
KV 214	Marsch C-Dur	
KV 248	Marsch F-Dur (zum Divertimento KV 247)	118
KV 249	Marsch D-Dur (zur Serenade KV 250)	118
KV 335 (320a)	Zwei Märsche D-Dur (zur Serenade KV 320)	
KV 445 (320c)	Marsch D-Dur (zum Divertimento KV 334)	

Solokonzerte

Konzerte und Rondos für Klavier und Orchester

Konzerte und Rondos für Violine und Orchester

Konzerte für ein Blasinstrument und Orchester

Sinfonie concertanti

Symphonien

Literaturhinweise

Diese Literaturliste beschränkt sich auf eine knappe Auswahl älterer und neuerer Standardwerke. Angesichts der unübersehbaren Flut von Veröffentlichungen über Mozart und seine Werke sei nachdrücklich auf die regelmäßig erscheinenden Mozart-Bibliographien hingewiesen:

Mozart-Bibliographie [bis 1970]. Zsgest. von Rudolf Angermüller und Otto Schneider. Kassel [u. a.] 1976. (Mozart-Jahrbuch 1975.)

Mozart-Bibliographie 1971–1975. Mit Nachträgen [...]. Kassel [u. a.] 1978.

Mozart-Bibliographie 1976–1980. Mit Nachträgen [...]. Kassel [u. a.] 1982.

Mozart-Jahrbuch. Hrsg. vom Zentralinstitut für Mozart-Forschung der Internationalen Stiftung Mozarteum Salzburg. Salzburg 1950 bis 1974; Kassel [u. a.] 1975 ff.

Wolfgang Amadeus Mozart: Neue Ausgabe sämtlicher Werke. In Verbindung mit den Mozartstädten Augsburg, Salzburg und Wien herausgegeben von der Internationalen Stiftung Mozarteum Salzburg. Salzburg 1954 ff. [Zit. als: NAW.]

Mozart. Briefe und Aufzeichnungen. Gesamtausgabe. Hrsg. von der Internationalen Stiftung Mozarteum Salzburg. Ges. und erl. von Wilhelm A. Bauer und Otto Erich Deutsch. 7 Bde. Kassel [u. a.] 1962–75. [Bd. 1–4: Texte, 1962/63; Bd. 5 und 6: Kommentar, 1971 (Joseph Heinz Eibl); Bd. 7: Register, 1975 (Joseph Heinz Eibl).]

Mozart und seine Welt in zeitgenössischen Bildern. Hrsg. von Maximilian Zenger und Otto Erich Deutsch. Kassel [u. a.] 1961. (NAW Bd. 10, Suppl. 32.)

Mozart. Die Dokumente seines Lebens. Ges. und erl. von Otto Erich Deutsch. Kassel 1961. (NAW Bd. 10, Suppl. 34.)

Köchel, Ludwig Ritter von: Chronologisch-thematisches Verzeichnis sämtlicher Tonwerke Wolfgang Amadé Mozarts. 6. Aufl. bearb. von Franz Giegling, Alexander Weinmann und Gerd Sievers. Wiesbaden 1964; ^{8}1983.

Abert, Hermann: Wolfgang Amadeus Mozart. Neu bearb. und erw. Ausg. von Otto Jahns »Mozart«. 2 Bde. Leipzig 1919–21. Neudr. in 2 Bdn., mit Reg.-Bd. von Erich Kapst. Ebd. [9]1978; Wiesbaden [10]1983.

Braunbehrens, Volkmar: Mozart in Wien. München 1986. Neudr. ebd. 1988 (Serie Piper. 8233.)

Eibl, Joseph Heinz: Wolfgang Amadeus Mozart. Chronik eines Lebens. Kassel/Leipzig 1965. Neudr. München 1977. (dtv. 1267.)

Einstein, Alfred: Mozart. Sein Charakter – sein Werk. [1. Aufl. New York 1945; dt. 1947.] Neudr. Frankfurt a. M. 1968. (Fischer Taschenbuch. 2039.)

Greither, Aloys: Wolfgang Amadé Mozart in Selbstzeugnissen und Bilddokumenten. Reinbek bei Hamburg 1962 [u. ö.]. (rowohlts monographien. 77.)

Hildesheimer, Wolfgang: Mozart. Frankfurt a. M. 1977. Neudr. 1980. (suhrkamp taschenbuch. 598.)

Hutchings, Arthur: Mozart der Mensch. Baarn (Niederlande) 1976.
– Mozart der Musiker. Baarn (Niederlande) 1976.

Niemetschek, Franz Xaver: Ich kannte Mozart. Die einzige Mozart-Biographie von einem Augenzeugen. Hrsg. und komm. von Jost Perfahl. München 1984. [Faks. des Erstdr. von 1798.]

Nissen, Georg Nikolaus (von): Biographie W. A. Mozart's. Nach Originalbriefen, Sammlungen alles über ihn Geschriebenen, mit vielen neuen Beylagen, Steindrücken, Musikblättern und einem Facsimile. Herausgegeben von Constanze, Wittwe von Nissen, früher Wittwe Mozart. Leipzig 1828. Faks.-Nachdr. Hildesheim / New York 1972.

Paumgartner, Bernhard: Mozart. Berlin 1927. 6., rev. Aufl. Zürich 1967. [8]1980.

Schenk, Erich: Wolfgang Amadeus Mozart. Eine Biographie. Zürich [u. a.] 1955. Neudr. München/Mainz 1977 (Goldmann-Taschenbuch. 33102.)

Carr, Francis: Mozart and Constanze. London 1983. Dt. Ausg. Stuttgart 1986 [u. ö.]. (Reclams Universal-Bibliothek. 8280[3].)

Gruber, Gernot: Mozart und die Nachwelt. Erw. Neuausg. München 1987.

Kerner, Dieter: Krankheiten großer Musiker. Stuttgart 1963. [4]1986.

Fotonachweis: Internationale Stiftung Mozarteum: Frontispiz; S. 11. – Adolf Hahnl, Salzburg: S. 16. – Werner Neumeister, München: S. 19. – Verlagsarchiv: S. 8; 12; 20; 21; 23; 25; 27; 28; 51; 60; 84.